GEORGES ARON

Docteur en Droit

LE

TRIBUNAL CORRECTIONNEL DE REIMS

sous la Révolution et l'Empire

(1791-1811)

LILLE

CAMILLE ROBBE, ÉDITEUR

209, rue Léon-Gambetta, 209

1910

Georges ARON
Docteur en Droit

LE
TRIBUNAL CORRECTIONNEL DE REIMS

sous la Révolution et l'Empire

(1791-1811)

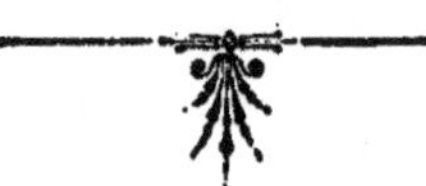

LILLE
CAMILLE ROBBE, ÉDITEUR
209, rue Léon-Gambetta, 209

1910

A MON PÈRE

A MA MÈRE

A MA GRAND'MÈRE

A TOUTE MA FAMILLE

BIBLIOGRAPHIE

Archives Révolutionnaires de Reims : Dossier Juges de paix ;
  Dossier Bô ; Dossier ALBERT.
Archives Départementales : Procès-verbaux des délibérations du
  Conseil Général du département de la Marne, session de
  l'an X, Mars 1802.
Fonds Révolutionnaire : Lettre du 24 Juin 1792, adressée à
  MM. les Administrateurs du département de la Marne par
  l'Accusateur public du Tribunal criminel Faciot.
Registres du greffe (du 21 Octobre 1791 au 13 Février 1811).
  Audiences du Tribunal correctionnel de Reims.
Registre des audiences du Tribunal criminel de l'an IV à l'an
  1810 (Appels).

———

BRY (G.). — Cours élémentaire de législation industrielle. Paris,
  1908.
Compte général de l'Administration de la Justice criminelle en
  France, présenté au Roi par le Garde des Sceaux (1825-1830)
  et au Président de la République (1900-1905).
DEMOGUE (R.). — La criminalité et la répression en Champagne,
  au XVIII° siècle (1715-1789). Reims, 1909.
DUVAL (A.). — Notes sur le Palais de Justice de Reims. Communication présentée à l'Académie Nationale de Reims aux
  séances des 25 Février et 11 Mars 1910. Reims, 1910, pages
  11 et 12.
REMBIN. — Précis élémentaire de l'Histoire du Droit Français de
  1789-1814 : Révolution, Consulat, Empire. Paris, 1908.

2 A

ESMEIN. — Histoire de la Procédure criminelle en France et, spécialement, de la Procédure inquisitoire depuis le XIIIe siècle jusqu'à nos jours. Paris, 1882.

FONTAINE-WALDSMAR. — De l'application du Droit commun en matière de délits commis par les militaires de l'Armée de terre. Thèse de doctorat, Lille, 1909.

JADART (H.). — La population de Reims et de son arrondissement, p. 42. Reims, 1882.

LAURENT (G.). — Nouvelles dénominations de rues (ville de Reims), p. 38, Reims, 1903.

LAURENT (G.) — Reims et la Fédération du 14 Juillet 1790, pages 48 et 53. Reims, 1900.

MARTIN (Henri). — Histoire de France populaire. Tomes IV et V. Paris.

Moniteur Universel : *Quintidi*, No 205, 25 Germinal, an IV.

NICOLAS (Raymond). — L'esprit public et les élections dans le département de la Marne de 1790 à l'an VIII. Châlons-sur-Marne, 1909.

Recueil des lois de DUVERGIER : Lois des 19-22 Juillet 1791 sur la police correctionnelle ; Constitution du 5 Fructidor, an III ; Code des délits et des peines, du 3 Brumaire, an IV.

SELIGMANN. — La justice en France pendant la Révolution (1789-1792). Paris, 1901.

VANIER. — Les juridictions anciennes de Reims Reims, 1870.

INTRODUCTION

L'Assemblée Nationale Constituante par la loi des 19-22 juillet 1791 institue les tribunaux correctionnels. — Il nous a paru intéressant de faire l'étude d'un de ces tribunaux à sa naissance et de voir comment la machine judiciaire fonctionnait pendant les périodes troublées de la Révolution, du Consulat et de l'Empire. Mais avant d'entreprendre cette étude, il nous semble naturel de donner un aperçu général de l'organisation judiciaire telle que l'ont faite les lois révolutionnaires, et de tracer un exposé rapide des juridictions et tribunaux qui existaient sous l'Ancien Régime.

Juridictions anciennes. — Les juridictions anciennes comprennent les juridictions seigneuriales, ecclésiastiques et royales.

Les juridictions seigneuriales se divisent en basses, moyennes et hautes justices. Mais toute sentence seigneuriale était soumise à l'appel devant la juridiction royale. Du seigneur haut justicier, on appelait au Bailliage du ressort et du Bailliage au Parlement. Comme justicier, le rôle des seigneurs devint de moins en moins important, et à la fin de l'Ancien Régime, il est à son déclin. La justice royale empiète de plus en plus sur leur domaine, grâce à l'appel, à la prévention, aux cas royaux et à ceux dits privilégiés.

Les tribunaux de l'Eglise (Officialités ou Cours de Chrétienté) connaissaient des délits peu graves, et étaient placés sous la surveillance du Parlement qui exerçait à leur égard l'appel comme d'abus.

Les juridictions royales étaient nombreuses ; au bas de l'échelle nous trouvons les prévotés, puis les Bailliages et les Parlements.

Les prévôts sont des juges locaux qui jugent au nom du roi. Ils connaissent des cas royaux simples dits cas prévôtaux. De la Prévoté, on appelle au Bailliage.

Le Bailliage est un tribunal d'appel pour les sentences des seigneurs et des prévôts ; en premier ressort, il connaît des cas royaux dits bailliagers. Leur nombre s'est accru avec le temps ; il devient bientôt le tribunal de droit commun.

Enfin le Parlement constitue le dernier échelon de la justice royale régulière. C'est lui qui juge en dernier ressort. Outre son rôle judiciaire, il remplit dans l'Etat un rôle politique important, par le droit d'enregistrement et de remontrance. La compétence du Parlement de Paris était très étendue et la Champagne était dans son ressort.

A côté de ces juridictions régulières, il y avait

encore de nombreuses juridictions d'exception (1).

Enfin la justice retenue intervenait soit par les lettres de grâce, de rémission, de pardon, et enfin les lettres de cachet contre lesquelles les protestations sont plus vives encore. Comme on le voit, à la veille de la Révolution, l'appareil judiciaire était très compliqué et l'Assemblée constituante devait tout réorganiser. Dans la période intermédiaire, qui s'étend jusqu'à la loi du 19 juillet 1791, toutes ces juridictions subsistent avec de légères modifications. Le décret de Septembre 1790 supprime les juridictions prévôtales ainsi que les anciennes juridictions d'exception.

I. — Organisation judiciaire de l'Assemblée Constituante.

Pour établir la nouvelle hiérarchie judiciaire, l'Assemblée constituante distingua les juridictions civiles et répressives.

1. — Juridictions civiles

Juge de paix. — En matière civile elle créa un nouvel organe, le juge de paix. Cette institution est d'origine anglaise. Il y avait un juge de paix par canton élu pour deux ans, toujours rééli-

---

(1) Voir V. Vanier : *Les Anciennes Juridictions de Reims ; Travaux de l'Académie de Reims*, 1870.

gible, nommé par l'Assemblée primaire du canton, c'est-à-dire par les citoyens actifs.

Tribunal de district. — A côté du juge de paix, nous trouvons le tribunal de district, composé de 5 juges, d'un officier chargé des fonctions du ministère public et de 4 suppléants. Il jugeait tantôt en dernier ressort, tantôt à charge d'appel.

Avec le juge de paix et le tribunal de district, nous avons la liste complète des juridictions civiles.

2. — Juridictions répressives

Tribunal criminel. — Au sommet de la hiérarchie judiciaire, nous voyons le tribunal criminel. C'est notre Cour d'assises actuelle ; il fut créé par la loi des 16-29 septembre 1791, 1 par département, et connaissait des crimes. Par imitation de la procédure anglaise, l'Assemblée Constituante faisait reposer le jugement des crimes sur la distinction essentielle de la question de fait et de la question de droit. L'instruction préparatoire était confiée au juge de paix, puis soumise au directeur du Jury qui la complétait. Ce magistrat est un juge du tribunal de district désigné par le sort pour une durée de six mois. Tous les juges y passaient à tour de rôle et par roulement. Il continuait l'instruction, et s'il jugeait que l'affaire était de la compétence du tri-

bunal criminel, il en saisissait le jury d'accusation,
par un acte d'accusation.

Le jury d'accusation était composé de 8 membres,
et le directeur du jury le présidait. Pour délibérer,
les jurés étaient laissés seuls, ils décidaient à la
majorité. Si le jury admettait l'accusation, le directeur du jury rendait une ordonnance de prise de
corps contre l'accusé, à la suite de laquelle il était
appréhendé, s'il ne l'était déjà, et amené devant le
tribunal criminel. Celui-ci se composait d'un président et de trois juges.

Auprès du tribunal criminel, siégeait un jury de
jugement, composé de 12 jurés, qui jugeaient la
question de fait.

Auprès du tribunal criminel, il y avait aussi un
ministère public dont les fonctions étaient réparties
entre deux fonctionnaires, le commissaire du roi, et
l'accusateur public — le premier nommé par le roi,
chargé de veiller à l'exécution des lois et d'en
requérir l'application ; — l'accusateur public, fonctionnaire électif, soutenant l'accusation et chargé
de surveiller tous les officiers de police du département.

Le président était élu par l'Assemblée électorale
du département. Les juges étaient pris à tour de
rôle dans les tribunaux de district.

Le Code que le tribunal criminel était chargé
d'appliquer date des 25 septembre et 6 octobre

1791. Les peines qu'il édicte sont la mort, les fers, la réclusion dans une maison de force, la détention, la déportation, la dégradation civique et le carcan, toutes peines temporaires. Etaient supprimées les peines du bannissement hors du ressort, le pilori, et l'amende honorable.

Tribunal municipal. — Son organisation fut l'objet des lois des 19-22 juillet 1791. Comme notre tribunal de simple police actuel, il devait réprimer les contraventions. Il est composé de 3 officiers municipaux ; il ne peut prononcer qu'une amende ou une courte détent'on. Du tribunal municipal on appelle au tribunal de district.

Tribunal correctionnel. — Il est à cette époque composé de juges de paix. Trois de ces magistrats forment dans les villes le tribunal correctionnel. Là où il y a moins de 3 juges de paix, on complète par des assesseurs. Les appels sont portés au tribunal de district. Mais il y avait une difficulté. Parmi les nombreux tribunaux de district, lequel devait connaître de l'appel ? Aucune difficulté, si les parties étaient d'accord. Dans le cas contraire, voici comme on procédait : le directoire du district dressait la liste des 7 tribunaux les plus voisins et on procédait par voie de récusation ; l'appelant et l'intimé pouvaient chacun en récuser trois sans motif et le dernier était alors saisi.

Les poursuites sont exercées par le procureur de la commune ou la partie lésée. Il n'y a pas d'instruction préparatoire, elle est publique et se déroule à l'audience. Ce tribunal est chargé de réprimer les délits. Les peines qu'il prononce sont l'amende et la prison, qui ne peut excéder deux ans, sauf en cas de récidive.

Tribunaux d'exception. — Ils étaient supprimés, sauf les tribunaux de commerce, administratifs et militaires.

Tribunal de cassation. — Il fut créé par le décret des 27 novembre, 1er décembre 1790. Il fut composé de magistrats élus par les départements, et leur nombre en fut porté à la moitié de celui des départements ; ils étaient élus pour 4 ans par les Assemblées électorales des départements. C'était un tribunal spécialement chargé de casser les jugements en dernier ressort pour excès de pouvoir et violation des lois.

Enfin signalons la Haute Cour nationale créée par la loi des 10-15 mai 1791 pour connaître de tous les crimes ou délits poursuivis par le Corps législatif.

II. — La Convention. Le Directoire.

Avec la Constitution de l'an III, nous voyons d'importants changements introduits dans l'organisation judiciaire.

Tribunal de département. — Le district étant supprimé, le tribunal de district n'a plus de raison d'être et est remplacé en matière civile par le tribunal de département. A partir de cette époque, nous avons au chef-lieu de département un tribunal pour la justice civile et une juridiction criminelle. Ils formaient des corps judiciaires considérables, avec 20 juges au moins et divisés en sections. — Comment l'appel fonctionnait-il pour ces tribunaux ? — Suivant le même principe qu'avant, de même qu'on appelait d'un tribunal de district à un autre tribunal de district, on appelait d'un tribunal de département à un tribunal de l'un des trois départements voisins. Les juges du tribunal civil étaient élus tous les 5 ans et rééligibles. Il suffisait d'avoir 25 ans pour être élu à cette fonction.

Tribunaux correctionnels. — En l'an IV, les tribunaux correctionnels subirent des modifications. Il devait y en avoir au moins trois par département, composés d'un président, fourni à tour de rôle par les juges du tribunal civil, et de deux juges de paix ou assesseurs. Le président était remplacé tous les six mois, remplissant à la fois le rôle de directeur du Jury et de président du tribunal correctionnel. Ce n'est plus le procureur de la commune qui occupe le siège du ministère public, il est remplacé par le commissaire du Directoire exécutif. L'appel des jugements n'était plus porté devant le tribunal de district, mais devant le tribunal criminel. Ce qu'avait surtout fait la Convention, c'était organiser l'instruction par le Code des délits et des peines du 3 brumaire an IV. — C'est toujours le juge de paix qui fait la plus importante partie de l'instruction préparatoire ; tandis que la loi de 1791 ne connaissait que le mandat d'amener et d'arrêt, le Code des délits et des peines introduit le mandat de comparution. Du juge de paix, l'affaire allait au directeur du jury. Il continuait l'instruction, interrogeait le prévenu, pouvait entendre de nouveaux témoins. Puis il rendait une ordonnance de renvoi, qui devait à peine de nullité être précédée des conclusions du commissaire du pouvoir exécutif. Si le prévenu était détenu, il pouvait rendre une ordonnance de mise en liberté provisoire, subordonnée à l'engagement d'une caution. Ce n'était pas seulement par une ordonnance de renvoi du directeur du jury que le tribunal correctionnel pouvait être saisi, mais par la citation directe de la partie lésée qui acquérait ainsi un droit nouveau ; mais elle devait être visée par le directeur du jury (art. 180, 182, Code brumaire an IV) et nous verrons dans la pratique un certain nombre de cas de nullités prononcées pour défaut de visa par le directeur du jury de l'exploit d'assignation au tribunal correctionnel.

Tribunaux criminels. — Le tribunal criminel ne devait pas subir de grands changements. La procédure devant le jury d'accusation n'était pas modifiée, la composition du tribunal criminel l'était peu. Il était composé d'un président, d'un accusateur public, de quatre juges du tribunal civil, du commissaire du pouvoir exécutif, d'un substitut et d'un greffier. Quant à la procédure devant le jury de jugement, le Code de brumaire an IV en traitait longuement, mais elle n'était pas très différente de ce que l'avait faite la loi de 1791.

Tribunal municipal. — Pour la police municipale, le tribunal était composé du juge de paix et de deux assesseurs. La poursuite était exercée soit par le commissaire du pouvoir exécutif, près la Commission municipale, soit par la partie lésée. L'instruction avait lieu à l'audience, et l'appel n'était pas organisé.

Tribunal de cassation. — Le nombre des juges de ce tribunal ne pouvait excéder les trois quarts du nombre des départements ; tous les ans il était renouvelé par cinquième (1).

---

(1) Pour donner une liste complète des tribunaux qui existaient sous la Convention, signalons que, le 9 Mars 1793, la Convention décréta l'établissement d'un tribunal criminel révolutionnaire sans appel et sans recours au tribunal de Cassation pour le jugement de tous les traîtres conspirateurs et contre-révolutionnaires.

III. — Le Consulat et l'Empire.

La réforme de l'organisation judiciaire devait être reprise pour une troisième fois. Elle fut définitivement opérée par la loi du 27 ventôse an VIII.

Juges de paix. — Pas de changement à leur égard, leurs assesseurs prennent le nom de suppléants.

Tribunaux civils de département. — Ces tribunaux sont supprimés et remplacés par des tribunaux civils d'arrondissement. On revenait à l'ancienne organisation des tribunaux de district, mais avec une importance plus grande : ils devaient compter 10 juges et 5 suppléants. La loi nouvelle créa 27 tribunaux d'appel ; ils ne pouvaient statuer qu'au nombre de 7 juges au moins.

Tribunaux correctionnels. — Tandis qu'en 1791 l'organisation judiciaire reposait sur la distinction de la justice civile et criminelle, le législateur de l'an VIII répudia ce principe. — A partir de cette époque, le tribunal correctionnel ne sera plus qu'une dépendance du tribunal civil, comme aujourd'hui, les juges appartiennent tous au tribunal civil et le rôle de président sera parfois rempli par le vice-président du tribunal civil. C'est le tribunal correctionnel actuel.

Tribunal criminel. — Ce tribunal subsiste, soit 1 par département, avec 1 président et 2 juges, mais il n'a plus de personnel propre. Chaque année, le président est choisi parmi les juges de la Cour d'appel par le 1er Consul. Le commissaire du gouvernement remplit les fonctions d'accusateur public.

Sauf quelques changements, on conserve le tribunal de cassation.

Ces notions préliminaires seraient incomplètes si nous ne parlions de la loi du 7 pluviose an IX qui fit quelques retouches à la procédure criminelle.

Loi du 7 pluviose an IX. — Cette loi donna au commissaire du gouvernement près le tribunal criminel des substituts dans chaque arrondissement du département, nommés et révocables par le Premier Consul. On les appelle substituts, magistrats de sûreté. Ils étaient chargés non seulement de la recherche, mais de la poursuite de tous les délits correctionnels et des crimes ; ils devaient recevoir les dénonciations et plaintes. Les juges de paix devenaient leurs auxiliaires.

Cette loi créa aussi le mandat de dépôt que pouvait décerner le substitut magistrat de sûreté ; ce mandat devait être converti dans les 24 heures en un mandat d'arrêt ; en cas contraire, la mise en liberté était obligatoire.

Enfin cette loi modifiait la procédure devant le

jury d'accusation ; elle substituait la procédure écrite à la procédure orale (1).

L'Empire. — L'Empire n'apporta presque aucun changement dans l'organisation judiciaire. Les noms seuls des juridictions changent. Le tribunal criminel prend le nom de Cour de justice criminelle. Le commissaire du gouvernement près la Cour d'appel est dénommé Procureur général ; le substitut près les autres tribunaux devient le procureur impérial. Aux expressions : tribunaux de cassation, tribunaux d'appel, on substitue celles de Cour de cassation, Cours d'appel.

En 1804, à part quelques dénominations nouvelles, l'organisation judiciaire devait rester la même jusqu'à l'avènement du Code pénal en 1810.

En résumé, de ces notions historiques, il résulte que du jour de la création des tribunaux correctionnels par la loi du 19, 22 juillet 1791, jusqu'à la promulgation du Code de 1810, le tribunal correctionnel passa par trois phases distinctes : au début, il est composé de juges de paix ; plus tard il est

---

(1) A titre exceptionnel seulement, la loi du 18 pluviose, an IX. créa des tribunaux criminels spéciaux véritable résurrection des cours prévôtales si décriées. — Ils remplaçaient les Commissions militaires créées sous le Directoire — et devaient juger les brigands et les malfaiteurs. L'art 1er, de cette loi, permettait d'établir des tribunaux criminels spéciaux dans les départements où le gouvernement les jugerait utiles. Ce n'est que beaucoup plus tard, qu'il en fut établi un à Reims pour le département de la Marne.

présidé par le directeur du jury, juge du tribunal
civil, renouvelé tous les six mois ; enfin il devient
une dépendance du tribunal civil avec trois juges
civils.

C'est le fonctionnement du tribunal correctionnel
de Reims pendant cette période de vingt années
que nous allons étudier.

Cette étude que nous abordons est toute nouvelle (1) et présente de l'intérêt à plusieurs points
de vue :

1º Si des statistiques criminelles sont publiées
depuis l'année 1825 dans le Compte général de la
justice criminelle en France, nous manquons complètement de statistiques sur une période aussi
intéressante que celle de la Révolution, du Consulat
et de l'Empire.

2º La Révolution fut une période troublée et
l'on peut se demander si derrière le trouble et le
désordre occasionnés par les événements de l'intérieur et de l'extérieur, un pouvoir public comme la
justice a pu fonctionner régulièrement et si les juges
ont pu remplir leur haute mission.

3º La Champagne a été une région relativement
tranquille que la Révolution a peu troublée, il est
donc possible ici, plus que dans toute autre région,

---

(1) *La Criminalité et la Répression en Champagne au XVIIIe siècle
(1715-1789), par M. R. Damour, Professeur à la Faculté de Droit de Lille,
1909, Reims.*

de se faire une idée normale de l'état délictuel à cette époque.

4° Nous avons choisi, comme champ d'étude, un vaste terrain : l'arrondissement de Reims est un des plus grands de la France à cette époque, comprenant 154 communes et une population en 1806 de 106.428 habitants (1).

5° Dans la mesure du possible, nous essayerons de rattacher notre étude aux faits politiques importants.

Grâce à nos recherches, nous espérons pouvoir nous faire une opinion générale sur la nature et le nombre des délits commis pendant cette période et sur la façon dont fonctionnait la machine judiciaire, voire même ailleurs qu'à Reims.

Plan. — Les modifications successives subies par le tribunal correctionnel nous permettent d'adopter trois périodes pour cette étude.

Première période. — La première ira du jour de l'installation du tribunal correctionnel en vertu de la loi du 19 juillet 1791 (21 octobre 1791 au 8 brumaire an IV). C'est la période de l'Assemblée législative et de la Convention.

Deuxième période. — Celle-ci part du 28 brumaire an IV, premier jour de l'application du Code des

---

(1) H. JADART : *Population de Reims et de son Arrondissement.*

délits et des peines (novembre 1795 au 15 floréal an VIII) (mai 1800). — C'est l'époque du Directoire.

Troisième période. — Enfin notre troisième et dernière période qui commence avec l'application de la loi du 27 ventôse an VIII, et embrasse le Consulat et l'Empire, ira du 3 prairial an VIII au 13 février 1811, date correspondante à la mise en vigueur du Code pénal.

Afin de donner à cette étude le plus de clarté et de précision possibles, nous avons hésité entre deux plans différents, soit étudier les délits par groupes et par séries, et se faire ainsi une vue d'ensemble sur leur fréquence par période, soit étudier année par année les divers délits en montrant leur rapport immédiat avec les lois votées par les diverses Assemblées. Mais cette étude devant être surtout une étude chronologique et de statistique, nous avons cru devoir donner la préférence à ce dernier plan, qui nous permettra d'étudier les nombreuses questions indépendantes des délits.

TRIBUNAL CORRECTIONNEL DE REIMS

Première période (1791-1795).

CHAPITRE PREMIER

Installation du tribunal. — La loi des 19-22 juillet 1791 créait les tribunaux correctionnels ; à Reims, le tribunal correctionnel entre en fonctions le 21 octobre 1791 (1). C'est le jour de son installation (2).

L'audience est ouverte à 3 heures. Le Procureur de la commune (3) dit qu'en exécution de la loi

(1) Date du procès-verbal d'installation du tribunal de district (6 Décembre 1790). — Installation du tribunal criminel à Châlon (15 Mars 1792). — Installation du tribunal de police municipale (15 Mai 1790).

(2) Le président du tribunal de la police correctionnelle de Reims est alors Marie De Corbie, juge de paix. Juges : Lemoine et Patouillard-Chevrier.

(3) Dessain de Chevrières, né à Reims le 14 Juin 1750, fit ses études de droit à l'Université de Reims, il acheta le 24 Février 1773 la charge de Procureur du roi en l'élection de Reims et le 16 Mars 1785 celle de Conseiller au présidial. Il était Procureur syndic de la ville quand la Révolution éclata. Cette charge lui fut confirmée par les électeurs le 8 Février 1790, il fut remplacé en 1792 par Beaucourt, et reprit le poste d'agent national le 2 Germinal, an III, quand le Conventionnel Albert en mission dans la Marne, renouvela les autorités. Le 27 Vendémiaire an IV, il fut nommé juge au tribunal civil de la Marne. Aux élections de l'an V, le 22 Germinal, le département l'envoya siéger au

relative à l'organisation d'une police correctionnelle et municipale, le Conseil municipal, dans sa séance du 10 octobre, avait nommé unanimement pour remplir les fonctions de greffier de ce tribunal M⁰ Bégin, avoué à Reims, et il requiert lecture de la délibération sus-datée.

Puis le nouveau greffier prête serment sur la foi duquel il assure d'être fidèle à la nation, à la loi et au roi, et de maintenir de tout son pouvoir la Constitution du Royaume décrétée par l'Assemblée nationale constituante pendant les années 1789-90-91 et de remplir fidèlement les fonctions de greffier de la police correctionnelle.

Le procureur de la Commune requiert ensuite que la délibération du Conseil municipal du 10 octobre 1791 dont nous donnons ci-après la copie soit transcrite fin du présent procès-verbal.

Copie de la délibération du Conseil municipal de Reims, du 10 *octobre* 1791. — La loi relative à l'organisation de la police municipale et d'une police correctionnelle en date du 22 juillet 1791, porte :

Conseil des Anciens. Il sortit de la vie politique en l'an VI, et fut nommé sous le Consulat, Commissaire du Gouvernement, puis Procureur Impérial près le tribunal de 1re instance de Reims. La Restauration lui conserva ce poste ; il fut mis à la retraite en 1818 et mourut le 29 Décembre 1825. — *Reims et la Fédération du 14 Juillet 1790*. G Laurent, p. 43, Reims 1900.

. (Nous remercions ici M G. Laurent des renseignements biographiques qu'il a bien voulu nous donner).

Titre I : *Article I* « Le Corps municipal fera constater l'état des habitants soit par des officiers municipaux, soit par des commissaires de police, soit par des citoyens commis à cet effet ; chaque année dans le courant des mois de novembre et décembre, cet état sera vérifié de nouveau et on y fera les changements nécessaires.

Art. II. — Le registre contiendra mention des déclarations que chacun aura faites de ses noms, âge, lieu de naissance, dernier domicile, profession, métier, et autres moyens de subsistances, désignera les citoyens domiciliés dans la municipalité où ils seront connus.

Art. III. — Ceux qui étant en état de travailler, n'auraient ni moyen de subsistance, ni répondants seront inscrits avec la note de gens sans aveu.

Ceux qui refuseront toute déclaration seront inscrits sous leur signalement et auront la note de gens suspects.

Ceux qui seront convaincus d'avoir fait de fausses déclarations seront inscrits avec la note de gens mal intentionnés.

Titre II : *Art. IV.* — Dans les villes, où il y a 3 juges de paix, le tribunal de police correctionnelle sera composé de ces 3 juges et en cas d'absence de l'un d'eux, il sera remplacé par l'un des assesseurs.

Art. V. — Dans toutes les villes où le tribunal de police sera composé de 2 ou 3 juges de paix, le corps municipal nommera un greffier.

Art. VI. — Les audiences de chaque tribunal seront publiques et se tiendront dans le lieu choisi par la municipalité.

Le Procureur de la commune requiert donc qu'il fut pourvu à l'exécution de ces divers articles, et la matière ayant été mise en délibération, voici ce qui a été arrêté (1).

« Les états prescrits par les articles 1, 2, 3 ci-dessus transcrits seront dressés dans chacune des huit sections de la ville et faubourgs de Reims par un officier municipal, un notable, et le commissaire de police, de la section que la Municipalité commettra à cet effet, lesquels se rendront accompagnés d'un huissier de police dans toutes les maisons et habitations de la dite section, ils dresseront en même temps l'état des logements pour les troupes que chaque section pourra fournir. Les audiences du tribunal de police municipale et celles du tribunal de police correctionnelle se tiendront à 2 heures de relevée, à partir du vendredi 21 octobre 1791, en la Maison commune, savoir, les audiences du tribunal de police municipale, les mercredis et samedis, et

------

(1) Registre 1er des liasses du Greffe du Tribunal de Reims.

celles du tribunal de police correctionnelle les mardis et vendredis.

Puis le Conseil municipal procéda par la voie du scrutin à l'élection du greffier du tribunal de police correctionnelle qui fut nommé d'une voix unanime.

Le Procureur de la commune observa alors que la loi relative à l'organisation de la police correctionnelle intéressant tous les citoyens, il était nécessaire de leur faciliter le moyen de connaître cette loi, d'une façon particulière. A cet effet, il demanda qu'il fût pris les mesures convenables pour qu'elle fut imprimée en un format commode, et exposée en vente à un prix qui puisse déterminer chacun à l'acheter ; là-dessus il a été prié d'engager les imprimeurs de cette ville à imprimer la loi relative à la police municipale et correctionnelle en format in-12 ou in-8 et à l'exposer en vente à un prix qui ne puisse détourner personne de se la procurer.

Le tribunal correctionnel était installé (1), le jour même, il entra en activité. Comme c'est son fonctionnement que nous nous proposons d'étudier, fonctionnement qui soulève des questions multiples, nous avons adopté le plan suivant :

---

(1) Le Tribunal siège alors dans la salle des Audiences de l'Ancien Présidial, — puis, après les modifications apportées par la Constitution de l'an III, il est installé dans les bâtiments de l'ancien abbaye de St Denis (plus tard grand Séminaire), — enfin, en l'an V, il fut transféré à l'archevêché, où il siégea jusqu'en 1823. Voir pages 11, 12, A Duval, avocat à Reims : *Notes sur le Palais de Justice*, 1010.

Nous verrons d'abord pour chaque année si les audiences sont régulières, si elles sont chargées, la procédure était-elle rapide ? Quels délits notre tribunal avait à connaître ? Y a-t-il eu beaucoup de condamnations, d'acquittements ? de jugements d'incompétence ? Qui exerçait les poursuites ? Qui rédigeait les procès-verbaux ? Combien de plaintes ? de dénonciations ? Y a-t-il eu beaucoup de condamnations par défaut ? A-t-on usé beaucoup des voies de recours ? Les parties civiles demandent-elles souvent des dommages et intérêts ? A-t-on recours à des défenseurs officieux ? Combien d'enquêtes ? d'expertises ? Affiche-t-on certains jugements ? Y a-t-il des récidivistes ? Le tribunal est-il parfois saisi par renvoi ? Y a-t-il eu des fonctionnaires publics condamnés ?

Telles sont les questions que nous examinerons année par année. Tous nos efforts tendront à réaliser ce but.

CHAPITRE II

1re Année : 21 Octobre 1791-16 Octobre 1792.

———

Les audiences se tiennent-elles régulièrement ? — Le tribunal correctionnel avait décidé de tenir 2 audiences par semaine, le mardi et le vendredi ; comme on peut le constater par le relevé des audiences, il semble que jusqu'en mars 1792, elles sont rares et peu régulières. A partir de mars elles sont plus nombreuses (1). Du 31 août au 16 octobre 1792, nous n'avons pas relevé d'audiences ; ce sont les vacances.

Les audiences sont-elles chargées ? (2) — Les audiences sont en général peu chargées. A ce point de vue on peut diviser cette année en deux parties ; d'octobre à avril, où l'on traite souvent une seule

(1) Audiences : En Octobre, il s'est tenu deux audiences, les 21 et 28 ; en Novembre, le 4 ; en Décembre, les 2, 23 et 30 ; en Janvier, le 10 ; en Février, les 7, 14, 17, 21 ; en Mars, les 2, 6, 13, 16, 20 et 30 ; en Avril, les 3, 6, 13, 17 et 20 ; en Mai, les 8, 13, 18, 23 ; en Juin, les 1er, 13, 15, 22 et 28 ; en Juillet, les 13, 20 et 31 ; en Août, les 3, 7, 10 et 31.

(2) Sous cette rubrique, nous entendons nous occuper du nombre d'affaires qui ont passé à chaque audience devant le Tribunal, sans tenir compte des remises.

affaire par audience; nous en voyons traiter 4 au maximum, tandis qu'à partir du 13 avril 1792, avec un plus grand nombre d'audiences par mois, nous relevons aussi un plus grand nombre d'affaires à chaque audience. Ainsi le 13 avril 1792, nous trouvons 5 affaires, le 25 mai, 7 affaires, le 22 juin, 10 affaires, le 31 août, 6 affaires.

Rapidité de la procédure. — Nous avons relevé cette année 80 affaires (1), 45 sont jugées immédiatement, 24 remises et jugées et 11 qui ne semblent pas avoir reparu. Le nombre des prévenus est de 118. On remet une affaire soit pour communication du procès-verbal au défenseur officieux, soit pour preuve. Chaque fois qu'une affaire est remise pour preuve, les parties étant en désaccord, le jugement de remise porte le nom d'appointement de contrariété, souvenir de la procédure d'appoint de l'ancien régime (2), et généralement l'affaire revient à la première audience, ce qui s'explique vu le petit nombre d'affaires ; nous trouvons une seule remise

---

(1) Ici nous donnons le chiffre d'affaires exact, en tenant compte des remises auxquelles une affaire peut avoir donné lieu.

(2) L'appointement servait à désigner, dans l'ancien Droit, tout règlement judiciaire sur une contestation, comme dans les cas où il s'agit de faire juger un procès par la voie du rapport, sur écrit; ou encore les jugements préparatoires qui réduisaient le débat à un ou plusieurs points sur lesquels les renseignements étaient demandés par le juge. Dans certaines régions, on désignait ainsi une sorte de transaction. (Coutumes d'Artois et du Hainaut) (Dalloz).

à 1 mois et l'affaire vient bien à l'audience où elle est remise. Parfois une même affaire est remise plusieurs fois, ainsi le 13 avril 1792, une affaire est remise 4 fois et cependant, commencée le 13 avril, elle est jugée le 8 mai.

Vû le petit nombre d'affaires, il semble naturel qu'on juge rapidement. C'est ce que nous constatons. En général l'affaire vient à l'audience qui suit la constatation du délit par son procès-verbal, et en cas de remise à l'audience suivante.

Ceci ne nous surprend pas, l'instruction préparatoire étant très sommaire d'après la loi du 19 juillet 1791 (1).

Nous avons dit que cette année, nous avons relevé 80 affaires et 118 prévenus. Il nous semble indispensable de rapprocher de ces chiffres celui de la population de Reims qui en 1791-1792, s'élevait à 32.376 habitants (2).

Nombre et nature des délits. — La loi des 19-22 juillet 1791 sur la police correctionnelle range les

---

(1) Pour montrer la rapidité de la procédure ou sa lenteur dans d'autres cas, nous croyons devoir procéder par le relevé de quelques exemples : On ne peut ici se contenter de moyennes. Ainsi une affaire dont le procès-verbal date du 28 Novembre, sera jugée le 2 Décembre. Un vol commis le 22 Décembre, sera jugé le 2 Janvier. Un délit commis le 20 Février, est définitivement jugé le 6 Mars après une remise. Un délit commis le 20 Mars, est jugé le 13 Avril 1792 après 2 remises. Un délit du 10 Avril vient à l'audience du 13, et est jugé le 8 Mai après 3 remises. Comme exemple de rapidité, un délit constaté par un p.v. du 12 Mai, vient à l'audience du 13, et jugé définitivement le 18 Mai.

(2) H. Jadart (*La Population de Reims et de son arrondissement, sous la Révolution*), page 42.

délits en 5 catégories (1). Chacune est représen-
tée dans cette 1re année. Nous trouvons 3 délits
contre les bonnes mœurs, 13 vols, 4 délits d'atteinte à la propriété d'autrui, 1 escroquerie, 26
délits d'insultes et violences envers particuliers, y
compris les coups et blessures, 4 délits pour insultes
à la Garde nationale, 8 délits pour excès et violences,
voies de fait et mauvais traitements, envers des
fonctionnaires publics en fonctions, le plus souvent
envers des gardes nationaux, 2 délits pour trouble à
l'ordre public, 1 délit pour propos séditieux et alarmants, 1 cas de suspect (2), 1 autre, inculpé d'avoir
voulu se procurer un passeport sous un autre nom
pour faire valider une patente surannée, 1 délit
pour abus de confiance d'un ouvrier vis-à-vis de son
maître, 1 délit pour menaces envers un curé, fonctionnaire public en fonctions, 2 affaires se rattachant à la Révolution, 6 affaires que nous avons
relevées à la dernière audience de l'année, non spé-
cifiées, et que nous n'avons jamais revues, enfin 6

---

(1) Art. 7, t. II. — Délits punissables par voie de police correctionnelle :
1° Délits contre les bonnes mœurs ; 2° trouble apporté publiquement à l'exercice d'un culte religieux quelconque ; 3° les insultes et violences graves envers
les personnes ; 4° trouble apporté à l'ordre social et à la tranquillité publique,
par mendicité, tumultes, attroupements ; 5° atteinte portée à la propriété des
citoyens, par dégâts, larcins, simples vols ou escroqueries.

(2) C'est l'un des seuls cas de suspect dont le Tribunal correctionnel eut à
connaître. — Ce délit se rattache à la distinction signalée page 25.

affaires pour lesquelles le tribunal s'est déclaré incompétent.

Délits et affaires intéressessantes. — Après avoir donné l'énumération des délits, voyons ceux qui présentent le plus d'intérêt.

Délits militaires. — A cette époque les délits commis par des militaires, rentrant dans la catégorie des délits de droit commun, sont de la compétence des juges ordinaires; mais il y a grande confusion en cette matière comme le prouve l'exemple suivant (1): un capitaine de grenadiers qui s'était rendu coupable de violences et mauvais traitements envers une femme (2), propose un déclinatoire d'incompétence disant qu'aux termes de l'art. 51, titre III, loi du 10 juillet 1791, concernant la conservation et le classement des places de guerre, il devait être renvoyé à la police militaire ; la cause fut remise à l'audience suivante, et le tribunal rejeta le déclinatoire, s'inspirant des articles 3, 4, 5, 6, et 7 du Code militaire, d'après lesquels tous les militaires doivent être traduits devant les juges ordinaires pour les délits de droit commun.

Pendant cette année, 8 militaires, dont 1 capitaine et 1 adjudant major ont passé devant le tribunal.

---

(1) Voir FONTAINE : *De l'application du Droit commun en matière de délits commis par les militaires* (Thèse Lille, 1909, p. 25, note 1.
(2) Audience du 6 Avril 1792.

A noter encore un délit commis par un militaire
envers une religieuse à qui il a déchiré son voile (1) ;
en tant que militaire et tenu de rejoindre son corps,
il ne fut condamné qu'à 10 livres d'amende et 8 jours
de prison, avec affichage du jugement dans toutes les
salles de l'Hôtel-Dieu de Reims.

Nous signalerons également le cas d'un soldat
qui insulte le curé de Saint-Remy, fonctionnaire
public en fonctions (2).

Affaires se rattachant à la Révolution. — Notre
contrée connut peu les troubles causés par la Révolution. Nous avons néanmoins relevé quelques affaires
intéressantes ayant passé devant notre tribunal.

1° Un rassemblement séditieux (3) pour aller enlever
de force les écharpes de deux officiers municipaux
et les porter à la Maison commune ; l'attroupement
avait eu lieu le 12 mars précédent ; deux jeunes enfants qui y avaient participé furent condamnés à
six mois de détention en la Maison de correction.
A cette affaire joignons en une autre qui s'y rattache
directement (4) : un volontaire indigné de ce que
ces 2 enfants avaient été condamnés à 6 mois de
détention, était allé à la Municipalité, dire qu'ils
ne partiraient pas pour Châlons sans que du sang

(1) Audience du 22 Juin 1792.
(2) Audience du 7 Août 1792.
(3) Audience du 1er Juin 1792.
(4) Audience du 22 Juin 1792.

soit répandu dans Reims, la pétition qu'il présenta
n'était pas signée ; il fut donc condamné à 2 ans de
détention en la Maison de correction (1) et à 100 livres
d'amende, avec impression et affichage du jugement
à concurrence de 200 exemplaires.

2° En voici une autre concernant les sœurs de la
Maison de la Charité et des Orphelins. Cette affaire
passa au tribunal correctionnel, le 15 juin 1792, et
nous n'avons pu avoir de renseignements sur la
solution qui lui fut donnée (2).

Deux particuliers sont prévenus d'avoir participé
à l'insurrection dont le substitut du Procureur de
la commune nous donne le récit :

« Quelques jours avant les insurrections des 29 et
30 avril dernier, des ennemis du bien public avaient
cherché à égarer le peuple en engageant et sollici-
tant quelques citoyens à former des attroupements
pour réclamer à grands cris l'expulsion des sœurs
tant de la Charité que des Orphelins ; pour l'exécution de ce complot, des volontaires avec des femmes
et des hommes s'étaient introduits le 27 avril dans
la Maison de la Charité et demandèrent qu'on leur
remit les sœurs pour leur faire prêter serment ; ils
en maltraitèrent quelques-unes, exigèrent de plu-

---

(1) La maison de correction, aussi appelée maison d'Ostende, était à Châlons.
Aujourd'hui, c'est l'asile départemental d'aliénés.

(2) Nous avons cru devoir reproduire presque *in extenso* cette affaire, l'une
des seules occasionnées par la Révolution à Reims.

sieurs autres le serment de soutenir la Constitution ;
déjà un grand nombre de particuliers s'étaient portés
à la Maison des Orphelins, en avaient arraché une
des sœurs, la conduisant vers le haut de la ville,
l'outrageant de toutes les manières.... cette troupe
de factieux, sans égard pour le sexe et l'âge de
cette sœur, la conduisit plus loin; là ils lui firent
faire amende honorable, et ce n'est qu'avec peine
qu'on arracha cette sœur des mains des forcenés ;
d'un autre côté, les rassemblements étaient devenus
plus considérables à la porte des Orphelins, déjà on
avait forcé les portes de l'intérieur; les sœurs étant
exposées aux insultes des factieux, pour les sous-
traire à leur fureur, on dut les transporter à la Municipalité sous bonne garde et pendant que la garde
nationale se mettait en devoir de dissiper l'attroupement, des femmes et des enfants poussaient des
cris de sédition : « A bas les baïonnettes ! » d'autres
disaient hautement que si la Municipalité n'expul-
sait pas les sœurs, ils verraient ce qu'ils auraient
à faire, et ce ne fut qu'à grand'peine qu'on dissipa
l'attroupement.

Le substitut du Procureur de la commune ajoute
qu'il a été informé que pendant les deux jours qui
précédèrent la journée du 30 avril, des particuliers
mal intentionnés en avaient profité pour échauffer
les esprits en leur insinuant que les corps administratifs ne faisaient pas leur devoir, que s'ils ne fai-

saient pas sortir les sœurs de la Charité et des Orphelins, il fallait prendre un parti violent, aussi le
lundi 30, des femmes et enfants se rassemblent ;
quelques-uns disaient : « entrons, puisque la municipalité ne fait pas exécuter les lois relatives aux
religieuses, chassons-les » ; ces clameurs furent un
cri de ralliement, une foule de femmes se réunirent
aux autres et se mirent en devoir de forcer les portes ;
heureusement la garde nationale les en empêcha ;
des femmes criaient : « Fonçons, nous ne pouvons
mourir qu'une fois » ; en même temps plusieurs voix
crièrent : « A bas les sabres ! A bas les baïonnettes » !
La multitude fit un grand effort pour rompre la
garde qui néanmoins la repoussa ; des gens même
armés pour mettre le bon ordre disaient hautement
qu'ils n'avaient pas envie de porter les armes plus
longtemps pour soutenir des béguines de sœurs,
que la municipalité gardait dans son greffe la loi
ordonnant l'expulsion des religieuses ; enfin ce ne
fut qu'à grand'peine que la garde nationale parvint
à dissiper l'attroupement. Comme il n'y avait pas
encore eu de dénonciation de faite sur les insurrections des 27 et 30 avril 1792, le tribunal remit la
cause que nous n'avons pas revue.

*Condamnations, acquittements, jugements d'incom-
pétence.* — Maintenant que nous savons le genre de
délits qui existait à cette époque, voyons comme on
les réprimait :

4 A

Condamnations. — Les condamnations prononcées étaient l'amende et la prison et dans ce cas, il faut distinguer entre la Maison d'arrêt et la Maison de correction.

En général les condamnations prononcées sont assez faibles ; ainsi pour voies de fait à particuliers (1), injures à fonctionnaires publics (2), délits contre les bonnes mœurs (3), escroqueries,

---

(1) 16 condamnations à amende et 5 à prison ; articles 13 et 14, loi du 19 Juillet 1791, titre II.

Art. 13. — Ceux qui hors cas de légitime défense et sans excuse suffisante auraient blessé ou même frappé des citoyens, si le délit n'est pas de la nature de ceux qui sont punis des peines portées au Code pénal, seront jugés par police correctionnelle, et en cas de conviction, condamnés selon la gravité des faits, à une amende qui ne pourra excéder 500 livres et, s'il y a lieu, à un emprisonnement qui ne pourra excéder 6 mois.

Art. 14. — La peine sera plus forte si les violences ont été commises envers des femmes ou des personnes de 70 ans et au-dessus, ou des enfants de 16 ans et au-dessous, ou par des apprentis, compagnons ou domestiques, à l'égard de leurs maîtres ; enfin s'il y a effusion de sang, et en outre dans le cas de récidive ; mais elle ne pourra excéder 1.000 livres et 1 an de prison.

(2) 10 condamnations à amende et 2 à prison ; articles 19 et 20, t. II.

Art. 19. — Les outrages ou menaces par paroles ou par gestes, faits aux fonctionnaires publics dans l'exercice de leurs fonctions, seront punis d'une amende qui ne pourra excéder 10 fois la contribution mobilière, et d'un emprisonnement qui ne pourra excéder 2 ans. La peine sera double en cas de récidive.

Art. 20. — Les mêmes peines seront infligées à ceux qui outrageraient ou menaceraient par paroles ou gestes, soit les gardes nationales, gendarmerie, troupes de ligne sous les armes ou au corps de garde, sans préjudice de peines plus fortes, s'il y a lieu, contre ceux qui les frapperaient, et sans préjudice de la défense et de la résistance légitime, conformément aux lois militaires.

(3) 2 condamnations à l'amende et 1 de prison ; articles 8 et 9, t. II.

Art. 9. — Si le délit d'attentat public aux mœurs est prouvé, les coupables seront condamnés, selon la gravité des faits, à une amende de 50 à 500 livres et à un emprisonnement qui ne pourra excéder 6 mois, s'il s'agit d'images obscènes. Quant aux personnes qui auront favorisé la débauche, elles seront outre l'amende, condamnées à une année de prison.

elles se rapprochent du minimum prévu par la loi, pour les vols simples (1), les juges sont sévères et nous trouvons d'assez nombreuses condamnations à 6 mois, 1 an et 2 ans de prison.

Particularités. — Comme particularités, signalons deux cas :

1º Pour troubles à l'ordre public et révoltes contre la garde, un prévenu est condamné le 1er juin à quitter (2) la ville dans les 2 jours, et si on l'y retrouve, à 6 mois de détention en la maison de correction.

2º Nous avons relevé un seul cas de suspect ; c'est un prévenu, qui sans moyens d'existence et sans argent, voyageait depuis longtemps avec deux faux passeports, et n'en avait pas suivi l'itinéraire (3). Il fut condamné à sortir de la ville dans les 24 heures, à retourner dans son pays, et s'il était retrouvé mendiant, soit à Reims, soit dans les environs, dès à présent condamné à 3 mois de détention en la maison de correction (4).

----

(1) 3 condamnations de prison à la maison d'arrêt et 5 de détention à la maison de correction; article 32, t. II.

Art. 32. — Les larcins, filouteries et simples vols, seront outre les restitutions, dommages et intérêts, punis d'un emprisonnement qui ne pourra excéder 2 ans. Peine double en cas de récidive.

(2) Vestige de la peine de l'Ancien Régime, dite « bannissement hors du ressort », abolie par l'Assemblée constituante.

(3) Audience du 15 Juin 1792.

(4) Remarquons que nous voyons ici un exemple très curieux de condamnation par avance ou conditionnelle.

Un ouvrier abusant de la confiance de son maître fut condamné à 15 jours de détention dans la prison de Reims et à 3 livres d'amende. Pour avoir voulu se procurer un passeport sous un faux nom, l'inculpé est condamné à l'amende ou à 2 jours de prison.

Acquittements. — Nous avons relevé peu d'acquittements (1).

Cas d'incompétence. — Nous avons relevé 3 renvois au tribunal municipal et 3 au directeur du juré.

Par qui les poursuites sont-elles exercées ? — Pour le moment, nous ne trouvons que des poursuites exercées par le procureur de la commune ou son substitut. Les citoyens actifs de la commune élisaient pour 2 ans le maire, par un scrutin spécial, et par un autre scrutin, le procureur de la commune, dans les communes importantes un substitut, chargé de défendre les intérêts, et de suivre les affaires de la communauté. Le procureur de la commune agit sur rapport du commissaire de police, ou de la Garde nationale, sur plainte ou dénonciation (2). Nous n'avons

---

(1) Nombre des acquittés : 26; nombre de condamnés à la prison de moins d'un an : 17; nombre de condamnés à la prison d'un an et plus : 3; nombre de condamnés à l'amende seulement : 30; nombre de condamnés à l'amende et prison : 12; nombre de condamnés aux frais : 2; nombre des personnes détennes jusqu'au jugement : 33; nombre des personnes mises en liberté provisoire : 0.

(2) Plaintes 2; dénonciations : 21; procès-verbaux dressés par juge de paix : 40; procès-verbaux dressés par commissaire de police : 11; procès-verbaux dressés par la garde nationale : 11; procès-verbaux dressés par les officiers municipaux, maire : 6.

pas trouvé cette année de poursuites exercées par des particuliers.

Condamnations par défaut. — Poursuivi, le défendeur ne comparaît pas toujours ; dans le cours de cette année, nous trouvons 20 prévenus qui n'ont pas comparu en personne ; ce n'est pas qu'on n'ait encore recours aux défenseurs officieux ; mais le principe de la représentation n'étant pas admis, on est regardé défaillant, même dans ce cas.

Il y a cependant peu de jugements prononçant des condamnations par défaut ; nous en relevons 7 ; cela se comprend, vu les nombreuses remises accordées pour permettre aux défaillants de comparaître ; et l'on n'est pas réputé défaillant quand on ne comparaît pas sur citation verbale.

Les parties civiles demandent-elles souvent des dommages-intérêts ? — Nous avons relevé un seul exemple de demande de dommages-intérêts, pour dommage causé à la propriété d'autrui (1).

Recours à des défenseurs officieux. — Si on intervient peu comme partie civile, on a aussi peu recours à des défenseurs officieux ; nous en trouvons dans 7 affaires (2). Ce sont toujours les défen-

---

(1) C'est une grande différence avec les années suivantes où les demandes de dommages-intérêts seront de plus en plus nombreuses.

(2) Voici leurs noms : Biova, Duguet, Collard, Gonel, Mora, Delvincourt, Desmoulins.

deurs qui y ont recours, parfois dans le courant d'une affaire, après une remise (1).

Complications de l'instruction. — 1° *Enquêtes* : 23 et 2 contre-enquêtes ; parfois l'audition des témoins se fait de suite, parfois il y a remise. C'est ce jugement de remise qui ordonnant preuve respective des faits, s'appelle appointement de contrariété.

2° *Expertises.* — 2 cas seulement d'expertises pour coup et blessures (2).

Mises en délibéré. — 1° en matière de vol ; 2° dans une affaire où un particulier est prévenu d'avoir dit que la reddition de Longwy était le fait d'une trahison (3) ; Nous ne l'avons pas revue.

Affichages. — 1° d'un jugement rendu le 22 juin 1792 (4) ; 2° d'un autre jugement rendu le même

---

(1) C'est l'une des réformes importantes de la Constituante que la suppression de l'Ordre des avocats. Les avocats, supprimés en tant qu'Ordre, gardaient le droit d'exercer leur profession, mais sans lien entre eux, à titre de simples hommes de lois, de défenseurs officieux, en concurrence avec tous ceux qui, usant de la liberté accordée par la Constituante, voulaient s'adonner à la plaidoirie. (Décret de Janvier-Mars 1791).

(2) Pour procéder à une expertise, sur réquisition du Procureur de la Commune, il est ordonné que par 2 chirurgiens jurés, visite sera faite du blessé, en précisant les règles de l'expertise ; puis, rapport fait par les experts ; à l'audience suivante, ils apportent leur rapport et l'affirment. Souvent l'expertise est ordonnée pour fixer la compétence du tribunal, car au-dessus d'un certain taux, le tribunal criminel devenait compétent. Les experts pouvaient être nommés d'office ou convenus entre les parties.

(3) Aud. du 31 Août 1792.

(4) Voir p. 34

jour pour injures envers une religieuse à l'Hôtel-Dieu de Reims (1).

Récidivistes. — 2 : 1° pour trouble apporté à l'ordre public ; 2° autre cas de récidive d'un prévenu déjà condamné plusieurs fois par les anciens tribunaux et que le tribunal condamne seulement à 2 jours de prison, parce que soutien de famille.

Cas où le tribunal est saisi par renvoi. — Une seule affaire dont le tribunal ait été saisi par renvoi; elle fut jugée le 10 janvier 1792 et était renvoyée à la police correctionnelle par jugement du tribunal du district du 30 décembre 1791.

Cette année aucun fonctionnaire public n'a été condamné : pas d'opposition, ni d'appel (2).

RÉSUMÉ

La première année du fonctionnement du tribunal correctionnel se caractérise par le petit nombre de délits. Nous n'avons relevé que 80 affaires. Quelle en peut être la raison ? Avant de céder la place à l'Assemblée législative, l'Assemblée constituante avait tout réorganisé ; les lois qu'elle avait votées, les principes

(1) Voir p. 34.

(2) Nous ne trouverons pas d'appels pendant cette période de 4 années. Son fonctionnement suffit à l'expliquer. Les appels du tribunal correctionnel de Reims pouvaient être portés devant l'un des sept tribunaux suivants : Vitry, Châlons, Sézanne, Epernay, Soissons, Laon ou Rethel.

qu'elle avait édictés, avaient été accueillis avec bonheur et enthousiasme. C'est l'âge d'or qui succède à un régime de tyrannie et de despotisme. Toutes les classes croyaient n'avoir plus rien à désirer. Ces raisons pourraient expliquer la rareté des infractions à la loi du 19 juillet 1791. Tout marche à merveille, la machine judiciaire fonctionne bien ; la procédure est très rapide.

Le nombre des personnes acquittées est peu élevé, sur 118 prévenus, 26 furent acquittés ; les juges sont peu sévères. Mettons en relief que les poursuites sont toujours exercées par le procureur de la commune, les parties civiles ne demandent pas de dommages-intérêts ; on recourt peu aux défenseurs officieux, enfin, nous avons rencontré à propos des condamnations un vestige de l'ancien régime, le bannissement hors du ressort, qui nous donne un exemple de concurrence d'une institution ancienne avec le régime créé par la Révolution (1).

(1) *Archives Départementales.* — Nous croyons devoir rattacher à cette 1re année la lettre suivante : Écrite de Châlons, le 24 Juin 1792 (an IV de la Liberté), adressée à MM. les Administrateurs du dép. Marne par l'Accusateur public du tribunal criminel, Faciot. « Le vif désir que j'ai de voir l'ordre et la tranquillité se rétablir dans les campagnes m'a déterminé à adresser une lettre circulaire à Messieurs les Juges de paix de tout le Département. Je les engage à redoubler de zèle et d'activité dans l'exercice de la police de sûreté confiée à leur vigilance, de constater tous les délits, de ne pas souffrir qu'aucun reste impuni. Je leur rappelle en même temps les règles qu'ils doivent suivre pour remplir le vœu de la loi. Cette lettre qui contient une analyse simplifiée de leurs obligations ne les dispensera pas de consulter ou méditer la loi, mais elle leur en rendra l'exécution plus facile, etc. »

CHAPITRE III

2e Année : 16 Octobre 1792-2 Octobre 1793.

Les audiences se tiennent-elles régulièrement ? —
Nous ne voyons pas plus de régularité dans les
audiences que l'année précédente, et tandis qu'elles
sont assez rares dans les six premiers mois, elles
deviennent plus nombreuses à partir d'avril (1).

Sont-elles chargées ? — Les audiences fort rares dans
le premier semestre, sont aussi peu chargées : en
général, 2 affaires par audience, rarement 4 : puis
elles sont plus nombreuses : quelques audiences
sont chargées de 5 affaires, 2 de 6, une seule en
comprend 9.

Rapidité de la procédure. — Cette année nous
avons relevé 94 affaires dont 68 jugées immédiatement; 17 remises et jugées; 9 remises et non repa-

____

(1) Ainsi, en Octobre, il s'est tenu deux audiences (les 16 et 30) ; en Novembre, le 20 ; en Décembre, 0 ; en Janvier, les 11 et 20 ; en Février, le 15 ; en Mars,
les 1er et 5 ; en Avril, les 5, 12 et 19 ; en Mai, les 7, 17, 24, 28 et 31 ; en Juin,
les 4, 7, 14, 21 et 28 ; en Juillet, les 5, 12, 19, 24 et 26 ; en Août, les 2, 14, 23
et 28 ; en Septembre, les 4, 11, 18, 23 et 27. Comme on le remarque, il n'y a
plus de vacances.

rues (1). Le nombre des prévenus est de 120 ; (la
population de Reims s'élevait en 1793 à 30.703
habitants).

Les remises fonctionnent assez régulièrement,
on remet en général l'affaire à première audience, et
elle passe toujours à l'audience la plus rapprochée ;
3 affaires furent remises deux fois ; 1 affaire 3 fois ;
presque toujours on remet pour preuve; en général
ou juge assez vite et peu de temps s'écoule entre le
délit, le procès-verbal et le jugement (2).

Nombre et nature des délits. — Nous trouvons un
seul délit contre les bonnes mœurs, 15 vols ; 5 délits
d'atteinte à la propriété d'autrui ; 4 escroqueries
35 délits de voies de fait et mauvais traitements
envers particuliers, coups et blessures, 5 délits de
voies de fait et mauvais traitements à fonctionnaires
publics, 8 délits de trouble apporté à l'ordre
public, 1 délit pour propos séditieux et alar-

---

(1) Parmi ces 9 affaires, quelques-unes contiennent une demande de dommages-intérêts. On peut se demander si l'affaire ne s'est pas éteinte, après une transaction entre les parties, d'après un principe de l'ancien droit où l'action publique s'éteignait avec l'action civile.

(2) Il est fréquent de voir l'affaire réglée en moins de 8 jours. C'est ainsi qu'un procès-verbal du 10 Octobre aboutit à un jugement le 16, un p.-v. du 28 Octobre à un jugement le 30 Octobre, une plainte du 28 Février à un jugement le 1er Mars ; un délit du 13 Mai à un p.-v. le 15 et à un jugement le 17.

Même en cas de remise, il semble qu'on aille vite. Ainsi un p.-v. du 24 Mai aboutit à un 1er jugement le 31 et à un 2me le 4 Juin, une dénonciation du 23 Juin aboutit à un jugement le 28, à un 2me jugement le 5 Juillet, à un 3me le 12.

mants, 2 délits ruraux, 3 délits de vols à la nation,
1 délit de libertinage et vol, 1 délit de revendeurs
(achat à inconnus d'objets volés), 1 délit d'évasion,
2 délits spéciaux, enfin 10 affaires où le tribunal se
déclare incompétent.

Délits spéciaux : 1º *Délits militaires.* — Nous avons
relevé 15 délits commis par des militaires. En voici
quelques exemples : 1º un prévenu passe au tribunal
correctionnel, il se dit engagé dans la Légion des
Ardennes (1) ; accusé de trouble à l'ordre public et
récidiviste, on le condamne à 30 fr. d'amende, et il
est ordonné qu'il sera conduit au commissaire des
Guerres qui vérifiera s'il est engagé ; 2º Un militaire (2) est inculpé d'avoir vendu des objets volés :
après avis du Conseil militaire, qui décide que ce
n'est pas un délit militaire, renvoi au directeur du
juré, puis au tribunal correctionnel, qui le condamne à un mois de prison ; 3º Un autre militaire (3)
est prévenu d'avoir vendu des objets faisant partie
de son équipement, un revendeur les achète ; le
premier est condamné à 1 mois de prison, le 2º
à 30 livres d'amende et le tribunal ordonne la resti-
tution des effets au directoire du district.

On pourrait multiplier les exemples de ce genre

(1) Audience du 17 Mai 1793.
(2) Audience du 19 Juillet 1793.
(3) Audience du 8 Août 1793.

pour prouver que les militaires se rendaient coupables de tous les délits de droit commun.

Nous croyons devoir trouver dans l'histoire, la cause de ces nombreux délits commis par des militaires : nous sommes dans un pays d'extrême frontière que l'ennemi envahit en 1792; il était sillonné sans cesse de troupes et les volontaires de tous les départements traversaient Reims et la région pour se rendre aux armées.

2° *Délit d'évasion.* — A côté de ces délits militaires, citons un délit d'évasion commis par 2 prisonniers de guerre qui furent condamnés à 15 jours de prison (1).

3° *Vols à la nation.* — Sous ce titre, nous entendons les achats de fourrages et autres fournitures faites aux militaires; (une loi défendait ces achats, et comme elle était ignorée de la plupart, nous verrons que la condamnation était atténuée).

4° *Délit des revendeurs.* — Nous trouvons cette année un seul délit concernant les revendeurs (2) ; il s'agit de deux revendeurs publics prévenus d'avoir acheté des effets à un inconnu ; ils ne tenaient pas de registres (3) ; le tribunal leur défend de ne plus

---

(1) Audience du 20 Novembre 1792.
(2) Nous en trouverons un plus grand nombre l'année suivante.
(3) Audience du 12 Avril 1793.

acheter d'effets que de personnes connues, leur or-
donne· d'avoir un registre côté et paraphé et les
condamne à 50 livres d'amende avec impression et
affichage du jugement à 100 exemplaires .

5º *Délits contre-révolutionnaires.* — 1º C'est un
prévenu qui a troublé l'ordre public en n'ôtant pas
son chapeau à la fête nationale, comme la foule l'y
engageait. Il fut condamné aux frais, aucune
loi n'y obligeant (1) 2º Un autre particulier (2) est
arrêté par la Garde, il porte une cocarde couleur
rose, autre que la cocarde nationale ; le tribunal
ordonna son arrestation provisoire ; et à l'audience
suivante, après renseignements, le tribunal ordonne
sa mise en liberté, vu que s'il portait une cocarde
autre que la nationale, c'était non dans des vues
contre-révolutionnaires, mais par folie (3).

En résumé peu de délits spéciaux.

Condamnations, acquittements, cas d'incompétence.
Comment ces délits étaient-ils réprimés ?

Condamnations. — Celles-ci sont toujours faibles
et se rapprochent du minimum pour les insultes à
fonctionnaires publics (4), voies de fait (5), escro-

---

(1) Audience du 14 Août 1793.
(2) Audience du 4 Septembre 1793.
(3) Le tribunal semblait assez indulgent pour les contre-révolutionnaires.
(4) 3 condamnations à l'amende, 1 à prison.
(5) 17 condamn. à l'amende, 1 à l'amende et prison, 2 à prison ; pour troubles à l'ordre public, 3 condamn. à l'amende, 2 à l'amende et prison, 1 à
prison.

queries (1), ainsi que pour les délits contre les bonnes mœurs (2), la condamnation la plus fréquente est l'amende ; elles ne sont sévères que pour les vols (3), délit de mendicité (4) et propos séditieux (5).

Atténuation des peines pour les enfants. — Signalons des vols commis par des enfants, punis de prison où l'on tient compte de leur jeune âge : exemple 1o voici un enfant de 16 ans traduit devant le tribunal correctionnel (6) et condamné à 10 jours de prison ; 2o un enfant (15 ans) (7), condamné à 6 livres d'amende et 1 mois de prison ; 3o un vol d'un gobelet d'argent, commis par un enfant de 13 ans, condamné à 1 mois de prison.

Vols à la nation. — Pour vols à la Nation : (8) (achat de fourrages à un lieutenant) un prévenu est condamné à restituer les rations de fourrages achetés plus 5 livres d'amende. La raison de ces

---

(1) 1 condamn. à la Maison d'arrêt et 1 à la Maison de correction.

(2) 1 condamn. à l'amende.

(3) 1 seule condamn. à l'amende, 7 de prison en la Maison d'arrêt, 2 de prison en la Maison d'arrêt avec amende, 3 de prison en la Maison de correction et 2 de prison en la Maison de correction avec amende. Les plus fortes peines pour vol varient entre 3, 6 mois, 1 et 2 ans.

(4) 1 condamn. à 2 ans pour mendicité avec menaces et en récidive de vol (art. 22, 23 et 24, T. 2, loi 1791).

(5) 1 condamn. à 500 livres d'amende et 6 mois de prison.

(6) Audience du 30 Octobre 1792.

(7) Audience du 29 Janvier 1793.

(8) Audience du 5 Juillet 1793.

petites condamnations tient à ce que la loi défendant les achats de fourrages aux militaires passait pour ignorée.

Vestige de l'ancien régime (1). — Pour trouble à l'ordre public en récidive, le tribunal, considérant que par l'effet de l'ivrognerie le prévenu fut plusieurs fois condamné, le condamne à quitter la ville (2) dans les 24 heures, et si on le revoit à Reims, le condamne suivant ses offres, à 4 mois de détention en la maison de correction et à 50 livres d'amende.

Acquittements. — Toujours peu d'acquittements (3).

Particularités. — Signalons 1° le cas d'un individu, prévenu de voies de fait (4), qui emprisonné un jour illégalement, fut relaxé des peines encourues ; 2° Pour injures verbales (5) le tribunal, en vertu de l'article 18, t. II, loi sur la police municipale, déclara l'exploit de demande nul.

---

(1) Audience du 14 Août 1793.

(2) Vestige du bannissement hors du ressort.

(3) Nombre des acquittés : 20; nombre des condamnés à 1 an de prison et plus : 3; nombre de condamnés à moins de un an de prison : 17; nombre de condamnés à l'amende seulement : 42; nombre de condamnés à l'amende et prison : 13; nombre de condamnés aux frais : 1; nombre des personnes détenues jusqu'au jugement : 39; nombre de personnes mises en liberté provisoire : 0.

(4) Audience du 7 Juin 1793.

(5) Audience du 15 Février 1793.

Incompétence. — 4 renvois au tribunal de police municipale, 1 au juge de paix ; 5 au directeur du juré.

Signalons un renvoi intéressant au tribunal municipal : celui d'un prévenu rentrant dans la classe des gens sans aveu, la surveillance des gens sans aveu ni passeport appartenant aux municipalités.

Parmi les renvois au directeur du juré, signalons le cas d'un prévenu inculpé de coups et blessures ; le renvoi fut prononcé par le tribunal correctionnel après le rapport des experts (l'expertise avait été ordonnée pour fixer la compétence).

Par qui les poursuites sont-elles exercées ? — Sur 94 affaires, 86 par le procureur de la commune seul, ou son substitut, 6 par particuliers et 2 par particuliers et procureur de la commune. Les particuliers poursuivent en personne ou par défenseur officieux (1). Le chiffre des plaintes, dénonciations et procès-verbaux, tel que nous avons pu le relever, n'est qu'approximatif (2).

Condamnations par défaut. — 4 seulement.

---

(1) Quatre particuliers poursuivent en personne, deux assistés d'un défenseur.

(2) Plaintes, 4 ; dénonciations, 40 ; procès-verbaux dressés par juge de paix, 53 ; procès-verbaux par commissaire de police, 19 ; procès-verbaux par la garde nationale, 1 ; procès-verbaux par garde traversier, 3 ; par le Conseil ou Comité permanent de la municipalité, par les membres du Comité de surveillance, 6.

Opposition. — Une seule opposition (1) à un jugement du 24 mai 1793 qui condamnait un récidiviste
pour voies de fait à 100 livres d'amende ; il est
reçu opposant et l'amende est réduite à 25 livres.

Demandes de dommages-intérêts. — 9 se rapportant
toutes à des affaires de coups, mauvais traitements
et blessures ; deux de ces affaires n'ont pas
reparu (2). On peut supposer qu'une transaction
est intervenue qui, éteignant l'action civile, aurait
rendu sans effet l'action publique (3).

Recours à défenseurs officieux. — 3 demandeurs
et 4 défendeurs y ont eu recours (4).

Complication de l'instruction. — 13 enquêtes
et 2 contre-enquêtes ; 3 expertises dans des affaires
de coups et blessures.

Mise en délibéré. — 1 pour voies de fait envers
un factionnaire (5).

Affichages. — Deux : 1º du jugement concernant
les revendeurs (6) ; 2º d'un jugement qui condamne
une revendeuse à 1 mois de prison et 100 livres

(1) Aud. du 14 Juin 1793.
(2) Aud. du 5 Avril ; du 7 Mai 1793.
(3) Vestige de l'ancien Droit.
(4) Noms de ces défenseurs : Mes Guérin, Coltier, Mora, Jacquot, Renat.
(5) Audience du 12 Juillet 1793.
(6) Voir pages 48 et 49.

d'amende pour avoir acheté à un enfant des effets volés (1).

6 récidivistes et 1 repris de justice (2).

Cas ou le tribunal est saisi par renvoi. — 1º Renvoi du tribunal municipal pour trouble à l'ordre public (3) ; 2º Renvoi du directeur du juré après avis du Conseil militaire, pour vente d'effets volés par un militaire (4).

Fonctionnaire public condamné. — 1 seul cas (5). Le prévenu est l'inspecteur des Convois militaires de Reims, condamné à 500 livres d'amende et 6 mois de prison pour avoir tenu des propos séditieux et injurieux aux habitants de la ville en les traitant tous d'aristocrates.

____

(1) Audience du 19 Juillet 1793.

(2) Sur ces 6 récidivistes, nous avons : 1º un cas de récidive pour trouble à l'ordre public audience du 17 Mai 1793. ; 2º récidive pour voies de fait (audience du 24 Mai 1793) ; 3º récidive pour trouble à l'ordre public (audience du 28 Mai 1793 ; 4º récidive pour vol audience du 12 Juillet 1793. ; 5º récidive pour trouble à l'ordre public (audience du 14 Août 1793 ; 6º récidive pour trouble à l'ordre public (audience du 27 Septembre 1793) ; cette personne était traduite pour la 3me fois devant le tribunal.

(3) Audience du 17 Mai 1793.

(4) Audience du 19 Juillet 1793.

(5) Audience du 28 Août 1793.

RÉSUMÉ

Sur 94 affaires, nous avons constaté de nombreux délits commis par des militaires ; la situation de notre contrée où passaient les volontaires de tous les départements se rendant aux armées suffit à l'expliquer. On a aussi pu remarquer que les délits contre-révolutionnaires étaient faiblement réprimés. Serait-ce timidité des juges ? — La procédure est toujours rapide, l'impression sur le fonctionnement de la machine judiciaire est favorable ; les délits sont peu nombreux. Cependant nous relevons encore 9 affaires remises et non reparues dont deux contiennent une demande de dommages-intérêts.

CHAPITRE IV

3ᵉ Année :
2 Octobre 1793 - 2 Vendémiaire an III.

C'est l'année de la terreur (31 mai 1793 au 27 juillet 1794). Nous pouvons rechercher dans ce fait politique important les grandes modifications qui se sont produites cette année dans le fonctionnement de notre tribunal. La Convention avait décidé d'envoyer des représentants du peuple en mission dans certains départements. Pour le département de la Marne, ce fut le représentant du peuple Bô (1) qui y fut envoyé (2), par décret du 19 octobre 1793, avec mandat d'épurer les autorités constituées et de prendre les mesures de salut public qu'il croirait nécessaires.

Bô se chargea de la régénération des Corps administratifs. Il voulut donner à Reims l'impulsion révolutionnaire ; et dans une lettre qu'il écrit le

(1) Bô était membre de la Convention Nationale depuis le 5 Septembre 1792.

(2) Notre département a reçu d'autres représentants du peuple, mais Bô est l'un de ceux qui ont laissé le plus de traces de leur passage.

22 brumaire an II au Comité de Salut public, nous relevons cette phrase : « Si l'énergie actuelle se soutient, Reims sera à la hauteur des circonstances ». Pour le tribunal correctionnel, Bô, par son arrêté du 22 brumaire an II, confirmé le 3 frimaire, destitua deux des juges de paix alors en fonctions et les remplaça par d'autres aux idées plus révolutionnaires (1). On pourra constater par la suite de cette étude l'influence que la Terreur et la mission du représentant Bô ont exercée sur le fonctionnement du tribunal correctionnel.

Régularité des audiences. — Les audiences, pendant toute l'année, se tiennent avec bien plus de régularité que dans les deux années précédentes. Elles sont surtout plus nombreuses à partir de frimaire an II (2). Nous en avons relevé 84. Signa-

---

(1) Par cet arrêté, Bô avait destitué les deux juges de paix, Patouillard et Decorbie, qu'il remplaça par Petitfeart et Reimbau et conserva Lemoine. Petitfeart refusa en Brumaire an II la place de juge de paix, mais cette démission transmise au représentant Bô ne fut pas acceptée, il dut rester en fonctions ; en Germinal il demanda encore à se retirer ; cette fois le district de Reims, par décret du 8 Nivôse an II, le remplaça à la date du 13 Germinal, par J. Thiéry-Gaultier, ancien Lieutenant Particulier du Présidial, ancien juge du district de Reims. Par ce même arrêté du 22 Brumaire, le greffier Bégin fut aussi destitué et remplacé par Noth (*Archives Départementales. — Dossier Bô*).

(2) En Octobre, il s'est tenu 4 audiences, les 2, 4, 9 et 18 ; 1 audience le 2e jour de la 1re décade du 2me mois de l'an II ; 1 audience le 4e jour de la 2me décade du 2me mois de l'an II ; en Brumaire an II, les 11, 16, 18 et 25 ; en Frimaire, les 3, 7, 14, 21. 25 et 28 ; en Nivôse, les 5, 7. 12, 19, 26 et 28 ; en Pluviose, les 5, 12, 18 et 25 ; en Ventôse, les 2, 5, 8, 12, 15, 18, 22, 25 et 28 ; en Germinal, les 2, 8, 12. 16, 18, 22, 25 et 28 ; en Floréal, les 2, 5, 12, 15, 18, 22, 25 et 28 ; en Prairial, les 2, 5, 8, 12, 15, 18, 22, 25 et 28 ; en Messidor, les 2, 8, 12, 15, 18, 22, 23, 25 et 28 ; en Thermidor, les 2, 5, 8, 12, 15, 18, 22, 25 et 28 ; en Fructidor, les 2, 5, 8, 18, 23 et 28.

lons une audience extraordinaire qui s'est tenue le 23 messidor an II.

Les audiences sont-elles chargées ? — Si les audiences sont beaucoup plus nombreuses, au début, elles ne sont pas très chargées, et il faut arriver à messidor an II pour voir des audiences chargées de 11, 14 et 16 affaires (1).

Rapidité de la procédure. — Nous avons relevé 321 affaires ayant passé au tribunal correctionnel. Sur ce nombre 224 ont été jugées immédiatement ; 93 remises et jugées ; 4 remises et non reparues (2). Le nombre des prévenus est de 486. Cependant en 1794, la population de Reims était moins forte que celle de l'année précédente ; elle était de 30.089 habitants.

Il y a donc encore 93 affaires non jugées de suite, on les remet à 1re audience et si, en général, l'affaire revient à l'audience où elle est remise, au plus tard, à l'audience suivante, relevons cependant quelques exceptions (3).

----

(1) Sur les 84 audiences relevées, nous en avons 3 avec 1 affaire ; 11 avec 2 ; 18 avec 3 ; 14 avec 4 ; 13 avec 5 ; 8 avec 6 ; 3 avec 7 ; 3 avec 8 ; 1 avec 9 ; 2 avec 10 ; 4 avec 11 ; 1 avec 14, et enfin 3 avec 16.

(2) Ce nombre des affaires non reparues est minime, comparé à celui des années précédentes.

(3) Une affaire commencée le 22 Prairial, remise à 1re audience, reparaît le 12 Messidor ; une affaire commencée le 25 Prairial revient le 8 Thermidor ; une affaire commencée le 15 Thermidor reparaît la première fois le 28 Fructidor, et la deuxième, le 5 Brumaire an III.

Quelles sont les causes de remises ? Une vue d'ensemble nous permet de dire qu'on remet soit pour preuve (ce sont les cas les plus fréquents), pour mise en cause d'autres personnes, souvent du dénonciateur, pour expertise ; en cas de citation verbale, pour assigner le défaillant par écrit. Nous voyons des affaires remises plusieurs fois : 20 affaires sont remises deux fois ; 1 affaire est remise trois fois.

Quel délai s'écoule entre le délit, le procès-verbal et le jugement ? — En général ce délai est court, soit que le jugement soit rendu à 1re audience, soit après remise. Il varie entre 3 et 20 jours (1). Cependant on ne juge pas toujours aussi rapidement, et cette règle souffre quelques exceptions.

Nombre et nature des délits. — Nous avons relevé 20 délits contre les bonnes mœurs, 45 vols, 13 escroqueries, 57 délits d'injures, voies de fait, mauvais traitements, coups et blessures, 20 délits de trouble à l'ordre public, 39 délits d'insultes, menaces,

(1) Ainsi, un procès-verbal du 30 Septembre est suivi d'un jugement le 2 Octobre ; un délit du 20 Septembre est suivi d'un jugement le 9 Octobre ; un procès-verbal du 8 Brumaire est suivi d'un jugement le 11 ; un délit du 14 Pluviôse est suivi d'un procès verbal le 15, d'un jugement le 18. En cas de remise : un procès-verbal du 14 Brumaire, suivi d'un jugement le 10, d'un 2e jugement le 18 ; un procès-verbal du 7 Pluviôse est suivi d'un jugement le 18, d'un autre le 25 et d'un 3e le 5 Ventôse ; un délit du 22 Ventôse est suivi d'un procès-verbal le 24, d'un jugement le 28, d'un 2e le 2 Germinal ; un procès-verbal du 1er Fructidor est suivi d'un jugement le 2, d'un autre le 5, d'un 3e le 8.

injures, voies de fait à fonctionnaires publics,
2 délits d'abus de confiance, 1 contravention au
règlement qui défend de donner à jouer, 10 délits
ruraux, 1 délit de mendicité, 11 délits de propos séditieux et alarmants dont 3 renvoyés
au Directoire du district ; puis des délits spéciaux ; 17 délits de revendeurs, 1 délit pour
vente par des militaires d'objets faisant partie
de leur équipement, 4 délits consistant à accepter
des effets de militaires (1), 1 délit consistant à se
présenter à l'audience sans cocarde, 3 délits consistant à loger quelqu'un sans en avoir fait la déclaration au Comité de surveillance. Enfin les plus
intéressants sont les infractions à la loi du maximum.
Nous en relevons 64 à l'article 10 et 5 à l'article 9.
Signalons aussi les cas où le tribunal se déclare
incompétent.

Délits de droit commun. — 1º Délits contre les
bonnes mœurs. Parmi les délits de droit commun,
nous retiendrons deux catégories : 1º les délits contre
les bonnes mœurs ; 2º les propos séditieux et alarmants. Tandis que dans les deux années précédentes, nous trouvons peu de délits de ce genre, nous
en relevons 20 pour 1793-1794. On veut surtout protéger les militaires contre les filles publiques. La seule

______

(1) On estime que ces effets appartiennent à la République.

audience extraordinaire tenue le 23 messidor an II
fut consacrée à 2 délits contre les bonnes mœurs.
Signalons une importante affaire de libertinage où
douze personnes sont inculpées. Relevons également une grave affaire de mœurs à l'audience du
2 floréal, où, dans son réquisitoire, le substitut
de l'agent national dit qu'il eût été souhaitable
que la loi n'exigea pas la publicité de l'instruction
de cette affaire (1). Nous croyons devoir mentionner
ici une lettre du Ministre de la justice, Merlin, du
9 prairial an V, écrite au sujet d'un viol commis
par un instituteur, en réponse à une demande du
commissaire du pouvoir exécutif près le tribunal de
police correctionnelle de Reims. Tout en ne se
référant pas directement à cette affaire, nous la
rapportons pour les principes qu'elle énonce : « Il
est douloureux pour moi, Citoyen, de ne pouvoir
vous indiquer aucun moyen d'empêcher la publicité
de l'instruction que nécessiteront les crimes de viol
dont est prévenu l'instituteur dont vous me parlez ;
je sens combien les mœurs publiques en seront
révoltées. Mais d'autre part, l'intérêt de la société
exige qu'une terreur salutaire attaque les hommes
effrénés dont le caractère les disposerait à commettre
de pareilles atrocités. — Un jugement à huis-clos

---

(1) A cette époque, et jusqu'en 1810, l'instruction des affaires de mœurs était
publique.

ne conduirait pas à ce but, avec autant de certitude que celui qui aura pour auditeurs une grande quantité de citoyens. Tel a sans doute été le motif des articles 208 et 252 de la Constitution (1) qui n'exceptent de la publicité aucun des jugements à rendre par les tribunaux. Le scandale existe plus dans le crime lui-même que dans l'instruction nécessaire à la punition de son auteur. »

2° Propos séditieux et alarmants. — Voici les exemples les plus intéressants :

1° Une personne est prévenue d'avoir tenu des propos contre les Corps constitués et les sociétés populaires (2) en disant que seuls les Bonnets rouges et les membres du Comité de surveillance pouvaient avoir quelque chose, que les Clubistes avaient tout au maximum et que les autres ne pouvaient rien avoir : elle fut condamnée à 10 livres d'amende et 10 jours de prison

2° Dans une séance de la Société populaire (3), comme il s'agissait d'envoyer des commissaires près du représentant du peuple, au sujet d'un membre de la Société, un membre déclara que le meilleur juge était la loi. Le prévenu, qui assistait à la séance

---

(1) Le Ministre se réfère à la Constitution du 5 Fructidor an III votée par la Convention Nationale.
(2) Audience du 18 Germinal an II.
(3) Audience du 25 Floréal an II.

dans les tribunes, répondit : « Avec ta loi, il en meurt des innocents ». Il fut condamné à 20 livres d'amende.

3° Enfin voici un important délit de propos séditieux qui fut renvoyé d'abord au directeur du juré (1). Le 20 floréal, le prévenu (infirmier-major) étant à l'Hôpital, s'adresse au dénonciateur et lui dit que puisqu'il était membre d'une assemblée révolutionnaire, il était g..... comme les autres, qu'on ne se resserrait pas quoique la Convention l'eût ordonné, que plus des deux tiers des Corps constitués, assemblées sectionnaires et sociétés populaires ne tarderaient pas à porter leurs têtes sur l'échafaud, qu'ils étaient cause de la cherté des denrées (2). Cette affaire reparaît plus tard (3); en effet depuis son renvoi au directeur du juré, l'agent national avait été instruit d'un décret du 18 nivôse an II d'où il résultait que ces propos n'étaient pas de la compétence de la police correctionnelle, mais des municipalités et comités de surveillance : Art. 1 de ce décret : « Les municipalités restent spécialement chargées concurremment avec les comités de surveillance des fonctions de police, de sûreté générale pour la recherche des crimes

---

(1) Audience du 8 Prairial an II.
(2) Il y eut renvoi au Direct. du Juré
(3) Audience du 18 Prairial, an II

attentatoires à la liberté, à l'égalité, à l'unité ainsi que des complots tendant à rétablir la royauté ou autre autorité contraire à la souveraineté du peuple ». ART. 4 : « Dans le cas où le mandat d'arrêt sera décerné contre un ou plusieurs prévenus, la Municipalité ou Comité de surveillance fera dans les 24 heures passer les pièces au Directoire du district. » Aux termes de ces textes, le Comité de surveillance aurait dû renvoyer cette affaire au Directoire du district dans les 24 heures, l'agent national requiert qu'en rapportant le jugement antérieur, la procédure soit remise au Directoire du district de Reims dans les 24 heures, ce que fit le tribunal.

Ce n'est pas le seul renvoi au Directoire du district par application du décret du 18 nivose an II. Le deuxième fut prononcé encore pour propos séditieux (1) : Une femme est prévenue d'avoir tenu des propos tendant à nuire à la représentation nationale, insultant les femmes du quartier en disant que toutes celles portant des cocardes nationales étaient des g.... commes les clubistes. Enfin le troisième fut prononcé (2) pour propos tendant à avilir les autorités constituées, le prévenu ayant dit qu'il embernait les clubs.

(1) Audience du 8 messidor, an II.
(2) Audience du 9 messidor, an II.

Délits spéciaux. 1° *Délits commis par des militaires.* — Nous relevons encore des délits de droit commun commis par des militaires, soit 39 affaires (55 prévenus).

2° *Délits des revendeurs.* — Ils occupent une place si importante, qu'ils ont donné lieu à un violent réquisitoire du S. d. p. d. l. c. Les revendeurs pouvaient se rendre coupables de plusieurs délits : ou ils ne tenaient pas de registres, ou ils avaient chez eux des effets de militaires, en achetaient, ou enfin achetaient des objets à inconnus.

Avant le réquisitoire, nous relevons 2 délits pour n'avoir pas tenu de registres, et avoir détenu des effets de militaires : on les punit d'une amende ; 4 délits pour achats d'objets appartenant à des militaires dont 3 punis d'amende ; 1 délit pour achat d'objet à inconnu puni d'amende (1).

Quel délit devait donner lieu à ce réquisitoire ? 10 prévenus (2) sont cités pour avoir acheté des effets dépendant de l'équipement de militaires ; d'autres revendeurs étant en contravention pour n'avoir pas tenu de registres, la cause est remise. A cette audience, le S. d. p. d. l. c. fait observer

---

(1) Remarquons que les condamnations sont assez faibles, la loi passant toujours pour ignorée.

(2) Audience du 2ᵉ jour de la 1ʳᵉ décade du 2ᵉ mois de l'an II.

que des commissaires nommés par l'Administration du District ont été le 19 septembre 1793
chez les revendeurs et ont trouvé, les uns sans
registres, d'autres dépositaires d'articles provenant
de militaires : il leur est enjoint d'avoir à l'avenir
des registres où ils écriront chaque jour les objets
vendus ; défense d'acheter aucun article dépendant
des maisons nationales et condamnation à 10 livres
d'amende. Plus tard le substitut fit assigner 10 prévenus faute de s'être conformés aux règlements ;
le tribunal leur enjoint d'avoir des registres et les
condamna seulement à 3 livres d'amende. C'est à
cette audience que le substitut prononça son réquisitoire (1) où il rappelle (2) les anciens règlements
concernant les revendeurs et demande leur application : en voici quelques extraits : «..... Il est de
notre devoir de rappeler l'exécution des règlements
qui ordonnent à tous revendeurs de tenir des
registres côtés par le commissaire du quartier, sur
lequel doivent être inscrits jour par jour la qualité
et quantité de marchandises réelles qu'ils achètent
ensemble, les noms des vendeurs..... Depuis longtemps, ce règlement jamais abrogé et que les lois
nouvelles ont conservé n'est plus en vigueur, il est
nécessaire cependant d'arrêter les fraudes que la

(1) Audience du 4ᵉ jour de la 2ᵉ décade du 2ᵉ mois de l'an II.
(2) Le Substitut du Procureur de la Commune était alors le citoyen Pacquot.

négligence dans cette partie de l'administration cause chaque jour ; en effet les voleurs de toute espèce, toutes ces sangsues publiques trouvant dans les revendeurs des hommes faciles, sûrs de n'être pas reconnus et d'échapper par là au glaive de la loi commettent des dilapidations et cherchent à exister aux dépens de tous ceux qu'ils peuvent piller et voler ; la jeunesse imprudente et faible enlève de chez ses parents tout ce qui lui tombe sous la main et va avec le prix reçu de son vol passer dans la débauche un temps qu'elle n'aurait dû employer qu'au travail. Enfin la plupart de ces malheureux, après s'être livrés à toutes sortes de brigandages restés impunis, deviennent bientôt le fléau de la société ; tous ces malheurs, j'ose le dire ! tiennent à l'oubli qu'on a fait des règlements, oui, Citoyens ! l'état des revendeurs est plus important qu'on ne pense dans la société. Plus à portée de voir les fraudes se commettant, il est plus à même de les découvrir — un bon revendeur peut être la sentinelle du crime ; s'il remplit bien son devoir, il a droit à l'estime de ses concitoyens, mais il s'en faut que nous ayons à nous louer de leur exactitude et de leur vigilance. D'après la visite faite, nous voyons qu'aucun ne prend les précautions prescrites par la loi, pour se mettre à l'abri des soupçons ; aucun n'a de registres ; et il en est même chez qui on a trouvé des effets volés à la Nation.

« La loi du 28 mars défend à toutes personnes d'acheter les effets et équipements des volontaires sous peine de condamnation à une amende qui ne pourra excéder 3.000 livres outre la peine de prison. Si cette loi doit être mise en vigueur contre t us particuliers qui la violeraient, à fortiori doit-elle l'être contre les revendeurs qui ne doivent acheter que des personnes connues, — car, quand ils diraient ne pas connaître la loi du 28 mars, comment peuvent-ils se défendre de ce délit d'avoir acheté de personnes inconnues... mais il y a mieux, ils connaissaient ces particuliers ; ils voyaient que les effets qu'on leur présentait n'étaient pas de nature à être achetés, et cependant ils ont acheté ! il faut qu'ils soient insensibles aux cris de l'honneur ! bien sourds à la voix de la patrie ! Eh quoi ! ce n'est pas assez pour elle de voir ses défenseurs déserter ses drapeaux, s'amollir dans la débauche, et se nourrir d'un pain destiné seulement à secourir le courage et la valeur, il faut qu'elle ait la douleur de les voir dilapidant, vendre les armes dont elle les avait armés ; il faut qu'elle les voit acheter par ceux qui par état devaient s'en abstenir, par ceux qui devraient même dénoncer de tels abus, dans un moment où tous les esprits doivent se tourner vers le bien public, dans un moment où les sacrifices ne coûtent rien, où la vigilance la plus active s'exerce contre ceux que la patrie reconnaît pour suspects !

G A

Resterons-nous spectateurs tranquilles des abus qui nous sont dénoncés ? — Non ! les magistrats de ce tribunal sont trop amis de l'ordre et de la justice pour ne pas y remédier ; je requiers donc que les anciens règlements et la loi du 28 mars dernier soient exécutés. Donc, qu'il soit enjoint à tous les revendeurs d'avoir un registre côté ; .... fait défense ainsi qu'aux autres d'acheter aux militaires aucun objet de leur équipement, etc.... » Sur ce, le tribunal fait droit à ces demandes et ordonne l'impression et l'affichage de ce jugement partout où besoin sera.

A partir de ce jour, voit-on encore des délits concernant les revendeurs ? — Pour ne pas tenir de registres, ou avoir des effets venant de militaires, nous trouvons 4 délits dont 2 punis d'amende, et 1 d'amende et prison, 4 pour achat d'objets appartenant à des militaires, dont 3 punis d'amende, et 1 d'amende et prison; enfin 2 pour achat d'objets à inconnus, punis d'amende et prison.

Remarquons que depuis le réquisitoire, les peines sont plus sévères. Ainsi voyons-nous une condamnation à 15 jours de prison pour achat d'objets à des militaires, et chaque fois il est enjoint aux revendeurs de tenir un registre.

Vente par les militaires d'effets de leur équipement. — On n'achetait pas seulement des objets appartenant à des militaires, ceux-ci eux-mêmes en

vendaient : un délit de ce genre fut puni de prison
en la maison d'arrêt de Reims.

Acceptation d'effets de militaires. — C'était non
seulement le fait d'acheter, mais encore d'accepter
des effets de militaires qui constituait un délit. 4 de
ce genre sont punis : 1 d'amende et prison ; les
3 autres d'amende et confiscation de l'objet
accepté.

Délit consistant à venir à l'audience sans cocarde.
— Un cas (1). Ce sont deux personnes prévenues
de libertinage, acquittées pour ce délit, qui n'ont
pas de cocarde à l'audience : le substitut de l'agent
national requiert l'exécution de la loi. Le tribunal,
pour ce délit, les condamne, l'une à 1 décade en
la maison d'arrêt, l'autre à 1/2 décade.

*Délit consistant à loger chez soi des personnes sans
en faire la déclaration au Comité de surveillance.* —
3 délits de ce genre prévus par l'article 4, loi du
29 mars 1793. Voici l'un des plus intéressants (2) :
Un individu est prévenu d'avoir logé chez lui huit
jours un citoyen, né Américain et ex-noble, renvoyé
d'un régiment d'infanterie, sans en avoir fait la
déclaration au Comité de surveillance — Comité
qui décida que cet ex-noble serait arrêté, et que

---

(1) Audience du 28 Germinal an II.
(2) Audience du 22 Messidor, an II.

pour l'autre, il serait statué par les juges compétents. — Le tribunal condamna le logeur à l'amende du double de sa contribution et à 1 mois de prison en vertu de l'article 4, loi du 29 mars 1793 (1). Il fut décidé que ce jugement serait remis à l'agent national du district de Reims pour statuer envers l'ex-noble ; les deux autres délits de ce genre furent aussi punis d'amende et de prison.

Infractions à la loi du Maximum. — Les plus intéressants délits spéciaux de cette époque sont ceux qui portent atteinte à la loi du Maximum.

Loi du Maximum. — Un des principes actuels de notre législation industrielle, c'est la liberté du travail. C'est elle qui garantit la faculté de vendre ou de ne pas vendre, de fixer le prix des produits, à moins qu'il ne s'agisse de ces denrées de première nécessité comme le pain et la viande, que les municipalités peuvent encore soumettre au régime de la taxe. — Cette liberté ne put être maintenue à l'époque de la Révolution, et en pleine Terreur, en l'an II, alors que la cause de la Révolution semblait perdue, qu'il régnait dans toute la France une disette affreuse,

---

(1) Article 4. — Loi du 29 Mars 1793 : « En cas de négligence ou d'infidélité à l'exécution de cette loi, les délinquants seront punis d'un emprisonnement qui ne pourra être moins d'un mois, ni excéder 6 mois et d'une amende égale au double du montant de leur contribution. »

qu'à l'intérieur, c'était la désorganisation complète, la Convention sauva la France en déployant une grande énergie : elle décréta le Maximum, ou tarif pour toutes les denrées, et espérait ainsi porter remède à l'accaparement. La loi du Maximum qui donna lieu aux infractions que nous avons relevées fut la loi du 12 germinal an II et les articles que le tribunal dut appliquer furent les articles 9 et 10. Le premier délit parut le 28 floréal an II ; il pouvait y en avoir de deux sortes : ou c'est une denrée qu'on a vendue à un prix supérieur au maximum : on applique alors l'article 10 : « Toute marchandise en gros et en détail, vendue au delà du maximum sera punie pour la première fois d'une amende égale à dix fois la valeur de l'objet vendu et la marchandise vendue sera confisquée au profit du dénonciateur. » Nous avons 64 délits de ce genre et 84 prévenus, dont 59 condamnés et 25 acquittés.

2° Ou c'est une denrée qu'on refuse de vendre au prix du maximum, délit plus rare, prévu par l'article 9, qui prononce la confiscation de la marchandise qu'on refuse de vendre. 5 délits de ce genre : 5 prévenus dont 4 condamnés et 1 acquitté.

Tels sont les délits spéciaux que nous avons relevés cette année.

Condamnations. — Comment réprimait-on les délits de droit commun ?

Les juges sont en général plus sévères, surtout pour les vols (1), les escroqueries (2), les délits de mendicité (3); pour les délits contre les bonnes' mœurs (4), la peine atteint souvent le maximum fixé par l'art. 9, t. II, loi 19 juillet 1791; pour les voies de fait et mauvais traitements (5), pour les insultes à fonctionnaires publics (6), pour les délits

---

(1) Notons 3 condamnations à l'amende, 6 à la Maison d'arrêt, 11 à la Maison de correction, 9 à amende et Maison d'arrêt et 1 à amende et Maison de correction. Citons particulièrement : 1 condamn. a 2 mois de détention en la Maison de correction, 1 à 2 mois et 50 livres d'amende, 1 à 4 mois, 2 à 6 mois, 1 à 1 an, 1 à 2 ans et 4 à 4 ans pour vol avec récidive.

(2) 1 condamnation à l'amende, 2 à la Maison de correction, 2 à amende et Maison d'arrêt et 6 à amende et Maison de correction. Citons 1 condamn. a 2 mois de détention et 10 livres d'amende, 1 à 3 mois, 1 à 4 mois et 50 livres d'amende, 1 à 6 mois et 50 livres, 1 à 10 mois et 20 livres, 1 à 1 an et 50 livres, 1 à 2 ans et 50 livres et 1 à 4 ans, pour escroquerie avec récidive.

(3) Le seul délit de mendicité que nous avons relevé à l'audience du 12 Floréal an II, fut puni d'un an de détention en la Maison de correction.

(4) Citons 2 condamnations à la Maison d'arrêt, 4 à la Maison de correction et 12 à amende et Maison de correction. Ces dernières étaient dures; nous relevons 3 condamn. à 6 mois de détention en la Maison de correction, 1 à 4 mois, 6 à 6 mois avec amende, 4 à 1 an et 50 livres, 1 à 10 mois et 100 livres, 1 à 6 mois et 100 livres, 1 à 6 mois et 20 livres.

(5) Notons 15 condamnations à amende, 7 à la Maison d'arrêt, 18 à amende et Maison d'arrêt et 4 à amende et Maison de correction. Voici les plus fortes peines : 1 condamn. à 100 livres d'amende et 6 mois de détention pour avoir mené une vie libertine et maltraité quelqu'un; pour mauvais traitements avec récidive, 1 condamn. à 6 mois et 50 livres d'amende; pour coups et blessures, 1 condamn. à 6 mois et 10 livres d'amende (le prévenu était porteur d'une arme prohibée).

(6) Notons 8 condamnations à amende, 3 à la Maison d'arrêt, 20 à l'amende et Maison d'arrêt et 1 à l'amende et Maison de correction (dans ce dernier cas, il s'agissait de menaces et voies de fait graves à un juge, le prévenu fut condamné à l'amende de 5 fois la valeur de sa contribution mobilière et à 6 mois de détention en la Maison de correction).

ruraux (1), les condamnations sont le plus souvent faibles, quelques-unes sont réprimées plus sévèrement.

Peines atténuées. — Signalons les 2 cas suivants qui montrent qu'on atténuait la peine en raison de la difficulté que l'on éprouvait à se procurer du grain : 1º (2) un individu est prévenu d'avoir, lors de la distribution du grain sur le marché, insulté un membre du Conseil permanent en fonctions ; le tribunal le condamne à l'amende d'une fois le montant de sa contribution mobilière et à 24 heures de détention en la Maison d'arrêt. 2º Un individu (3), étant sur le marché lors de la distribution du grain, a failli provoquer une émeute, voulant être servi le premier ; il refuse d'obéir à un officier municipal et le tribunal prononce la même peine.

On tient compte également du jeune âge pour atténuer la peine : ainsi (4) deux enfants inculpés de vol, sont condamnés (16 et 14 ans), à 2 mois de prison.

Remarquons qu'à côté de l'amende et de la prison, on applique parfois la confiscation, non

(1) Les délits ruraux sont réprimés par la loi rurale des 28 Septembre et 6 Octobre 1791. Nous relevons 2 condamnations à amende et 1 à amende et prison.

(2) Audience du 5 Fructidor an 11.

(3) Audience du 5 Fructidor an 11.

(4) Audience du 7 Nivôse an 11.

seulement dans les infractions à la loi du Maximum, mais dans d'autres : acceptations d'effets de militaires, etc...

En résumé il semble que notre tribunal réprime sévèrement les délits de toute sorte.

Acquittements. — Nous en avons relevé 61 (1).

Cas d'incompétence. — Nous avons relevé 6 renvois au tribunal municipal, 12 au Directeur du Juré, 2 à l'agent national forestier du district de Reims et 3 au Directoire du district en vertu du décret du 18 nivose an II.

Par qui les poursuites sont-elles exercées ? — Au début de cette année, les poursuites sont encore exercées par le Procureur de la commune. — Puis grande réforme : tandis que la Convention faisait procéder à l'épuration des corps élus par le Comité de Salut public et les représentants du peuple en mission, elle apporte une profonde modification à l'exercice de l'action publique. Par la loi du 14 frimaire an II. elle donne au gouvernement central ses agents propres, nommés et révocables par lui. Ce sont les agents nationaux : « A la place des procureurs syndics de district, des procureurs de la

---

(1) Nombre des acquittés : 79 ; des condamnés à la prison de moins de 1 an : 54 ; à la prison de 1 an et plus : 8 ; à amende seulement : 08 ; à amende et prison : 123 ; nombre des personnes détenues jusqu'au jugement : 132 ; mises en liberté provisoire sous caution : 7.

Commune et de leurs substituts, supprimés par
ce décret, il y aura des agents nationaux, chargés
de requérir et de poursuivre l'exécution des lois,
ainsi que de dénoncer les négligences apportées
dans cette exécution et les infractions qui pourraient se commettre. Les agents nationaux sont
autorisés à se déplacer et à parcourir l'arrondissement de leur territoire pour s'assurer que les lois
sont exécutées exactement ». L'agent national allait
devenir l'homme de la Nation, dépendant de l'autorité centrale qui l'avait nommé et, à ce titre, il
n'allait pas hésiter à exercer des poursuites, alors
que le procureur de la commune, élu par la communauté, pouvait hésiter devant des influences locales.
C'est le 5 nivôse an II que nous voyons apparaître
l'agent national qui poursuivra désormais par lui
ou son substitut.

Nous avons relevé 42 poursuites par le procureur de la commune, 281 par l'agent national et
1 par particulier (1).

Condamnations par défaut. — 10 personnes
ont été condamnées par défaut ; 1 opposition (2)

---

(1) Plaintes : 5; dénonciations : 70; procès-verbaux rédigés par juge de
paix : 131 ; par commissaire de police : 27; par commandant de poste : 5, par
Municipalité (officier municipal ou notable) : 7; par membres du Comité de
surveillance ou du Comité révolutionnaire : 27 ; par Comité ou Conseil permanent de la Municipalité : 01; par membres du Conseil général : 2; par
agent national : 2; par Comité militaire : 1.

(2) Audience du 25 Floréal an II.

au jugement par défaut du 22 germinal. Le tribunal rejette l'opposition.

Demandes de dommages-intérêts. — 2 : dont une
pour coups et blessures, et l'autre pour propos
injurieux.

Recours aux défenseurs officieux. — Les parties
usent encore peu de défenseurs officieux (1) :
1 demandeur et 10 défendeurs y ont eu recours.

Complications de l'instruction. — 1º 49 enquêtes
et 3 contre-enquêtes ;

2º *Expertises.* — 5 (2).

Affichage. — 1 seul cas (voir p. 70).

Récidivistes. — 12 prévenus sont en récidive
(11 cas) (3).

----

(1) Noms des défenseurs officieux : Garnier, Duguet, Hurtault, Bégin ; ce dernier fut choisi 8 fois.

(2) *a)* dans une affaire d'abus de confiance à l'audience du 7 Frimaire, an 11 ; *b* et *c)* pour coups et blessures (aud. du 15 Ventôse et 15 Thermidor, an 11 ; *d)* une expertise est ordonnée à l'aud. du 25 Messidor, an 11, pour estimer le prix d'une bague achetée par un revendeur au-dessous de sa valeur; *e)* à l'aud. du 22 Thermidor, an 11, pour estimer la façon d'une redingote, le dénonciateur se plaignant que le tailleur lui demandait trop cher; l'affaire finit par un acquittement.

(3) 1) pour trouble à l'ordre public (aud. du 28 Frimaire, an 11; 2) pour libertinage (aud. du 18 Pluviôse; 3) pour vol dans les propriétés d'autrui (aud. du 12 Germinal, an 11); 4, 5, 6 et 7) récidive pour vol (aud. du 22 Germinal, du 2 Floréal, du 12 Floréal, et du 28 Prairial; 8 et 9) pour mauvais traitements (aud. du 2 Messidor); 10) pour escroquerie (aud du 8 Thermidor); 11) pour violences (aud. du 22 Thermidor).

Repris de justice. — 1 cas (1). Une personne est prévenue de trouble à l'ordre public (a déjà été condamnée le 8 nivôse à 8 jours de prison au tribunal de police municipale pour libertinage).

Cas ou le tribunal est saisi par renvoi. — 9 cas (2) :

Fonctionnaire public condamné. — 1 seul cas. Il s'agit d'un professeur au Collège de Reims (3) qui, prévenu d'avoir séduit et corrompu une jeune fille, fut condamné à 10 mois de détention et 100 livres d'amende.

RÉSUMÉ

Par l'examen des diverses questions que nous nous sommes posées, nous avons pu remarquer l'augmentation très sensible des délits, au nombre

(1) Audience du 22 Ventôse, an 11.

(2) 1° Renvoi du tribunal municipal (aud. du 12 Pluviôse an 11) pour insultes à fonctionnaires publics en fonctions; 2° renvoi du directeur du juré pour rapt (aud. du 15 Ventôse an 11); 3° renvoi du tribunal du district pour escroquerie (aud. du 12 Ventôse an 11); 4° renvoi du tribunal de police municipale pour insultes à fonctionnaires publics en fonctions (aud. du 8 Germinal an 11); 5° renvoi du tribunal municipal pour mauvais traitements (aud. du 8 Germinal an 11); 6° renvoi du tribunal municipal pour infraction à la loi du maximum et insultes à fonctionnaires publics (aud. du 18 Messidor an 11); 7° renvoi du tribunal municipal (même audience) pour infraction à la loi du maximum; 8° renvoi du tribunal pour infraction semblable (aud. du 22 Messidor an 11); 9° renvoi semblable (aud. du 15 Thermidor an 11).

(3) Audience du 8 Ventôse an 11.

desquels figurent au premier rang les délits contre les bonnes mœurs, les propos séditieux, les infractions à la loi du Maximum. Nous avons pu observer que les poursuites étaient aussi plus régulières ; les audiences deviennent surtout plus nombreuses à partir de frimaire an II, et en général les condamnations sont très fortes. C'est d'abord l'influence de la Terreur qui a eu sa répercussion à Reims comme dans les autres régions, c'est ensuite l'influence du changement de main de l'action publique qui du procureur de la commune passe à l'agent national, c'est enfin et surtout l'influence du représentant du peuple Bô qui avait nommé à toutes les fonctions publiques des personnes aux idées avancées. Bô avait réussi à donner à cette ville l'impulsion révolutionnaire.

CHAPITRE V

4ᵉ Année :
2 Vendémiaire an III-8 Brumaire an IV
(1794-1795).

La Terreur avait pris fin le 27 juillet 1794. Le grand événement politique qui lui succède, c'est la réaction du 9 thermidor an II, encore appelée « Contre-Terreur ou Terreur réactionnaire ». Après avoir signalé l'influence que la Terreur exerça sur le fonctionnement de notre tribunal correctionnel, voyons maintenant s'il est possible de rattacher encore à l'histoire politique la dernière année de notre première période.

Régularité des audiences. — Cette année les audiences sont moins nombreuses et moins régulières que l'année précédente (1). Après le 8 bru-

---

(1) En Vendémiaire an III, il s'est tenu 4 audiences, les 2, 5, 18 et 25 ; en Brumaire, les 5, 8, 12, 15 et 22 ; en Frimaire, les 2 et 22 ; en Nivôse, les 2, 15 et 22 ; en Pluviôse, les 5, 12, 15 et 25 ; en Ventôse, les 2, 5, 12, 15 et 22 ; en Germinal, les 5, 15, 18 et 25 ; en Floréal, les 2, 29 et 25 ; en Prairial, les 5, 12 et 22 ; en Messidor, les 2, 18 et 23 ; en Thermidor, les 3, 8, 13, 18, 23 et 28 ; en Fructidor, les 8, 13 et 23 ; en Vendémiaire an IV, les 3, 8, 13 et 28 ; en Brumaire an IV, le 8.

maire an IV, nous ne relevons plus d'audiences jusqu'au jour de l'installation du tribunal réorganisé.

Les audiences sont-elles chargées ? — S'il y a moins d'audiences que l'année précédente, elles sont aussi peu chargées (1).

Rapidité de la procédure. — 176 affaires, sur ce nombre 116 ont été jugées immédiatement, 44 remises et jugées et 16 remises et non reparues (2). Le nombre des prévenus est de 259 ; en 1795, la population de Reims avait diminuée et s'élevait à 27.302 habitants.

On remet presque toujours à 1re audience, ou à huitaine ou à 1 décade ou à un autre jour d'audience. Il y a quelques exceptions à la régularité des remises (3).

---

(1) Nous avons relevé 2 audiences avec 1 affaire; 6 avec 2; 10 avec 3; 8 avec 4; 7 avec 5; 5 avec 6 ; 6 avec 7 ; 1 avec 8; 2 avec 9 et 3 avec 10.

(2) Il nous semble assez facile d'expliquer ces faits : le Code du 3 Brumaire an IV ayant modifié la compétence du Tribunal correctionnel, celui-ci ne s'est plus trouvé compétent pour régler telle affaire pendante à l'avènement du Code des délits et des peines.

(3) 1o Une affaire parue le 2 Floréal an III, remise au duddy de la décade prochaine, ne reparut que le 5 Nivôse an IV ; 2o une affaire parue le 18 Messidor an III, remise au 1er jour d'audience pour preuve, ne reparaît que le 13 Thermidor ; 3o une affaire venue à l'audience du 8 Brumaire an IV, remise au 1er jour, ne reparaît que le 25 Frimaire an IV. La cause de ce retard est facile à expliquer ; recherchons-la dans la désorganisation apportée à nos tribunaux par le Code du 3 Brumaire an IV. — Nous avons des affaires remises plusieurs fois : soit 7 remises deux fois; 2, 4 fois; 1, 6 fois.

En général nous constatons que les affaires se jugent assez vite ; mais les exceptions deviennent plus nombreuses (1).

Nombre et nature des délits. — 3 délits contre les bonnes mœurs, 30 vols, 2 escroqueries, 39 délits d'injures, menaces, mauvais traitements, coups et blessures, 7 délits de trouble à l'ordre public, 22 délits d'insultes, mauvais traitements à fonctionnaires publics, 42 délits ruraux, 2 délits de propos séditieux, 3 délits d'atteinte à la propriété d'autrui, 7 délits d'atteinte à la propriété de la commune (y joindre un délit non déterminé commis par le concierge de la maison d'arrêt), 1 délit de propos terroriste, 1 délit d'accaparement, 2 délits d'achats d'effets appartenant à des militaires, 1 délit consistant à loger quelqu'un sans déclaration au comité de surveillance, 3 infrac-

---

(1) Exemples de rapidité : un délit du 10 Vendémiaire an III et procès-verbal du même jour aboutit à un jugement le 18 Vendémiaire ; un délit du 30 Frimaire et procès-verbal du 30 donne lieu à un jugement le 2 Nivôse an III ; un procès-verbal du 21 Prairial donne lieu à un jugement le 22. — En cas de remise : un procès-verbal du 2 Vendémiaire aboutit à un 1er jugement le 2, à un 2e le 5 ; un délit du 11 Brumaire et procès-verbal du 11 aboutit à un 1er jugement le 12, à un 2e le 15. Mais il s'écoule parfois un assez long temps, entre le procès-verbal et le jugement définitif. Ainsi, un procès-verbal du 21 Thermidor an II aboutit à un jugement le 5 Brumaire an III ; un délit du 28 Ventôse an III aboutit à un jugement le 2 Floréal suivant. En cas de remise : un procès-verbal du 28 Frimaire suivi d'un jugement le 22 Nivôse an III, d'un 2e jugement le 5 Pluviôse, et d'un 3e le 25 ; un procès-verbal du 30 Germinal aboutit à un jugement le 2 Floréal an III, et à un 2e le 5 Nivôse an IV.

tions à la loi du maximum, 1 délit de revendeur,
1 délit de vente par militaires d'effets d'équipement.

Délits de droit commun. — 1º *Délits contre les
bonnes mœurs.* — La répression sévère dont ils ont
été l'objet a eu pour conséquence leur diminution.

2º *Propos séditieux.* — Constatons également
leur rareté : deux cas, dont voici le plus intéressant (1). Il s'agit d'un individu prévenu
d'avoir tenu les propos suivants à un autre avec
qui il avait fait une convention préalable :
« Vous mangerez du pain de son, des pierres et des
blocailles, tandis que je mangerai du pain de froment, et je me f .... de la République.... » il fut
condamné à 300 livres d'amende et 3 jours de prison.

3º *Injures à fonctionnaires publics.* — Nous avons
relevé un grand nombre de délits de ce genre, qui
ont pour cause la misère publique. La misère du
peuple des villes était la conséquence de cette crise
économique qui résultait à la fois ce l'abolition de
la loi du maximum et de la baisse des assignats ;
si cette crise avait fait la fortune des spéculateurs,
l'ouvrier et le petit bourgeois étaient écrasés.
A Paris, en Germinal an III, l'agitation était grande;
à une séance de la Convention du 12 germinal, une

___

(1) Audience du 5 Prairial an III.

foule d'hommes, de femmes et d'enfants criaient :
« Du pain. » Nous trouvons des traces de cette
misère à Reims également ; elle ressort des délits
qui ont passé au tribunal correctionnel, qui ont pour
cause dominante la pénurie du pain (1).

C'est surtout en brumaire, frimaire, nivôse et
pluviôse an III que le tribunal eut à s'occuper de

----

(1) En voici quelques exemples : 1° (Aud. du 5 Brumaire an III) : Nous
voyons à cette date un délit de trouble à l'ordre public : devant la porte d'un
boulanger, il y avait un grand rassemblement de personnes pour avoir du pain,
un officier municipal vient y maintenir l'ordre ; 2 individus résistèrent disant
qu'ils voulaient voir la loi ; l'un fut condamné à 10 livres d'amende et à 4
décades en la maison d'arrêt, l'autre fut acquitté ; 2° (Aud. du 8 Brumaire
an III) : c'est une personne inculpée d'avoir pu causer une émeute, étant avec
d'autres au Conseil permanent, pour avoir du pain ; elle fut mise hors de cause,
vu qu'on était alors dans un moment d'affreuse misère ; 3° (Aud. du 12 Brumaire an III) : un prévenu comparait pour avoir insulté un notable en fonctions,
venu pour maintenir l'ordre pendant la distribution du pain, devant la porte
d'un boulanger où étaient rassemblées 40 personnes ; il fut condamné à 30 sols
d'amende et 24 heures de prison ; 4° (Même aud. 12 Brumaire an III) : ce
sont encore deux personnes prévenues de trouble à l'ordre public, toujours
causé par la pénurie du pain ; au Conseil permanent, il s'était présenté des
personnes pour avoir du pain, et sur l'observation d'un notable qu'on ne
pouvait leur en distribuer, 2 femmes l'insultèrent ; mais le tribunal, toujours
eu égard à la pénurie de pain, les condamne à l'amende de 30 sols et 10 jours
de prison ; 5° (Aud. du 22 Nivôse an III) : ici c'est un fonctionnaire qui est
prévenu ; le commissaire à la distribution du pain est chez un boulanger,
un notable envoyant chercher du pain, le prévenu lui en refusa en disant :
« Verrai-je toujours cet officier municipal venir chercher du pain ? Qu'il envoie
de la farine ou je le dénoncerai comme contre-révolutionnaire. » Le tribunal,
eu égard à la peine qu'éprouvent tous les jours les commissaires à la distribution du pain, le mit hors de cause ; 6° (Aud. du 22 Nivôse an III) : ce
sont 2 prévenus d'avoir injurié un fonctionnaire public et toujours pour la
distribution du pain. L'officier municipal passait à la conduite d'un enterrement. L'on d'eux lui dit : « Ce matin, au lieu de conduire les morts en
terre, donne-moi du pain. » L'autre ajouta : « Point de pain, point de loi. »
Le 1er fut condamné à 24 heures de prison ; pour l'autre, défaillant, il fut
condamné à 25 livres d'amende et 15 jours de prison.

ces délits ; si nous les avons rapportés, c'est pour montrer : 1º combien la misère était grande à cette époque ; 2º que le tribunal tenait compte de cette circonstance pour atténuer les peines et même parfois acquitter ceux qui insultaient les autorités constituées.

Voici d'autres délits intéressants d'insultes à fonctionnaires publics : 1º (1) C'est un prévenu d'insultes à un instituteur en fonctions : le fils du prévenu s'était présenté dans la classe de l'instituteur sans être muni du livre de la *Déclaration des droits de l'homme* ; sur la remarque de l'instituteur à l'enfant, celui-ci lui dit que son père refusait de lui en acheter, l'instituteur fit chercher le père qui l'invectiva devant les enfants et troubla l'ordre de sa classe ; il fut condamné à 3 livres d'amende et 24 heures de prison.

2º Un prévenu (2) a écrit deux lettres, l'une le 17 messidor, à l'Administration civile de la police et des tribunaux, l'autre le 9 thermidor. Voici quelques passages de sa 1re lettre : « Le département et le district abandonnent la police d'une ville de 30.000 âmes à une municipalité vandale, qui ne se sert d'aucun moyen pour empêcher la des-

(1) Audience du 22 Nivôse an III.

(2) Le prévenu s'appelle Hédouin, célèbre par ses réclamations contre les pouvoirs publics. Audience du 28 Thermidor an III.

truction des fontaines... les murs des remparts s'écroulent sous les yeux de la municipalité. »
2e lettre : « Les assauts de la désorganisation minent la ville de toutes parts, les autorités constituées y sont sans yeux et sans oreilles, les juges de paix sont paralysés et n'osent punir les crimes des marchands de grains qui reçoivent des arrhes de plusieurs personnes pour des grains qu'ils ne livrent pas ; avec cet abus, on arrivera à l'impolice de la municipalité de Reims, cause du haut prix des denrées ; elle rivalise le taux de Paris, et passe outre par indulgence contre les délinquants coupables de ces abus, tels que, malgré le réquisitoire de l'agent national, qui infatigable, ne cesse en vain de l'éclairer du flambeau de la loi, elle l'éteint dans sa maison probe et immuable. » Il fut condamné à l'amende de 10 fois le montant de sa contribution mobilière et 3 mois de prison.

Délits ruraux. — Ce sont les plus nombreux, soit 42, leur multiplicité à partir de Messidor an III est effrayante : la raison dominante en est la misère.

Délits spéciaux, 1° *Délits militaires.* — 14 prévenus ; ils deviennent plus rares. Nous avons relevé une affaire dont les délinquants étaient 2 prisonniers de guerre. Voici un délit commis par un militaire gradé : il s'agit de propos terroristes (1). C'est un chirurgien attaché à l'armée navale prévenu d'avoir tenu des propos terroristes dans un café ; il aurait dit que sous 8 jours, il y aurait une guillotine en cette ville ; que la guillotine serait mise en œuvre pour ceux qui avaient logé des prêtres ; on ne put avoir de renseignements sur ce délit ; il fut acquitté, mais il fut ordonné qu'expédition du jugement serait envoyé au Comité de Salut public.

En citant le délit suivant, nous relèverons peut-être une des causes de la diminution des délits de militaires : voici un (2) prévenu d'avoir acheté des effets à un militaire ; il fut condamné à 4 livres d'amende et à 24 heures en la maison d'arrêt, mais quant au vendeur (militaire) il fut renvoyé au juge de paix pour être alors envoyé à la justice militaire en vertu de la loi du 3 pluviôse an II (3). Parmi les délits militaires, nous avons encore relevé un cas de vente par militaire d'effets d'équipement ; nous n'avons plus revu ce délit ; nous supposons qu'on a suivi ici la loi de pluviôse an II, et ainsi peut s'expliquer la diminution des délits militaires passant au tribunal correctionnel.

2° Délit consistant à loger quelqu'un sans déclara-

---

(1) Audience du 12 Prairial, an III.
(2) Audience du 23 Vendémiaire, an III.
(3) Pour détails, voir FONTAINE, thèse Lille, 1909, page 26.

tion au Comité de surveillance. — Un seul délit de ce genre, puni par la loi du 29 mars 1793, art. 4 : il fut condamné à amende et prison.

3° *Délits des revendeurs*. — Nous n'avons presque plus de délits de revendeurs ; 1 pour achat d'effets volés, qui fut puni d'amende et prison pour n'avoir pas de registre.

4° *Délit d'accaparement. Infractions à la loi du maximum*. — 1 délit d'accaparement dont l'auteur fut acquitté. Les infractions à la loi du maximum sont plus rares : nous en signalerons 2 à l'art. 10 qui finissent toutes deux par un acquittement, et une infraction à l'art. 9 qui finit aussi par un acquittement. L'abolition de la loi du maximum est une des conséquences de la réaction thermidorienne. Les thermidoriens ardents à détruire tout ce que la Révolution avait fondé, avaient attaqué le maximum avec un acharnement extrême, et ils arrivèrent à faire voter la loi du 3 nivôse an III qui rapportait la loi du maximum. C'est à l'audience du 15 nivôse an III que le substitut de l'agent national en fit donner lecture, ajoutant que s'il restait des procès-verbaux en raison de la violation de cette loi, il demandait l'application de l'art. 4. « Toutes procédures commencées pour violation faites aux lois du maximum sont anéanties ». A partir de cette date, plus de délits du maximum.

Lettre du Comité de Législation. — Nous avons relevé dans les registres du greffe à l'audience du 5 Germinal an III, une lettre des Représentants du Peuple composant le Comité de Législation, concernant les arbitres, et que nous reproduisons in extenso, en raison de l'intérêt qu'elle présente, si toutefois elle ne se rattache pas directement à notre étude (1).

---

(1) Cette lettre, datée du 15 ventôse an III, est adressée au Commissaire national près le District de Reims ; le substitut de l'agent national en requiert lecture. En voici la teneur : « Paris, 15 ventôse an III ; Comité de Législation, Bureau de l'exécution des lois et de la surveillance sur les Corps judiciaires N° 297. Les représentants du peuple composant le Comité de Législation, au Commissaire national près le tribunal du district de Reims : « De tous les points de la République, il s'élève des plaintes sur les abus, qui se sont introduits dans l'arbitrage, la cupidité des suppôts de l'ancien ordre judiciaire ; entre les mains de certains arbitres, les affaires deviennent interminables et les salaires qu'ils exigent absorbent la valeur des objets commis à l'arbitrage. Le Comité n'a pu, sans un sentiment profond de douleur, acquérir la certitude du trafic honteux que font des hommes pervers, du moyen le plus simple et le plus raisonnable de terminer les contestations. L'intérêt des mœurs, l'amour du bien public, et les principes de justice qui servent de base à la République, font à tous les fonctionnaires un devoir sacré de réunir leurs efforts pour réprimer un abus honteux et pour en tarir la source, si possible. Donc, en attendant les mesures répressives que le Comité va proposer à la Convention et consacrer par un Décret, le Comité l'invite à éclairer les citoyens de son arrondissement sur la nature des obligations qu'ils contractent avec les arbitres auxquels ils soumettent leurs intérêts. Il est digne sans doute, d'un vrai républicain de remplir gratuitement à l'égard de ses frères les fonctions de juges ; mais la loi n'a jamais désapprouvé que l'homme honnête qui donne son temps et ses peines pour accorder les différends entre les citoyens, trouva dans la libre reconnaissance des parties une juste indemnité de ses sacrifices ; mais il y a loin de cette compensation volontaire, raisonnable et délicate, à un salaire énorme, à ces taxes arbitraires, à la composition extorquée, objet des plaintes qui s'élèvent de tous les points de la République. Les citoyens doivent être bien avertis que le salaire de l'arbitre dépend entièrement de leur générosité, que l'arbitre est sans action pour en obtenir le paiement, que celui qui

Condamnations. — Comment réprimait-on les délits de droit commun ?

Comme dans les années précédentes, les condamnations sont en général faibles et se rapprochent du minimum pour les délits de voies de fait (1), et insultes à fonctionnaires publics (2), au début pour les délits ruraux; plus tard, vu leur augmentation, ils sont réprimés plus sévèrement (3),

---

compose d'avance pour son honoraire, commet une sorte de crime, ou au moins une turpitude puisqu'il a l'air de vendre la justice, que celui qui, après le jugement, retient les pièces comme un gage de son paiement, commet une exaction, sur laquelle les tribunaux mêmes auraient la faculté de prononcer. Le Comité se fait un devoir de répandre ces principes en faisant lire la présente aux audiences des tribunaux de District, et en se concertant avec les autorités constituées pour qu'elles en assurent la publicité par tous les moyens en leur pouvoir. » Salut et fraternité.

(1) 8 condamnations à amende, 2 à maison d'arrêt, 6 à amende et maison d'arrêt, et 3 à amende et Maison de correction. Pour voies de fait avec récidive, le prévenu fut condamné à l'amende de 500 livres et 1 an de prison. Signalons 2 cond. à l'amende de 1000 livres et 1 an de prison.

(2) 1 condamn. à amende, 3 de prison en la Maison d'arrêt, 11 d'amende et Maison d'arrêt, et 1 d'amende et Maison de correction. Pour outrages à autorités constituées, le citoyen Hédouin fut condamné à l'amende de 10 fois le montant de sa contribution mobilière et 3 mois de prison ; pour outrages et menaces aux membres du Bureau de paix en fonctions, condamn. à une amende de 10 fois le montant de sa contribution mobilière et à 2 ans de prison ; le prévenu forma opposition et sa peine fut réduite.

(3) Pour délits ruraux, 12 condamn. d'amende, 5 d'amende et Maison d'arrêt, 5 d'amende, maison d'arrêt et confiscation, 8 d'amende et confiscation, 3 à la confiscation. Sur les 42 délits ruraux relevés, 7 ont été remis et n'ont pas reparu. C'est à partir de Messidor qu'ils deviennent nombreux. Vu leur multiplicité, le tribunal les punit sévèrement, et nous voyons des cas où la peine prononcée est plus forte que celle demandée.

Nous avons relevé un délit rural grave à l'audience du 8 Vendémiaire an IV : Cinq personnes ont été trouvées sur le terroir de Reims volant des sarrazins ; elles furent condamnées à 20 livres d'amende, 3 mois de prison et confiscation des sacs. Rapprochons de ces délits un vol de grains commis la

le tribunal reste sévère pour les délits de bonnes mœurs (1), pour les escroqueries (2), et le devient plus encore pour les vols (3), où souvent la condamnation atteint le maximum fixé par la loi.

Acquittements : Nous en avons relevé 45 (4).

Cas d'incompétence. — 4 cas de renvoi au directeur du juré, 2 jugements d'incompétence sans

---

nuit, réprimé par l'art. 35, T. 11, de la loi rurale, où le prévenu fut condamné à 50 livres d'amende et 3 mois de prison. La confiscation étant souvent prononcée, on vendait les objets confisqués (nous relevons quatre ventes de ce genre à la fin de l'an III : les 8 et 13 *Fructidor*, le 28 *Vendémiaire* et 8 *Brumaire* an IV). On y procédait à la fin des audiences, et les deniers en provenant devaient être touchés par le greffier pour les remettre au Receveur des droits d'enregistrement. La misère seule explique ces nombreux délits ruraux.

(1) Une condamnation d'amende et 2 d'amende et Maison de correction, dont l'une à 1 an et 50 livres et l'autre à 500 livres d'amende et 6 mois de détention.

(2) 2 condamnations d'amende et Maison d'arrêt : il s'agit, dans un cas, d'un meunier qui a vendu de la farine, annonçant qu'elle était composée de un tiers froment, un tiers seigle, un tiers orge. Comme, en vérité, elle ne contenait que du son, il y avait vol, fraude et escroquerie, d'où condamn. à 1 mois en la Maison d'arrêt et 500 fr. d'amende, avec impression et affichage du jugement (art. 35, T. 11, loi 19 Juillet 1791).

(3) 2 condamn. d'amende, 6 de prison en Maison d'arrêt, 13 à la Maison de correction, 4 d'amende et Maison d'arrêt. Parmi les plus dures, relevons une condamnation à 1 mois en la Maison d'arrêt, 1 à 2 mois, 3 à 3 mois en la Maison de correction, une à 4 mois, une à 6 mois, 4 à 1 an, 2 à 2 ans — dont l'une frappe un repris de justice pour fausse-monnaie ; — enfin, 2 à 4 ans en la Maison de correction (vol avec récidive).

(4) Nombre des acquittés : 72. Chiffre considérable, qui atteint celui de l'année précédente, bien qu'il y ait moins d'affaires.

Nombre de condamnés à la prison de moins d'un an : 18 ; nombre des condamnés à la prison d'un an et plus : 0 ; nombre des condamnés à l'amende seulement : 63 ; nombre des condamnés à amende et prison : 59 ; nombre des condamnés à la confiscation : 4 ; nombre des personnes détenues jusqu'au jugement : 64 ; nombre des personnes mises en liberté provisoire sous caution : 4.

fixer le tribunal à qui on renvoie, 1 renvoi devant le juge de paix et 1 au Comité d'Instruction publique.

Nous signalerons ce dernier cas. Un instituteur fait une pétition, une personne étant venue dans sa classe y causer du scandale, l'instituteur ayant mis ses enfants au banc des ânes pour avoir manqué à l'école ; le tribunal se dessaisit ayant appris que l'instituteur avait demandé deux sous aux enfants pour sortir de ce banc ; comme alors, il est coupable de concussion, il y a renvoi de la cause au Comité d'Instruction publique de Reims.

Par qui les poursuites sont-elles exercées ? — Nous relevons 100 poursuites par l'agent national ou son substitut ; le 3 thermidor an III, reparaît le procureur de la commune (1) qui exerce 65 poursuites ; nous en avons 6 par particuliers, 2 par agent national et particulier, 3 par le procureur de la commune et particuliers (2).

Condamnations par défaut. Oppositions. — 16 personnes ont été condamnées par défaut ; nous

---

(1) Le décret du 28 Germinal an III avait abrogé la loi du 14 Primaire an II.

(2) Plaintes : 13 ; dénonciations : 22 ; procès-verbaux rédigés par les membres du Conseil permanent : 40 ; par le Commandant de la Garde nationale : 1 ; par le juge de paix : 112 ; par les membres du Comité de surveillance : 1 ; par le garde champêtre : 1 ; par les membres du Conseil de discipline : 1 ; par le commissaire de police : 3 ; par les membres du Bureau de conciliation du District : 1.

relevons 2 oppositions dont la première est intéressante, car elle nous montre une irrégularité commise dans la procédure (1).

Demandes de dommages-intérêts. — Elles deviennent très nombreuses : nous en avons relevé 14, soit pour coups et blessures, soit pour vols.

----

(1) Elle fut formée le 5 Germinal à un jugement rendu le 12 Ventôse dans une affaire où le substitut de l'agent national étant partie, un officier municipal faisait fonctions de substitut. Le prévenu était coupable de 2 délits : 1o de voies de fait et mauvais traitements ; 2o d'insultes à fonctionnaires publics en fonctions. Pour le 1er délit, il fut acquitté. A l'audience du 22 Ventôse an III, l'agent national était suppléé par un officier municipal et le prévenu soutint que cet officier municipal ne pouvait remplir ces fonctions, car, suivant la loi du 22 Juillet 1791, titre II, art. 44, à défaut d'agent national ou substitut, les conclusions doivent être prises par un homme de loi, nommé par la municipalité ; il réclame l'exécution de la loi. La cause fut renvoyée et dans la suite le tribunal acquitta le prévenu.

Ce même prévenu devait être condamné pour outrages à fonctionnaires publics à 25 livres d'amende et 5 jours de prison (Aud. 5 Germinal an III). Il forma opposition à ce jugement contre l'officier municipal qui avait fait fonctions dans cette affaire d'agent national. Le demandeur conclut à être reçu opposant et à ce qu'il fut déclaré que ce jugement était injurieux et déraisonnable, et à ce qu'il fut fait défense à cet officier municipal et tous autres pouvant s'arroger le même droit, de demander l'exécution de ce jugement à peine de 1.100 livres d'amende, et attendu que le défendeur s'est, contre le vœu de la loi, arrogé le droit de substituer l'agent national, le condamner à 1.000 livres de dommages-intérêts ; que le jugement à intervenir soit imprimé et affiché et le condamner à 300 francs d'amende et aux dépens. Le tribunal le reçut opposant, renvoya la cause à un autre jour où il sera nommé par la municipalité un citoyen pour remplir les fonctions d'agent national. Au jour dit, le tribunal déclare l'opposition nulle et irrégulière, et n'étant pas compétent pour juger de la validité de la délégation du pouvoir à lui donné, le renvoie à se pourvoir devant qui il appartiendra ; 2o la 2e opposition fut formée le 13 Fructidor à un jugement du 8 qui condamnait par défaut un individu pour avoir outragé les membres du Bureau de paix, à 10 fois le montant de sa contribution et à 2 ans de prison en la Maison de correction, il fut reçu opposant, la peine de prison fut réduite à 15 jours en la Maison d'arrêt.

Recours aux défenseurs officieux. — On en use davantage, ainsi pour 12 demandeurs ou parties civiles et 8 défendeurs (1).

1º Enquêtes : 33, et 5 contre-enquêtes.

2º *Expertises.* — Une expertise, en matière de vol (2)

Affichage. — 1 cas d'affichage (3); dans une affaire de vol, fraude et escroquerie, affichage est ordonné du jugement de condamnation à 1 mois de prison et 500 fr. d'amende et son impression dans Reims à 100 exemplaires.

Récidivistes. Repris de justice. — 8 cas de récidive, 1 repris de justice (4).

Cas où le tribunal est saisi par renvoi. — 2 cas : 1º Renvoi du tribunal municipal pour fraude et escroquerie (audience du 3 thermidor an III) ; 2º renvoi du tribunal municipal pour injures à fonc-

---

(1) Noms des défenseurs : Costant, Guénart, Failly, Guérin, Vachinart, Desmoulins et Cochinat. Les plus souvent choisis furent Bégin (3 fois) et Buffry (8 fois).

(2) Audience du 5 Pluviôse an III.

(3) Aud. du 3 Thermidor an III.

(4) Nous avons relevé 8 récidivistes : 1) pour libertinage (aud. du 18 Vendémiaire an III ; 2) pour voies de fait (aud. du 18 Vendémiaire an III) ; 3 pour délit rural (aud du 22 Frimaire an III); 4) pour vol (aud. du 23 Floréal an III) ; 5) pour violences et mauvais traitements (aud. du 13 Thermidor an III) ; 6) pour trouble à la tranquillité publique (aud. du 13 Thermidor an III) ; 7) pour vol (aud. du 23 Thermidor an III) ; 8) pour violences (aud. du 13 Vendémiaire an IV ; un repris de justice (aud du 25 Germinal an III), prévenu de vol.

tionnaires publics (audience du 13 thermidor an III).

Fonctionnaire public condamné. — 1 seul fonctionnaire a passé 2 fois devant le tribunal correctionnel et est renvoyé au directeur du juré (1).

— · —

RÉSUMÉ

Ce qui ressort de notre étude, c'est que les affaires, cette année, ont été beaucoup moins nombreuses que l'année précédente, nous voyons une diminution sensible des délits contre les bonnes mœurs ; mais un accroissement considérable des délits d'insultes à fonctionnaires publics et des délits ruraux. Nous en trouvons la raison dans la misère du peuple due à la guerre et à la loi du maximum. Signalons une poursuite pour propos terroriste. Nous avons constaté une grande diminution dans les poursuites relatives à la loi du maximum jusqu'au jour de leur disparition complète après son abrogation par la loi du 3 nivôse an III. Le tribunal a prononcé beaucoup d'acquittements. Enfin le procureur de la commune est rétabli pour quelques

---

(1) C'était un garde-terroir, prévenu d'un acte arbitraire (audience du 5 Brumaire an III) C'est comme concussionnaire qu'il est renvoyé devant le directeur du juré, la 2ᵉ fois (audience du 28 Thermidor) il est renvoyé pour délit semblable.

mois. Il semble que l'on ait subi un mouvement
de recul. Nous devons rechercher la cause de ces
grands changements dans ce mouvement de contre-
révolution qui suivit la réaction du 9 thermidor an
II ; signalons aussi l'influence du représentant du
peuple Albert, qui vint en mission à Reims, du 12
pluviôse au 3 prairial an III. Il s'attaqua à l'œuvre
du représentant Bô, et rétablit tous les fonctionnaires que celui-ci avait destitués ; tandis
qu'il renouvelait entièrement les autorités du département, par son arrêté du 7 germinal an III, il
rétablit deux juges de paix (1) qui composaient
le tribunal correctionnel. La mission d'Albert fut
très goûtée dans le département de la Marne de
la masse du peuple dont il calmait les inquié-
tudes ; il fut, en témoignage de reconnaissance
nommé représentant de la Marne à l'Assemblée
législative (Octobre 1795). Voici ce qu'il dit dans
son compte rendu à la Convention nationale :
« J'ai appelé dans les administrations des hommes
qui avaient déjà travaillé dans cette partie. J'ai
composé les tribunaux de citoyens intègres, et versés
dans la connaissance des lois ; mais avant je
m'étais fait une loi sacrée de rappeler à leur poste les
fonctionnaires patriotes et instruits que le peuple

---

(1) Par cet arrêté, le représentant du peuple Albert rétablit les deux juges
Patouillard et Decorbie comme juges de paix des 1er et 2e cantons et maintint
Lemoine pour le 3e.

avait nommés et que les factieux et la tyrannie
avaient injustement destitués. »

CONCLUSION SUR LA 1re PÉRIODE

En résumant cette 1re période, il est aisé de
constater que chacune des quatre années que nous
venons de passer en revue présente un aspect particulier, reflétant les grands changements survenus
dans la politique intérieure. Le nombre et la nature
des délits ont varié et sous la Convention les représentants du peuple semblent avoir joué un grand
rôle dans notre département. Avant de se séparer,
la Convention avait réorganisé le tribunal et nous
allons poursuivre notre étude sous le Directoire et
voir les modifications apportées au tribunal correctionnel.

Pour délimiter cette deuxième période, nous nous sommes basés sur les modifications apportées à la composition du tribunal et à la procédure suivie devant le tribunal correctionnel, par la Constitution du 5 fructidor an III et le Code du 3 brumaire an IV.

Le Code des délits et des peines a organisé l'instruction préparatoire. La Constitution de l'an III a arrêté dans son article 233 qu'il y aurait, dans chaque département, pour le jugement des délits dont la peine n'est ni afflictive ni infamante, 3 tribunaux correctionnels au moins, et 6 au plus. Ces tribunaux ne pourront prononcer de peines plus graves que l'emprisonnement de 2 ans. L'article 234 fixe la composition du tribunal correctionnel : « Chaque tribunal correctionnel est composé d'un président, de deux juges de paix ou assesseurs du juge de paix de la commune, d'un commissaire du pouvoir exécutif et d'un greffier ». Art. 235. « Le président de chaque tribunal correctionnel est pris tous les six mois parmi les membres des Sections du tribunal civil du département, les présidents exceptés. » Art. 236 : « Il y a appel des

jugements des tribunaux correctionnels devant le
tribunal criminel du département ».

Nous trouvons dans le Code de brumaire an IV
les mêmes idées exprimées dans le titre II (art. 167,
171) (1).

Cette période part du 28 brumaire an IV, jour
où le tribunal réorganisé fonctionne de nouveau,
jusqu'au 15 floréal an VIII, moment où le tribunal
subira de nouvelles modifications suivant la loi
du 27 ventôse an VIII. Nous parcourons ainsi
toute l'époque du Directoire.

____

(1) Dans le département de la Marne il y a 4 Tribunaux correctionnels :
Reims, Châlons, Sézanne et Vitry-sur-Marne. Le ressort du Tribunal de
Reims, comprenant le canton d'Epernay, est plus étendu qu'il ne l'est de nos
jours (une loi du 27 Nivôse an VII crée à Epernay un Tribunal correctionnel
et son installation a lieu le 11 Ventôse an VII). Les appels des Tribunaux
correctionnels du département sont portés devant le Tribunal criminel établi à
Châlons depuis sa création et transféré à Reims le 10 Brumaire an IV.

CHAPITRE PREMIER

1re année :
28 Brumaire an IV-2 Vendémiaire an V
(1795-1796).

Après une suspension de quelques semaines, du 8 au 28 brumaire, on procède à l'installation du tribunal réorganisé et l'audience du 28 brumaire fut consacrée à l'organisation nouvelle. A la fin de l'audience, après l'installation des membres du tribunal, le commissaire du pouvoir exécutif dit avoir fait citer à la présente audience divers particuliers, mais qu'ayant reçu le Code des délits et des peines, sous le N° 204, portant réformation des lois précédemment intervenues sur la police correctionnelle, il devenait indispensable d'examiner si les causes à juger étaient ou non de la compétence du tribunal, et il demande que les affaires soient renvoyées à la prochaine audience pour avoir le temps d'examiner la loi précitée, et fixer quelle sera dorénavant la compétence du tribunal. On fit droit à cette demande. Aussi dans cette séance d'installation, aucune affaire à relever, et c'est effectivement le 5 frimaire an IV que nous voyons de nouveau à l'œuvre le tribunal (1).

(1) C'est le 28 Brumaire an IV, à 2 heures de relevée, qu'en présence des citoyens Decorble et Patouillard, juges de paix, juges du Tribunal, en présence du citoyen Lecomte, juge du Tribunal civil, et de Baron le jeune, assistés de Noth, greffier ordinaire du Tribunal, que le Président déposa sur le bureau les pièces dont lecture fut faite par le greffier et qui sont : 1° un extrait d'une délibération du Tribunal civil du département de la Marne, suivant laquelle le citoyen Lecomte est nommé, pour 6 mois, comme Président et pour , emplir les fonctions de Directeur du Jury ; 2° une expédition en forme de la Commission adressée au citoyen Baron, le 19 courant, par le département de la Marne, qui le n mme Commissaire provisoire du Directoire exécutif près le Tribunal ; 3° enfin, la délibération prise par le Juge de paix, qui nomme Noth, greffier, et les citoyens Egée et Launois huissiers du Tribunal. Après la lecture des pièces, on procéda à l'installation du Président et du Commissaire du Pouvoir exécutif ; puis prestation de serment du greffier et des huissiers, qui jurent de bien et fidèlement remplir les fonctions qui leur sont déférées et de se conformer en tout aux lois de la République.

Baron, le jeune, était le frère du célèbre constituant, député du Tiers-État du Bailliage de Reims ; il était comme ce dernier né à Plounion (Aisne), le 28 Mars 1760, et exerçait la profession d'avocat à Reims quand éclata la Révolution. Nommé en Septembre 1791 membre du Conseil Général du département, il donna sa démission le 15 Novembre de cette même année, préférant son poste d'administrateur du district de Reims. Sans fonctions de 1792 à l'an II, il devient le 7 Germinal an III, officier municipal de la ville, assesseur du juge de paix du 1er canton, puis de Prairial an III à Vendémiaire an IV, membre du Directoire du district. Choisi alors pour remplir les fonctions de Commissaire provisoire du pouvoir exécutif près le tribunal correctionnel de Reims, il devint successivement substitut du Commissaire du Gouvernement près le tribunal de la Marne, sous le Directoire, et magistrat de sûreté remplissant les fonctions de juge d'instruction, poste qu'il conserva comme juge au tribunal de 1re instance de Reims sous l'Empire, et dont il fut le titulaire de 1800-1820, pendant que son frère aîné présidait ce tribunal. Il mourut le 19 Janvier 1839. (*Reims et la Fédération du 14 Juillet 1790*. G. LAURENT, p. 53).

Le citoyen Baron, qui avait été nommé Commissaire provisoire du pouvoir exécutif ne resta pas longtemps en fonctions : le 12 Frimaire, il fut remplacé par le citoyen Brigot, ex-Commissaire national près le Tribunal do district de Reims, muni d'une Commission du Directoire exécutif du 24 Brumaire ; à son tour, le citoyen Brigot fut remplacé, le 18 Germinal an IV, par le citoyen

Régularité des audiences. — Les audiences sont cette année très régulières et très nombreuses (1). Nous avons 69 audiences, toutes très chargées (2), beaucoup plus que dans la première période. La multiplicité des affaires tient surtout à l'augmentation des délits ruraux et forestiers, car les autres sont plutôt moins nombreux.

Mackenna, ex juge du Tribunal de district d'Epernay, qui, plus tard, remplit les fonctions de défenseur officieux.

Nous signalerons également cette année, des changements de greffier. Le citoyen Noth donne sa démission, et le 18 Pluviôse an IV, on procède à l'installation du citoyen Lejeay-Béglet comme greffier en chef. Il prête le serment suivant : « Je jure haine à la royauté et de remplir avec exactitude et probité les fonctions attachées à ma place ». Enfin, le 12 Fructidor an IV, nomination du citoyen Rivart-Allard comme greffier commis.

Voici les noms des juges qui ont rempli, pendant cette période de 5 années, les fonctions de Directeur du Jury et de Président du Tribunal correctionnel : Lecomte (28 Brumaire an IV), Boulanger (15 Ventôse an IV), Dessain (2 Floréal an IV), Houiller (12 Floréal an IV), Bidet (18 Thermidor an IV), Dessain (5 Brumaire an V), Lecomte (5 Floréal an V), Moreau (15 Brumaire an VI), De Lacroix (15 Floréal an VI), Bidet (15 Brumaire an VII), Pellerin (15 Floréal an VII), Desaintgenis (5 Messidor an VII), Foray (25 Brumaire an VIII). Comme assesseurs du Président du Tribunal, nous relevons toujours les noms de : De Corbie, Patouillard et Lemoine. Lemoine mourut le 10 Germinal an VIII ; il fut remplacé comme juge de paix par Gouillart, ancien religieux Bénédictin de la Congrégation de Saint-Maur, de l'abbaye de Chésy (Aisne), retiré à Reims.

(1) En Frimaire an IV, 5 audiences, les 5, 12, 15, 18 et 23 ; en Nivôse, les 5, 18, 22, 25 et 28 ; en Pluviôse, les 5, 8, 15, 18 et 25 ; en Ventôse, les 2, 5, 15, 22, 25 et 2d ; en Germinal, les 2, 5, 8, 12, 15, 18, 22, 25 et 28 ; en Floréal, les 2, 5, 12, 15, 18, 22, 25 et 28 ; en Prairial, les 2, 5, 8, 12, 15, 18, 22, 25 et 28 ; en Messidor, les 2, 5, 15, 22, 25 et 28 ; en Thermidor, les 2, 5, 8, 12, 15, 18, 22 et 25 ; en Fructidor, les 2, 5, 8, 12, 15, 18, 22 et 25.

(2) 3 avec 1 affaire ; 6 avec 2 ; 4 avec 3 ; 7 avec 4 ; 11 avec 5 ; 6 avec 6 ; 2 avec 7 ; 1 avec 8 ; 4 avec 9 ; 3 avec 10 ; 5 avec 11 ; 1 avec 13 ; 4 avec 14 ; 1 avec 15 ; 1 avec 16 ; 2 avec 17 ; 2 avec 18 ; 1 avec 21 ; 1 avec 22 ; 2 avec 23 ; 1 avec 26 et enfin 1 avec 30.

Rapidité de la procédure. — 511 affaires, dont 83 délits ordinaires ; 227 délits forestiers (ordonnance 1669) ; 199 délits ruraux (loi du 28 septembre 1791) et 2 délits ayant donné lieu à un renvoi. Sur ce nombre, 435 affaires ont été jugées immédiatement ; 43 remises et jugées ; 33 remises et non reparues. Le nombre de prévenus est de 987, soit 117 prévenus de délits ordinaires, 524 de délits forestiers. (Ord. 1669) et 346 de délits ruraux (loi du 28 septembre 1791). En 1796, la population de Reims était de 28.358 habitants.

On remet soit à 1re audience, soit à huitaine, soit à 2 décades, soit à 3 mois ; la remise à 3 mois est accordée en matière forestière pour la justification des titres de propriété. Il y a alors renvoi au commissaire du Directoire exécutif du département, et l'affaire reparaît au délai fixé ou ne reparaît plus (1). Cet article 12, t. IX, loi du 28 septembre 1791, prévoit ce renvoi en ces termes : « S'il s'élève une question incidente de propriété, la partie qui en excipe sera tenue d'appeler le procureur général syndic du département où les bois sont situées, et de lui fournir copie de ses pièces dans la huitaine du jour où elle aura proposé son exception, à défaut de quoi, il sera passé outre au jugement de délit, la question de propriété réservée.

---

(1) Ce renvoi au Commissaire de l'Administration centrale du département est prévu par l'art. 12, T. IX, loi du 28 Septembre 1791.

Les procureurs généraux syndics sont remplacés alors par les commissaires du pouvoir exécutif près les administrations centrales du département, chargés de la poursuite des actions qui concernent la République. » En général, sauf en matière forestière, l'affaire revient régulièrement, au plus tard à l'audience suivante.

7 affaires ont été remises 2 fois; 1, 3 fois, 1, 8 fois et une 9 fois (1).

Alors que dans la première période, la procédure était rapide, elle ralentit dès le début de l'an IV. Ce sont surtout les délits forestiers qui sont jugés lentement; et il ne manque pas d'exemples où il s'écoule 3 ou 4 mois du procès-verbal au jugement (2). Très peu d'affaires sont jugées rapidement; cependant parfois on applique l'article 184 du Code des délits et peines (3).

---

(1) Le 1er jugement date du 18 Prairial an IV, le dernier du 12 Pluviôse an V. L'affaire en elle-même ne présentait pas d'intérêt.

(2) Exemples : 1° Procès-verbal du 4 Brumaire et jugement du 12 Frimaire; procès-verbal du 6 Frimaire suivi d'un jugement le 25 Nivôse; procès-verbal du 3 Vendémiaire an IV suivi d'un jugement le 25 Nivôse; procès-verbal du 28 Thermidor an III suivi d'un jugement le 5 Pluviôse an IV; procès-verbal du 1er Frimaire an IV suivi d'un jugement le 2 Ventôse; procès-verbal du 29 Nivôse an IV suivi d'un jugement le 5 Germinal; 2° en cas de remise : procès-verbal du 17 Nivôse an IV, 1er jugement le 8 Germinal, 2e jugement le 25 Fructidor an IV; procès verbal du 1er Pluviôse est, après 3 remises, jugé fin Fructidor; procès-verbal du 16 Prairial an IV est, après 9 remises, jugé le 12 Pluviôse an V.

(3) Audience du 18 Pluviôse an IV : Le plaignant demandait la remise de la cause pour faire entendre des témoins; elle fut refusée et, sans tenir compte de l'exception dilatoire du plaignant, il fut ordonné que les parties plaideraient au fond.

Nombre et nature des délits. — 3 délits contre les bonnes mœurs, 3 vols, 5 escroqueries, 31 délits d'insultes, mauvais traitements à particuliers, coups et blessures, 16 délits d'insultes et menaces à fonctionnaires publics, 1 délit d'atteinte à la propriété d'autrui, 2 délits de faux poids, une infraction à l'article 36, t. I, loi 22 j. 1791, qui défend de tenir des maisons de jeu et de donner à jouer ; 1 délit de mise en vente de viandes corrompues, 5 délits de mendicité, 1 délit pour vente illégale de médicaments gâtés, et enfin, une contravention au règlement de voirie (1).

Nous avons 226 délits forestiers (Ordonnance de 1669), 69 délits forestiers (loi de 1791), et 128 délits ruraux (2), 1 délit de chasse (ordonnance de 1669).

Peu de délits spéciaux : 2 infractions à la loi du 4 thermidor an III et du 3 vendémiaire an IV ; 1 infraction à l'article 7 de la loi du 7 vendémiaire ; 1 délit pour avoir manqué au service de la garde nationale ; 1 infraction à l'arrêté du 23 floréal

---

(1) Audience du 25 Fructidor an IV.

(2) Notre distinction des délits prévus par l'Ordonnance de 1669 et la loi du 28 Septembre 1791 repose sur ce fait que les premiers se rapportent à des délits commis dans les Bois Nationaux.

an IV (orgue d'église) ; enfin 1 délit pour avoir pris une fausse qualité sur un passeport.

Délits de droit Commun. — Au sujet d'un délit d'insultes à fonctionnaires publics (1), où le prévenu est condamné à 10 fois sa contribution mobilière, signalons que le prévenu n'avait pas de lumière quand il fut arrêté (un arrêté municipal défendait à tous citoyens après 10 heures de sortir sans feux (arrêté du 29 Frimaire an IV).

Dans une affaire de voies de fait et mauvais traitements, où les parties furent acquittées (2), le tribunal ordonne la confiscation de la canne à épée du plaignant (receveur des Domaines nationaux), parce qu'il contrevenait ainsi à l'arrêté du Comité de sûreté générale.

Une infraction à l'article 20, loi du 22 juillet 1791 : la prévenue (3) avait mis en vente sur le marché de la viande corrompue et nuisible ; elle fut condamnée à la confiscation des viandes et à 300 livres d'amende.

Voici un cas intéressant d'insultes et outrages à fonctionnaires publics (4). Un citoyen vient d'être

---

(1) Audience du 18 Nivôse an IV.
(2) Audience du 28 Nivôse an IV.
(3) Aud. du 5 Germinal an IV.
(4) Aud. du 8 Thermidor an IV.

condamné pour délit rural à 20 livres d'amende ; après le prononcé du jugement, il veut aussitôt interjeter appel ; sur ce, le tribunal, considérant que la déclaration d'appel du jugement, à l'audience, est un manque de respect et une insulte aux magistrats qui le composent, que la loi, en laissant la faculté de l'appel, a donné les moyens de l'exercer, et n'a pas voulu en faire un moyen de dérision des décisions des tribunaux, le condamne à 6 livres d'amende.

Délits forestiers. — Remarquons le grand nombre de délits forestiers. Le tribunal correctionnel avait aussi à nommer les gardes, à décerner les congés de cour, à procéder à la vente des objets confisqués.

Nomination des gardes. — Après avoir été nommés par l'Administration forestière, les gardes prêtaient serment devant le tribunal de garder avec exactitude et fidélité les bois confiés à leur garde. Nous avons relevé 6 nominations de gardes (1).

Congés de cour. — A l'audience du 28 floréal an IV le tribunal décerne le 1er congé de cour. Ils avaient pour but de décharger les marchands de bois de toute responsabilité à raison de coupes exploitées : pour l'obtenir, il fallait un

____

(1) Aud. du 22 Germinal an IV, du 25 Germinal, du 5 Floréal, du 2 Prairial, du 25 Messidor et du 18 Thermidor.

procès-verbal de récollement (t. XVI, ord. 1669).
La responsabilité de l'exploitant cessait dans les
trois jours de la signification du jugement. 12 con-
gès de cour ont été accordés.

Vente des objets confisqués. — 3 ventes ordonnées par le tribunal d'objets confisqués.

A propos des délits forestiers, mentionnons (1)
une requête du défenseur officieux tendant à la
nullité de la demande pour prescription acquise,
d'après la loi sur l'Administration forestière de
septembre 1791, art. 8 et 9 : « Les actions en
réparation de délits seront intentées au plus tard
dans les 3 mois qu'ils auront été reconnus, quand
les délinquants seront désignés par le procès-
verbal » (ce procès-verbal est du 22 germinal an IV
et la demande du 5 thermidor). A cette requête,
le commissaire du pouvoir exécutif oppose la loi
du 3 brumaire an IV qui porte : art. 9 « qu'il ne
peut être intenté aucune action publique ni civile
pour un délit après 3 ans, à partir du jour où l'existence en a été connue, quand dans cet intervalle il
n'a été fait aucune poursuite ; dans ce cas, les
actions durent 6 ans : » Le tribunal retient l'affaire.
Ce fait nous met en présence d'un conflit de lois
causé par le Code du 3 brumaire an IV.

---

(1) Audience du 15 Thermidor an IV.

Délits spéciaux. Infraction à la loi du 4 thermidor an III et du 3 vendémiaire an IV. — A l'audience du 25 nivôse an IV comparaît un prévenu d'infraction à ces deux lois, la première obligeant à se munir de patente, la deuxième d'un passeport. N'étant pas soumis à la patente, ces objets venant de son exploitation et le passeport lui étant inutile, n'étant pas sorti de son canton, il fut acquitté.

Infraction à l'article 12, loi du 7 vendémiaire an IV. — Un curé (1) est prévenu d'avoir voulu discréditer les assignats : il aurait dit qu'il ne peut continuer ses fonctions si on ne vient à son secours; qu'il ferait faire une quête, mais ne recevrait pas d'assignats (2). Il fut mis hors de cause, car il n'y avait pas eu d'infraction à la loi du 7 vendémiaire, art. 12, qui portait des peines contre ceux qui tenteraient par injures ou menaces de contraindre des personnes aux frais du culte.

A noter deux individus (3) prévenus d'avoir manqué au service de la garde nationale : ils sont acquittés.

Infraction à l'arrêté du 23 floréal an IV. — Le procès-verbal constate (4) qu'il a été touché de

---

(1) Audience du 8 Germinal an IV.
(2) Les assignats étaient en effet fort dépréciés au début du Directoire.
(3) Audience du 8 Germinal an IV.
(4) Audience du 15 Messidor an IV.

l'orgue pendant les offices, le jour de la Fête-Dieu, contrairement à l'arrêté du 23 floréal an IV de l'Administration municipale de Reims, qui porte que l'orgue sera provisoirement fermée jusqu'à nouvel ordre. Le tribunal condamne le prévenu à 50 livres d'amende.

Infraction à la loi du 17 ventôse an IV (1). — C'est une prévenue d'avoir pris une fausse qualité ; le commissaire du pouvoir exécutif demande sa mise en liberté, ce délit n'étant prévu par aucune loi ; le tribunal, en vertu de la loi du 17 ventôse sur les passeports qui porte des peines contre les témoins qui attesteraient des qualités que les particuliers qui demandent le passeport n'auraient pas, que cette loi peut *à fortiori* s'appliquer à ceux qui prennent de fausses qualités, la condamna à 3 mois de prison, en tenant compte de la détention préventive.

Délits militaires. — Suivant nos prévisions, nous n'avons plus qu'un délit militaire, et le tribunal correctionnel se déclare incompétent ; il s'agit du commissaire des guerres, prévenu de voies de fait envers un particulier (2). Le prévenu a présenté un acte déclinatoire où il demande à être renvoyé devant les juges que la loi du 2e jour complémen-

(1) Audience du 22 Messidor an IV.
(2) Audience du 25 Floréal an IV, remise au 28.

taire an III lui assigne comme militaire ; il requiert donc son renvoi devant un Conseil militaire et le tribunal considérant que les juridictions sont de droit strict, vu la loi du 2e jour complémentaire an III : Art. 1er : « Tous les délits commis par des militaires attachés aux armées ou employés à leur suite seront jugés par un Conseil militaire convoqué à cet effet » — renvoie les parties devant un Conseil militaire (1).

Condamnations. — Il faut remarquer ; 1° que le président donne lecture, avant de prononcer toute condamnation, de l'article de loi à appliquer; 2° que les amendes semblent plus fortes qu'en réalité, par suite de la dépréciation des assignats (2).

La plupart des délits ruraux sont punis d'amende ; quelques-uns de 1 mois et 3 mois de prison (art. 35 Code rural). Les condamnations sont faibles pour les délits de mendicité (3), de faux poids (4), en général pour les insultes à fonction-

---

(1) Fontaine, p. 27.

(2) Nous en trouvons le 1er exemple le 25 Nivôse an IV : une amende de 500 livres est prononcée, soit 5 livres valeur métallique.

(3) Pour délits de mendicité et défaut de passeport (art. 22, 23, 24, T. 2, loi 1791) : 2 condamn. à Maison d'arrêt, 1 à Maison de correction ; 2 prévenus pour délit de mendicité furent condamnés, l'un à 1 mois, l'autre à 15 jours en la Maison d'arrêt ; un mendiant valide le fut à 2 mois en la Maison de correction.

(4) Pour usage de faux poids (art. 22, t. 1, loi 1791) : 1 condamn. à amende, 1 à amende et confiscation.

naires publics (1), pour les voies de fait (2), quelques condamnations s'élèvent presque au maximum fixé par les art. 13 et 14 de la loi correctionnelle; pour les vols (3), escroqueries (4), et délits contre les bonnes mœurs (5), les juges sont toujours sévères.

Acquittements. — Il y a peu d'acquittés (6).

Cas d'incompétence. — 1 renvoi au tribunal municipal, 2 au directeur du jury, 1 devant un Conseil

---

(1) Pour insultes à fonctionnaires : 4 condamn. à amende, 1 à Maison d'arrêt, 8 à amende et Maison d'arrêt et 1 à amende et Maison de correction (celle-ci fut de 10 fois la contribution mobilière et 2 ans de prison).

(2) Pour coups et blessures : 7 condamn. à amende, 1 à la Maison d'arrêt, 6 à amende et Maison d'arrêt et 3 à amende et Maison de correction. A mettre en relief : 1 condamn. à 20 livres d'amende et 6 mois de prison, 1 à 100 livres et 6 mois, 1 à 1.000 livres et 1 an.

(3) Pour vols : 1 condamn. à la Maison d'arrêt, 1 à Maison de correction et 1 à amende et Maison de correction. Notons 1 condamn. à 3 mois en Maison de correction et 1 à 20 livres d'amende et 1 an de prison.

(4) Pour escroqueries (art. 35, t. II, loi 1791) : 1 condamn. à Maison d'arrêt, 2 à Maison de correction, 1 à amende et Maison de correction. Notons 2 condamn. à 1 an de prison et 1 à 50 livres d'amende et 1 an.

(5) Pour délits contre les bonnes mœurs : 1 condamn. à la Maison d'arrêt, 1 à amende et Maison d'arrêt, 1 à amende et Maison de correction qui, pour libertinage et prostitution publique, fut de 100 livres et 6 mois.

(6) Délits ordinaires. — Nombre des acquittés : 27 ; des condamnés à la prison de moins d'un an : 15 ; des condamnés à la prison d'un an et plus : 3 ; des condamnés à l'amende seulement : 22 ; à l'amende et prison : 20 ; aux frais : 2.

Délits forestiers (Ordonnance 1669). — Nombre des acquittés : 7 ; des condamnés à l'amende seulement : 408 ; des condamnés à l'amende et prison : 2 ; des condamnés à la confiscation : 1 ; des condamnés aux frais : 2.

Délits ruraux (Loi du 28 septembre 1791). — Nombre des acquittés : 17 ; des condamnés à la prison de moins d'un an : 7 ; des condamnés à l'amende seulement : 252 ; des condamnés à l'amende et prison : 41 ; des condamnés aux frais : 11 ; nombre de personnes détenues jusqu'au jugement : 44 ; des personnes mises en liberté provisoire sous caution : 1.

militaire, 1 devant le juge de paix, et 1 jugement d'incompétence sans fixer le tribunal.

Nous signalerons le renvoi suivant au directeur
du jury pour délit contre-révolutionnaire (1). Dans
le local dit « Des Augustins », établissement national, on y a lu ces mots « Vive Louis XVII »; le
casernier se porte dénonciateur, mais trop tard, et
attendu que comme casernier, il devait faire rayer
ces inscriptions, que les ayant laissées, il doit être
considéré complice, il est renvoyé devant le directeur du Jury.

Qui exerce les poursuites ? 1° *Pour les délits ordinaires.* — Le commissaire du pouvoir exécutif;
5 poursuites par particulier.

2° *Pour les délits forestiers et ruraux.* — L'agent
national forestier; 20 poursuites par particulier : (2)

Condamnations par défaut. — 208 personnes
condamnées par défaut. 1 cas de défaut congé ou
défaut du demandeur (3); il s'agit d'un délit rural;
le défendeur est acquitté et le requérant, défaillant, condamné aux dépens.

-----

(1) Audience du 2 Ventôse an IV.
(2) Plaintes : 44; dénonciations, 19; dénonciation civique : 1; procès-verbaux
dressés par garde champêtre : 57; par le garde forestier : 202; par les membres
du Conseil permanent : 2; par le juge de paix : 90; par le commissaire de
police : 22; par agent municipal : 21; par la garde nationale : 1; par le commissaire du pouvoir exécutif : 1; par huissier public : 1.
(3) Audience du 15 Messidor an IV.

Oppositions : 6 (1).

Appels : 5 (2).

Demandes de dommages-intérêts. — 37, soit pour atteinte à la propriété d'autrui, pour coups et blessures, pour délits dans bois particuliers ; à signaler une demande de 50.000 fr. de dommages et intérêts pour mauvais traitements (3) pour être employés à des objets d'utilité publique et à récompenser les citoyens peu fortunés qui emploieront leur temps à découvrir les fripons et autres scélérats publics et particuliers ; l'affaire est renvoyée à un Conseil militaire.

Recours aux défenseurs officieux. — Les défenseurs officieux deviennent nombreux et on y a

---

(1) 1° A un jugement rendu par défaut le 28 Germinal, pour voies de fait et mauvais traitements, audience du 5 Floréal an IV ; 2° audience du 12 Fructidor an IV, au jugement du 15 Messidor, par défaut du demandeur ; 3° audience du 22 Fructidor an IV, à un jugement par défaut du 2 Fructidor pour délit rural ; 4° audience du 22 Fructidor, pour délit rural à un jugement par défaut du 2 Fructidor ; 5° audience du 25 Fructidor, pour délit rural à un jugement du 15 fructidor ; 6° audience du 5 Fructidor pour délit rural, à un jugement par défaut du 22 Fructidor.

(2) 1° Le 4 Messidor an IV le plaignant se rend appelant contre le Commissaire des guerres du jugement du 28 Floréal an IV ; il fut infirmé par le Tribunal criminel et les parties renvoyées devant le Tribunal correctionnel ; le Commissaire des guerres se pourvoit en Cassation contre le jugement de ce jour du Tribunal criminel. Le Tribunal de Cassation rendit son jugement le 20 Fructidor an IV, rejetant sa requête ; 2° Nous avons trois autres appels à l'audience du 9 Prairial an IV, et enfin 3° le cinquième appel est interjeté le 29 Fructidor an IV. L'affaire est renvoyée au Tribunal correctionnel de Châlons.

(3) Audience du 25 Floréal an IV.

recours dans la plupart des affaires ; 38 demandeurs ont pris un défenseur ainsi que 86 prévenus (1).

1º Enquêtes : 29 et une contre-enquête ;

2º Expertises : 8 ordonnées en matière forestière.

Mises en délibéré. — 4 (2).

Affichage. — 1 cas (3). L'affichage est ordonné d'un jugement qui condamne 2 prévenus pour voies de fait à la Garde nationale sous les armes à 10 fois leur contribution mobilière, l'un à 8 jours, l'autre à 1 mois de prison. (50 exemplaires.)

Récidivistes. — 4 récidivistes, 3 cas de récidive pour délits forestiers (4) et 1 (5) pour voies de fait et violences légères (art. 19, titre 1, loi 22 j. 1791, le 1er jugement a été rendu par le tribunal municipal.)

Repris de justice (6). — Accusé de vol, escroquerie antérieure).

Cas où le tribunal est saisi par renvoi. — 9 cas (7).

---

(1) Noms de ces défenseurs : Cochinat, Buffry, Coutant, Mahut, Bégin, Delvincourt, Desmoulins, Heurat, Miné, Clausson, Guérin, Guénart, Porquet, Blanchin, Selligny, Baron le jeune ; le plus souvent choisi, c'est Buffry.

(2) 1º Dans une affaire de vol le 8 Pluviôse an IV ; 2º le 12 Thermidor an IV, en matière de délit rural ; 3º en matière de délit rural, le 2 Fructidor ; 4º le 25 Fructidor an IV, en matière de contravention à un règlement de voirie.

(3) Audience du 15 Frimaire an IV.

(4) Audiences du 22 Germinal an IV ; 25 Germinal ; 23 Prairial.

(5) Audience du 15 Messidor an IV.

(6) Audience du 8 Fructidor an IV.

(7) 1º Renvoi du Tribunal municipal (aud. du 28 Nivôse) pour insultes et mauvais traitements ; 2º renvoi du Tribunal criminel (aud. du 8 Pluviôse) pour

Fonctionnaires publics condamnés. — 2 cas :
1º Un garde forestier (1) prévenu d'avoir recepé les arbres d'un bois confié à sa garde. 2º (2) Le commissaire du pouvoir exécutif près la Municipalité de Reims pour insultes et mauvais traitements à commandant de poste en service est condamné à 100 livres d'amende et 5 jours de prison.

RÉSUMÉ

Cette première année correspond à l'entrée en fonctions du Directoire le 5 Brumaire an IV, (27 Octobre 1795). Le calme renaît, le peuple reprend espoir après cette période troublée et accepte la nouvelle Constitution, aussi voyons-nous peu de délits importants ; la plupart sont des délits ruraux et forestiers. La procédure est lente (consé-

vol, après avoir passé au Tribunal correctionnel de Châlons; 3º renvol du Tribunal municipal (aud. du 12 Germinal) pour faux poids; 4º renvol du Tribunal de paix (aud. du 12 Prairial) pour voies de fait et mauvais traitements; 5º et 6º renvol du Tribunal de police rurale pour délit rural (aud. des 23 et 26 Prairial); 7º renvol du Tribunal de police municipale pour voies de fait et voies légers causant rassemblement avec récidive (aud. du 15 Messidor); 8º renvol du Tribunal de police rurale pour délit rural (aud. du 12 Thermidor); 9º renvol du même pour délit rural (aud. du 28 Fructidor).

(1) Audience du 8 Prairial an IV.
(2) Audience du 15 Prairial an IV.

quence de l'organisation de l'instruction préparatoire), on use plus souvent de défenseurs officieux et on réclame de plus en plus des dommages- intérêts.

2ᵐᵉ année (An V)
2 Vendémiaire an V - 5 Vendémiaire an VI
(1796-97)

Régularité des audiences. — Le 8 vendémiaire
an V, il fut donné lecture de l'extrait suivant :
« Le tribunal, considérant que le directeur du jury
et les officiers de police judiciaire qui le composent,
sont chargés d'une multitude d'affaires qui exigent
une partie considérable de leur temps, que 2 audiences par décade peuvent suffire à l'expédition
des affaires arrête : ART. I « A partir du 12 vendémiaire an V il n'y aura plus que 2 audiences
par décade au tribunal correctionnel de Reims. »
ART. II « Les audiences se tiendront les 5 et 8
de chaque décade. » ART. III. « Cet arrêté sera
inscrit sur les registres des délibérations et des
audiences du tribunal, imprimé au nombre de 200
exemplaires, envoyé à tous les juges de paix et
affiché dans tous les arrondissements du tribunal. »
Conformément à cet arrêté, les audiences se sont

tenues régulièrement et nous relevons (1) 76 audiences dont 3 extraordinaires ; la plupart sont très chargées (2).

Rapidité de la procédure. — 573 affaires dont 150 délits ordinaires, 6 faisant l'objet d'un renvoi, 241 délits forestiers (ordonnance de 1669) et 176 (loi du 28 septembre 1791). 493 affaires jugées immédiatement, 54 remises et jugées, 24 remises et non reparues. Le nombre des prévenus est de 906, soit 216 prévenus de délits ordinaires, 403 de délits (ordonnance de 1669), et 287 de délits ruraux, (loi du 28 septembre 1791).

Il est très rare de voir l'affaire revenir au jour fixé (3).

(1) En Vendémiaire an V, 8 audiences, les 2, 5, 8, 12, 15, 18, 25, 28 ; en Brumaire, les 5, 8, 15, 18, 25, 28 ; en Frimaire, les 5, 8, 15, 18, 25, 28 ; en Nivôse, les 5, 8, 15, 18, 25, 28 ; en Pluviôse, les 5, 8, 12 (aud. extraordinaire), 15, 18, 25, 28 ; en Ventôse, les 5, 15, 18, 25, 28 ; en Germinal, les 5, 8, 15, 17 (aud. extraordinaire), 18, 25, 28 et 30 (aud. extraordinaire) ; en Floréal, les 5, 8, 15, 18, 25 et 28 ; en Prairial, les 5, 8, 15, 18, 25 et 28 ; en Messidor, les 5, 8, 15, 18, 25 et 28 ; en Thermidor, les 5, 8, 15, 18, 25 et 28, ainsi qu'en Fructidor.

(2) 4 audiences avec 1 affaire ; 9 avec 3 ; 4 avec 4 ; 2 avec 5, 6 avec 6 ; 8 avec 7 ; 4 avec 8 ; 5 avec 9 ; 8 avec 10 ; 2 avec 11 ; 4 avec 12 ; 5 avec 13 ; 3 avec 14 ; 4 avec 15 ; 1 avec 16 ; 3 avec 19 ; 1 avec 20 ; 1 avec 21 ; 1 avec 22 ; 1, enfin, avec 23.

(3) Exemple : 1° Une affaire parue le 18 Vendémiaire an V, remise à 1re audience, ne reparaît que le 18 Frimaire an V ; 2° une autre parue le 28 Vendémiaire an V, remise à décade, que nous ne revoyons que le 18 Frimaire. Nous voyons encore des remises pour mise en cause du Commissaire du pouvoir exécutif près le département, en cas de constatation de propriété (délits ruraux). Nous avons des affaires remises plusieurs fois : 5 deux fois, 1 trois fois, une autre quatre fois.

La procédure est toujours très lente (1).

Une des causes de lenteur de la procédure est la faculté accordée par l'art. 12, titre IX, loi du 28 septembre 1791, qui en cas de contestation sur la propriété, oblige la communication de la cause au commissaire du directoire exécutif près le département (2).

La procédure est même si lente qu'elle donne lieu à des difficultés : il s'agit d'un délit rural dans bois particulier (3) ; le procès-verbal date du 26 floréal an IV. Le défenseur officieux prétend que d'après l'art. 8, titre IX, loi 28 septembre 1791, les actions en réparation de délits forestiers doivent être intentées au plus tard dans les 3 mois

---

(1) Un procès-verbal du 12 Messidor an IV suivi d'un jugement 8 Vendémiaire an V ; un procès-verbal du 7 Nivôse an III et le jugement est rendu le 15 Vendémiaire an IV ; un procès-verbal du 4 Pluviôse an IV suivi d'un jugement le 8 Frimaire an V ; un procès-verbal du 26 Floréal an IV suivi d'un jugement du 15 Prairial an V, et beaucoup d'autres encore où il s'écoule au moins un an entre le procès-verbal et le jugement En cas de remise, un procès-verbal du 13 Pluviôse an IV est suivi d'un 1er jugement le 25 Floréal et d'un 2e le 25 Nivôse an V ; un procès-verbal du 19 Brumaire an IV est suivi d'un 1er jugement le 25 Pluviôse, d'un 2e le 25 Brumaire an V et d'un 3e jugement le 28 Nivôse an V, et que d'exemples de lenteur on pourrait encore citer !

(2) 1o Pour délit forestier, qui parut le 25 Floréal an IV, le procès-verbal datant du 13 Pluviôse, au lieu de revenir au mois, réapparut seulement le 25 Nivôse an V, soit plus de 7 mois de retard, et ce jour l'affaire fut réglée définitivement, sans mise en cause du Commissaire du directoire exécutif; 2o à l'audience du 25 Nivôse an V, pour délit rural, l'affaire remise au mois ne revient que le 28 Prairial an V; le jugement n'ayant pas été exécuté, le prévenu fut condamné.

(3) Audience du 15 Prairial, an V.

du jour où ils ont été reconnus, quand les délinquants sont désignés par le procès-verbal, à défaut
de quoi elles seront prescrites. Le commissaire du
pouvoir exécutif réplique que tel n'est pas le délai
de la prescription d'après le Code de délits et des
peines qui étend l'action en réparation des délits
à 3 ans, que cette loi abroge forcément celle de 1791,
et le tribunal, considérant que l'article 8 t. IX,
est forcément abrogé par les articles 9 et 10 du
Code des délits et peines, que la jurisprudence,
basée sur ces articles est confirmée par une décision du ministre de la justice du 9 germinal
qui porte que les délits, quels qu'ils soient, ne
se prescrivent que par 3 ou 6 ans, condamne à
l'amende ordinaire. Cette question reste en sus-
pens; on a encore recours à cette fin de non recevoir dans d'autres cas ; et le prévenu est toujours
déclaré irrecevable dans sa demande et condamné
à l'amende (1).

Puis (2) la difficulté s'aggrave. Pour un délit forestier constaté par un procès-verbal du 23 nivôse
an V, toujours même fin de non recevoir ;
on ajoute que le terme de 3 ans accordé par
le Code des délits et peines ne peut concerner les
délits forestiers pour qui la loi a mis un délai de 3

(1) Audience du 18 Prairial an V ; 4 délits semblables.
(2) Audience du 18 Messidor, an V ; l'affaire fut remise au 8 Thermidor, an V.

mois. La question a déjà été jugée par le tribunal criminel en faveur de la prescription de 3 mois. Le 29 messidor an V, le tribunal criminel, après avoir jugé 2 cas d'appels dans un sens contraire au tribunal correctionnel, en annulant ses jugements, décide de surseoir désormais sur ces appels et ordonne d'en référer au corps législatif pour obtenir une décision fixant le délai pour la prescription. C'est la même idée que le tribunal correctionnel émet le 5 thermidor an V ; il surseoit à son jugement jusqu'après décision du corps législatif ; il en fut de même dans tous les délits de ce genre qui suivirent (1).

Nombre et nature des délits. — 7 délits contre les bonnes mœurs, 11 vols, une escroquerie, 37 délits de voies de fait, mauvais traitements, à particuliers, 26 délits d'insultes, et outrages à fonctionnaires publics, 2 délits de trouble à l'ordre public, 14 délits de faux poids, 3 infractions à l'article 7, t. Ier, loi 22 juillet 1791, qui défend les jeux de hasard, 4 délits de mendicité avec circonstances aggravantes (vagabondage, défaut de passe-

---

(1) Audiences du 25 Fructidor an V ; du 28 Fructidor an V. — L'une de ces affaires fut jugée seulement le 3 Fructidor an VIII après réponse du corps législatif (1re section du tribunal correctionnel). Le tribunal considérant qu'aux termes de l'article 9 du 3 Brumaire an IV toute action civile ou publique dure 3 ans à partir du jour où le délit a été commis, même 6 dans certains cas déterminés par l'article 10, condamne le prévenu à 12 fr. d'amende.

port, etc.). Nous ferons rentrer dans la catégorie des délits de droit commun, 1° le cas d'un individu prévenu d'avoir égaré une enfant de 12 ans; il fut acquitté, prétendant qu'il ne peut être responsable de cet enfant dont il s'est chargé sur la demande de sa mère au temps de la pénurie du pain. 2° un délit de mainmise sur la voie publique (les prévenus ont barré une rue et entravé le passage du public). 3° une infraction à l'art. 5, t. I, loi du 22 juillet 1791 (des aubergistes ont logé des personnes sans les porter sur leurs registres et sans en faire la déclaration).

241 délits forestiers (ordonnance de 1669) ; 56 délits forestiers (loi de 1791), et 121 délits ruraux.

Quant aux délits spéciaux, 2 infractions à la loi du 4 thermidor an III sur la patente et à la loi du 7 vendémiaire an IV sur la police des marchés : une infraction à la loi du 7 vendémiaire an IV, sur la police des cultes, 8 délits de chasse (loi du 30 avril 1790) 6 infractions au règlement (Ord. de 1727) qui défend aux revendeuses d'acheter les denrées avant l'heure prescrite ou de venir au marché avant cette heure ; 13 contraventions aux articles 18 et 19 du règlement de police du 2 brumaire an V qui défend d'acheter des denrées sur les routes ou avant l'heure, 1 cas de suspect (mendiant), 7 contraventions au règlement de police de 1727 qui défend aux cabaretiers et aubergistes de donner à boire après une certaine heure, 1 délit consistant à avoir fait des travaux près d'un déversoir pour détourner le cours de la rivière, une infraction au règlement de police du 11 mars 1748 (l'individu est prévenu d'avoir laissé du fumier derrière la fontaine Saint-Maurice) ; 2 personnes comparaissent (1) prévenues de n'avoir pas fait devant l'officier public la déclaration de naissance de l'enfant de leur fille ; elles sont acquittées.

Délits forestiers. — Toujours très nombreux ; 2 nominations de gardes (2) qui prêtent serment au tribunal correctionnel, 2 congés de cour accordés (3).

Délits spéciaux. Délits militaires. — Un militaire a passé devant le tribunal correctionnel (4), prévenu d'avoir fait du tapage chez un cafetier, arrêté, condamné à 3 livres d'amende et 3 jours de prison (5) ; le tribunal décide qu'il sera remis à la disposition du commandant de place qui lui fera rejoindre son corps.

La législation militaire devait encore être modifiée par la loi du 13 brumaire an V, qui crée des tribu-

---

(1) Audience du 28 Messidor an V.
(2) Audiences du 6 Germinal an V et du 28 Thermidor an V.
(3) Aud. du 18 Brumaire an V et du 28 Brumaire an V.
(4) Aud. du 18 Nivôse an V.
(5) Art. 19, t. I, loi du 22 J. 1791.

naux réguliers et permanents. Le Directoire a donc
organisé définitivement la justice militaire (1), et
ces tribunaux sont pratiquement compétents pour
connaître des délits de droit commun.

*Infraction à la loi du 4 Thermidor an III, sur
les patentes, et du 7 Vendémiaire an IV, sur la
police des marchés.* C'est par la voie de l'appel que
le tribunal correctionnel en fut saisi (2).

*Infraction à la loi du 7 Vendémiaire an IV,
concernant la police des Cultes.* La Convention,
avant de (3) se séparer, avait voulu régler la
question religieuse, en votant la loi du 7 vendémiaire an IV. Cette loi fut la loi organique des
cultes sous le régime de la séparation. Elle règle
l'exercice et la police extérieure des Cultes. L'article 16 dit : « Les cérémonies de tous cultes sont
interdites hors l'enceinte de l'édifice choisi pour leur
exercice. »

Il s'agit ici (4) d'un fabricant prévenu d'avoir

---

(1) Voir Fontaine, page 28.

(2) Audience du 5 Vendémiaire an V. Un 1er jugement intervenu au tribunal correctionnel de Châlons, condamnant le prévenu à 3 mois de détention en la Maison de correction est suivi d'appel, infirmation du jugement par le tribunal criminel et renvoi à Reims, notre tribunal l'acquitte (le prévenu n'ayant jamais été marchand de grains et n'ayant pas acheté de grains). Le tribunal ajoute que la loi du 7 Vendémiaire an IV n'a plus d'objet, l'abondance renaissant, qu'elle est tombée en désuétude et ne reçoit nulle part son exécution.

(3) C'est sous l'empire de cette loi que l'Eglise catholique, comme les autres cultes, vécut jusqu'au Concordat.

(4) Audience du 28 Vendémiaire an V.

exercé le culte catholique en habit d'église hors l'enceinte de l'église de Suippes ; l'affaire passe d'abord au tribunal correctionnel de Châlons qui rend son jugement le 29 thermidor, acquittant le prévenu, comme n'étant pas ministre du culte catholique, il n'était donc pas en contravention avec la loi du 7 vendémiaire ; appel fut interjeté par le commissaire du pouvoir exécutif près le tribunal de Châlons, et le tribunal criminel renvoie l'affaire à Reims ; le prévenu avance que le cimetière est entouré de murs élevés, que son enceinte est fermée, qu'il l'a toujours regardé comme faisant partie de l'Eglise. Le tribunal correctionnel l'acquitte.

Pour délits de chasse (1), 3 condamnations à l'amende. Pour infraction au règlement de 1727 qui défend d'acheter des denrées avant l'heure prescrite, 5 condamnations d'amende. Pour contravention au règlement de police de 1727 qui défend aux aubergistes de donner à boire après une certaine heure, 5 condamnations à amende.

Enfin pour infractions aux art. 18 et 19 du règlement de police du 2 brumaire an V, énonciatif de l'Ord. de police de 1727 qui défend aux revendeurs d'acheter des denrées sur les routes ou de venir sur le marché avant 8 heures du matin, 13 condamnations à amende.

____

(1) Art. 1 et 5, loi du 30 Avril 1790.

Condamnations. — En général les condamnations cette année sont peu sévères pour les voies de fait (1), insultes à fonctionnaires publics (2), faux poids (3), et escroqueries (4), elles le sont davantage pour les vols (5), délits contre les bonnes mœurs (6), délits de mendicité et vagabondage (7), pour les délits ruraux (8), on punit assez fortement les vols prévus par l'art. 35 du Code rural.

Acquittements. — Le tribunal en prononce davantage (9).

---

(1) Coups et blessures : 14 cond. à amende, 1 à maison d'arrêt, 13 à amende et maison d'arrêt.

(2) Insultes à fonctionnaires : 7 cond. à amende, 1 à maison d'arrêt, 12 à amende et maison d'arrêt.

(3) Faux poids : 9 cond. à amende, 1 à amende et maison d'arrêt, 7 à amende et confiscation, 1 à amende, maison d'arrêt et confiscation.

(4) Escroquerie : 1 cond. à 3 mois en maison de correction.

(5) Vols : 5 cond. à la maison d'arrêt, 5 à la maison de correction, et 1 à amende et maison d'arrêt. Notons 1 cond. à 3 mois, 1 à 6 mois, 1 à 1 an, 1 à 2 ans ; la plus forte fut de 4 ans (récidiviste).

(6) Délits contre les bonnes mœurs, 9 condamn. à la maison d'arrêt, 2 à la Maison de correction, 2 à amende et Maison d'arrêt, 1 à amende et Maison de correction. A signaler : 2 condamn. à 2 mois de prison, 1 à 50 livres et 2 mois, 1 à 3 mois, 1 à 1 an, 1 à 1 an et 100 livres d'amende. La plus forte fut de 2 ans de prison pour libertinage public avec récidive.

(7) Mendicité, 2 condamn. à la Maison de correction, toutes deux de 6 mois.

(8) Délits ruraux, 1 condamn. importante : pour vol de sacs de froment, le prévenu est puni de 25 livres d'amende et 6 mois de prison.

(9) Délits ordinaires . Nombre des acquittés : 61 ; des condamnés à la prison de moins d'un an : 18 ; à la prison d'un an et plus : 5 ; à l'amende : 87 ; à l'amende et prison : 39 ; aux frais : 10. — Délits forestiers (ordonnance 1669.) Nombre des acquittés : 26 ; nombre des condamnés à l'amende seulement : 346 ; des condamnés aux frais : 0. — Délits ruraux (loi du 28 Septembre 1791) : Nombre des acquittés : 35 ; des condamnés à la prison de moins d'un an : 2 ; à l'amende seulement : 102 ; à la prison et amende : 10 ; au frais : 17 ; Nombre de personnes détenues jusqu'au jugement : 53 ; Mises en liberté sous caution : 2.

Cas d'incompétence. — Un renvoi devant le tribunal civil, 4 au directeur du jury ; 6 au juge de paix.

Qui exerce les poursuites ? 1° *Pour les délits ordinaires.* — Le commissaire du pouvoir exécutif (1). Une poursuite par agent national forestier, 7 par particuliers.

2° *Pour les délits forestiers et ruraux.* — A côté des poursuites par agent national forestier, 27 par particuliers, une exercée par une commune, 2 par le commissaire du directoire exécutif.

Cas de nullité. — On sait que le Code du 3 brumaire an IV a multiplié les causes de nullité ; ex : l'article 182 : « La citation de la partie plaignante ne saisit le tribunal correctionnel qu'après visa du directeur du jury. » Nous en trouvons des applications dans la pratique (2).

---

(1) Notons le 18 Germinal an V : la lecture de l'acte de nomination du citoyen Xavier Aubriet, par le Directoire exécutif comme commissaire du pouvoir exécutif près le tribunal. Directoire exécutif, 8 Germinal an V : Xavier Aubriet est nommé comme commissaire du pouvoir exécutif près le tribunal correctionnel de Reims en remplacement du citoyen Baron le jeune qui n'a pas accepté. Signé : Merlin. Puis il prête serment de haine à la Royauté.

(2) 1° A l'audience du 23 Vendémiaire an V une poursuite est exercée par un particulier, mais l'exploit n'est pas visé par le directeur du jury ; la demande est déclarée nulle et le demandeur condamné aux frais. 2° Audience du 23 Pluviôse an V, remise au 6 Ventôse an V. Il s'agit ici d'une action intentée contre un garde champêtre par un cultivateur ; la citation a été visée, mais par le juge de paix, incompétent pour le faire, et le tribunal considérant que le juge de paix ne peut remplacer le président du tribunal correctionnel que pour les actes du tribunal et non pour ceux qui concernent le directeur du

Procès-verbaux (1) nuls pour défaut d'affirmation : Les procès-verbaux des gardes champêtres et forestiers devaient, à peine de nullité, être affirmés dans les 24 heures de leur rédaction d'après la loi de septembre 1791. Nous trouvons des nullités prononcées.

1) Pour défaut d'affirmation : 8 cas ;

2° Pour affirmation tardive : 4 ;

3° (2) un cas où le procès-verbal du garde champêtre, ayant été affirmé, n'a pas été signé du juge de paix, d'où nullité et acquittement du prévenu.

Autres cas de nullité (3). — Le procès-verbal du garde forestier a été affirmé devant un agent municipal sans caractère pour le recevoir ; d'où nullité et acquittement. A la même audience 2 autres cas de nullité pour procès-verbaux affirmés devant agent municipal.

---

jury, déclare nulle la demande et acquitte le prévenu. 3° Audience du 8 Messidor an V. C'est un délit forestier dont la poursuite est exercée par le commissaire du pouvoir exécutif ; or, en matière forestière, l'agent national forestier est désigné pour poursuivre, et le tribunal (art. I, t. IX, loi du 28 Septembre 1791) : « la poursuite des délits commis dans les bois nationaux sera faite par les agents de la conservation générale » déclare nulle l'assignation donnée par le commissaire du pouvoir exécutif.

(1) Plaintes : 89 ; dénonciations : 6 ; dénonciation civique : 1 ; cas de désistement de la plainte : 1 ; procès-verbaux rédigés par garde forestier ou garde marteau : 313 ; par garde champêtre : 89 ; par agent ou administration municipale : 21 ; par juge de paix : 63 ; par commissaire de police : 53 ; par agent national : 2 ; par huissier : 2.

(2) Audience du 18 Germinal an V.

(3) Audience du 28 Fructidor an V.

Condamnations par défaut. — 186 personnes condamnées par défaut. 2 cas de défaut du demandeur (1).

Oppositions. — 8 : 1° (2) à un jugement par défaut du 5 thermidor an IV, délit rural ; 2° (3) à un jugement par défaut du 18 fructidor an IV, délit rural ; 3° (4) à un jugement par défaut du 25 thermidor an IV, délit forestier ; 4° (5) à un jugement du 12 fructidor pour délit rural ; 5° (6) à un jugement du 15 frimaire an V en matière de faux poids; 6° (7) au même jugement par défaut du 15 frimaire ; (8) faux poids ; 7° (9) à un jugement par défaut du 18 frimaire an V, délit rural et insultes au garde ; 8° (10) à un jugement du 25 prairial qui condamne l'opposant pour délit rural à 100 livres d'amende et 100 livres de dommages-intérêts. Il fut déclaré irrecevable dans son opposition ; ce jugement est intéressant, car il règle un point de droit, dont la solution nous explique l'irrecevabilité de l'opposition.

(1) Audience du 23 Vendémiaire an V. Audience du 5 Messidor an V.
(2) Audience du 8 Vendémiaire an V.
(3) Audience du 12 Vendémiaire an V.
(4) Audience du 16 Vendémiaire an V.
(5) Audience du 0 Frimaire an V.
(6) Audience du 25 Frimaire an V.
(7) Audience du 5 Nivôse an V.
(8) Il y avait plusieurs prévenus.
(9) Audience du 5 Pluviôse an V.
(10) Audience du 5 Messidor an V.

En matière correctionnelle, peut-on former opposition ? — Le défendeur à l'opposition concluait que l'opposant devait être déclaré irrecevable, attendu que par le Code des délits et des peines, on ne peut se pourvoir que par voie d'appel contre les jugements rendus en police correctionnelle. Le défenseur officieux de l'opposant (1) dit qu'il est de principe établi dans tous les tribunaux de recevoir les opposants aux jugements par défaut, que ce principe fondé sur l'Ordonnance de 1669 n'est pas abrogé par le Code des délits et des peines qui ne prononce aucune exception à la règle ; que la voie d'appel accordée par la loi, contre les jugements rendus en police correctionnelle ne doit s'entendre que des jugements contradictoires ; qu'il est de nombreuses circonstances où on ne peut empêcher un jugement par défaut, que si on ne pouvait y former opposition et qu'il ne restât que l'appel, on serait souvent condamné, sans avoir pu employer de moyens de défense.....

Quel parti le tribunal devait-il prendre ? — Il rendit le jugement suivant : Considérant 1º que les articles 158 et 159 du Code des délits et des peines, t. I, l. II, admettent expressément les oppositions aux jugements par défaut dans les 10 jours de la signification du jugement faite à la personne citée ;

---

(1) Blanchin.

2º que l'article 161 porte que si la personne citée ne comparait pas dans le délai fixé, le jugement rendu par défaut reste définitif ; 3º que l'article 163 admet seulement le recours en cassation contre les jugements des tribunaux de simple police ; 4º qu'il n'en est pas de même pour les tribunaux correctionnels ; 5º que l'article 192 porte : « Les jugements du tribunal correctionnel peuvent être attaqués· par la voie d'appel » ; 6º que l'article 193 désigne les personnes qui peuvent user de ce droit..... ; 9º que le principe général invoqué, que de tout temps, il a été admis qu'un jugement par défaut était susceptible d'opposition n'a aucune application directe à l'espèce, n'ayant nulle conséquence à tirer du civil au correctionnel ou criminel ; 10º que si l'opposition était admise contre un jugement rendu par défaut au tribunal correctionnel, il en résulterait des conflits de juridiction, car à la fois deux tribunaux différents auraient à statuer, l'un sur l'opposition formée à l'un de ses jugements, l'autre sur l'appel de ce jugement ; 11º que si la loi eût entendu permettre la voie de l'opposition aux jugements des tribunaux correctionnels, elle l'aurait dit en termes formels, que son silence ne peut s'interpréter en faveur d'un principe qu'elle semble avoir rejeté ; 12º qu'enfin l'article 594 du Code précité porte que les dispositions des deux premiers livres doivent seuls à l'avenir régler l'instruction et la forme de

10 A

procéder et de juger..... déclare l'opposant irrecevable.

Pour résoudre la difficulté, on en référa au Ministre de la justice, et c'est au début de l'an VII que nous trouvons la solution du problème à propos d'une opposition formée par un citoyen condamné à 50 livres d'amende le 18 vendémiaire an VII pour contravention à l'article 10 de la loi du 3 nivôse an VI. Il forma opposition le 25 brumaire an VII et à l'audience du 5 frimaire, elle fut rejetée. Pourquoi ? — La raison de ce rejet fut la lettre du ministre de la justice qui nous donne en même temps la réponse à la question posée plus haut.

Voici les considérants du jugement du tribunal correctionnel du 5 frimaire : « Considérant l'article 192 du Code des délits et des peines (1)..... ; considérant qu'aucune loi n'autorise les parties à se pourvoir par opposition contre les jugements rendus par défaut ; considérant surtout la lettre du Ministre de la justice du 14 brumaire an VII, conforme et d'accord avec l'article du code précité :

Lettre du Ministre. — « Vous demandez, citoyens, par votre lettre, si les jugements par défaut du tribunal de police correctionnelle peuvent être attaqués par voie d'opposition. Vous exposez qu'il est

---

(1) Voir page 133.

nécessaire de faire cesser la diversité de jurisprudence qui résulte à cet égard de la variété de l'opinion des juges. La résolution prise au Conseil des
Cinq-Cents qui avait pour objet de faire cesser tous
les doutes occasionnés par cette question, n'ayant
pas été sanctionnée par celui des Anciens, il est
constant que jusqu'à ce qu'il ait été pris une décision, ces jugements ne peuvent être attaqués que
par la voie d'appel, conformément à l'article 192,
du Code des délits et des peines — telle est la jurisprudence du tribunal de cassation — Salut et fraternité.

Le Ministre de la Justice,
(Signé) LAMBRECHT.

En conséquence le tribunal déboute l'opposant
de son opposition ; appel est interjeté et rejeté (1).

Appels. — 13 appels (2).

---

(1) Voir aux appels de l'an VII.

(2) Audience du 29 Brumaire an V. Appel formé par 2 individus condamnés
pour voies de fait à 50 liv. d'amende le 28 Vendémiaire an V au tribunal correctionnel de Reims; nullité du jugement dont est appel et renvoi au tribunal
correctionnel de Châlons ; 2° (audience 29 Frimaire), dans une affaire de voies
de fait jugée au tribunal correctionnel, le 25 Frimaire an V, requête d'appel rejetée ; 3° (audience 29 Frimaire), appel d'un jugement du 15 Brumaire an V, qui condamne l'appelant pour délit rural à 10 livres amende, ce
jugement fut déclaré nul et l'appelant déchargé : 4° (audience du 19 Pluviôse),
appel d'un jugement du 28 Frimaire an V, qui condamne l'appelant pour
injures à fonctionnaire public à 20 l. vres d'amende et 15 jours de prison, le jugement dont est appel fut confirmé ; 5° (aud. du 29 Ventôse), appel d'un jugement
du 8 Pluviôse an V, en matière de vol, condamnant l'appelant à 2 ans de prison,

Demandes de dommages-intérêts. — 39 pour violences et mauvais traitements ou pour délit rural.

Recours aux défenseurs officieux. — Pour demandeurs ou parties civiles, 42 défenseurs officieux ; pour défendeurs, 178 (1).

1° *Enquêtes.* — 67, 13 contre-enquêtes.

2° *Expertises.* — 10, pour délit rural.

Mise en délibéré. — Une seule, ordonnée le 25 bru-

---

requête d'appel rejetée ; 6° (aud. du 19 Ventôse), appel d'un jugement du 15 pluviôse, en matière de faux poids, requête d'appel rejetée ; 7° (aud. du 19 Ventôse), appel d'un jugement du 25 Pluviôse, pour délit forestier, requête d'appel rejetée ; 8° (audience du 19 Floréal), appel d'un jugement du 8 Germinal, an V, pour délit forestier ; au tribunal correctionnel, l'appelant avait soulevé cette fin de non recevoir de la demande, qu'il y avait prescription acquise, aux termes de l'art. 8, t. IX, loi du 28 Septembre 1791 (prescription de 3 mois). Il fut néanmoins condamné, en vertu du Code des délits et des peines (prescription de 3 ans); en appel ce jugement fut infirmé et l'appelant déchargé des condamnations ; 9° audience du 9 Prairial, appel d'un jugement du 28 Germinal an V en matière de délit forestier; jugement dont est appel infirmé ; 10° (aud. du 10 Messidor), appel d'un jugement du 15 Prairial an V pour délit rural (le procès-verbal datait du 26 Floréal an IV), l'appel était fondé sur l'idée de prescription, jugement dont est appel annulé ; 11° (aud. du 10 Messidor), d'un jugement du 18 Prairial an V, pour délit rural (procès-verbal datant du 5 Prairial an IV), jugement correctionnel annulé

Notons (aud. du 29 Messidor) un jugement du Tribunal criminel qui sursoit à faire droit sur les appels des jugements des tribunaux correctionnels et ordonne d'en référer au Corps législatif pour obtenir une décision fixant les délais pour la prescription.

12° (Aud. du 29 Thermidor), appel d'un jugement du 5 Thermidor an V qui, pour récidive de libertinage public, condamnait la prévenue à deux ans de prison. Ce jugement fut annulé et l'appelant condamné à 2 ans de prison et 100 francs d'amende. — 13° (Aud. du 11 Messidor an VIII) : Appel du jugement du 18 Messidor an V, pour délit forestier, prononçant condamnation. Requête d'appel rejetée.

(1) Noms des défenseurs officieux : Cochinat, Bégin, Buffry, Desmoulins, Bianchin, Guénard, Clausson, Guérin, Porquet, Coutant, Selligny, Henrat, Thuriot, Mackenna, Gaillard, Coltier, Pailly.

maire an 5 pour délit rural dont le procès-verbal datait du 27 messidor, (il s'agissait de question de prescription, conflit entre la loi de septembre 1791, art. 8 et 9 et l'art. 9 du Code du 3 brumaire an IV). On revoit l'affaire le 15 nivôse an V, où il est ordonné de plaider au fond.

Affichage. — 2 cas (1).

Récidivistes. Repris de justice : 12 récidivistes (2) et 1 repris de justice. Ce seul cas fut relevé à l'audience du 18 brumaire an V ; c'est un repris de justice pour fraude et escroquerie prévenu cette fois d'outrages et mauvais traitements.

Cas où le tribunal est saisi par renvoi. — 21 cas (3).

----

(1) 1° (Aud. du 23 Vendémiaire an V) : d'un jugement condamnant le prévenu, pour faux poids, à 100 livres d'amende et 8 jours de prison (100 exemplaires) (art. 27, t. 1, loi 22 Juillet 1791) ; 2° (Aud. du 15 Ventôse an V) : d'un jugement condamnant le prévenu, pour escroquerie, à 3 mois de prison (50 exemplaires) (art. 35, t. II, loi Juillet 1791).

(2) Récidive : 1° pour faux poids (aud. du 28 Vendémiaire an V) ; 2° pour vol (aud. du 28 Vendémiaire an V) ; 3° pour infraction au règlement qui défend aux revendeuses de paraître sur le marché avant 8 h. du matin (aud. du 25 Primaire an V), déjà condamnée par jugement de police municipale, ce n'est que comme récidiviste qu'elle passait au tribunal correctionnel ; 4° cas semblable de récidive (aud. du 5 Nivôse an V) ; 5° pour infraction au règlement du 11 Mars 1748 (aud. du 18 Nivôse an V), a laissé du fumier derrière la Fontaine, déjà condamné par le tribunal municipal ; 6° pour libertinage (aud. du 8 Pluviôse an V) ; 7° autre récidive pour libertinage (aud. du 18 Ventôse an V) ; 8° pour contravention au règlement de police (art. 10, règlement du 2 Brumaire an V) qui défend d'acheter des denrées sur les routes ou avant l'heure (aud. du 25 Germinal an V) ; 9° pour délit forestier dans bois national (aud. du 15 Floréal an V) ; 10° pour délit rural (aud. du 5 Messidor an V) ; 11° pour libertinage et prostitution (aud. du 5 Thermidor an V) ; 12° pour maraudage (aud. du 28 Fructidor an V. — Art. 37, C. rural).

(3) 1° Renvois : du Tribunal criminel (aud. du 5 Vendémiaire an V) qui, sur appel, déclare nul le jugement du Tribunal correctionnel de Châlons (contra-

Fonctionnaires publics condamnés. — 2 cas :
1° (1) Un garde champêtre est condamné pour coups et blessures, à 2 décades de prison. 2° (2)

vention à la loi du 4 Thermidor an III); 2° Audience du 25 Vendémiaire, du Tribunal de police municipale, pour insultes à gendarmes nationaux ; 3° Aud. du 28 Vendémiaire, du Tribunal de police rurale (délit rural exédant sa compétence); 4° Aud. du 28 Vendémiaire, du Tribunal de police rurale; 5° Aud. du 28 Vendémiaire du Tribunal municipal, pour vente de denrées à faux poids ; 6° Aud. du 28 Vendémiaire, renvoi du même pour semblable délit ; 7° Aud. du 28 Vendémiaire, du Tribunal criminel qui, sur appel, déclare nul le jugement du Tribunal correctionnel de Châlons (contravention à la loi du 7 Vendémiaire an IV); 8° Aud. du 8 Brumaire du Tribunal criminel qui, sur appel, déclare nul le jugement du Tribunal correctionnel de Châlons (Il s'agit de troubles qui eurent lieu à Châlons, relativement au recouvrement de l'emprunt forcé, et le prévenu est désigné comme l'un des malveillants ; 9° Aud. du 8 Brumaire, renvoi de la justice de paix pour voies de fait et violences; 10° Aud. du 18 Brumaire du Tribunal criminel, qui, sur appel, déclare nul le jugement de Châlons (délit contre les bonnes mœurs) ; 11° Aud. du 15 Primaire du Tribunal criminel qui déclare nul le jugement du Tribunal de Sézannes Il s'agit d'entreprises près le déversoir de la rivière de l'Aube, pour détourner le cours de la rivière; 12° Aud. du 15 Primaire du Tribunal criminel qui, sur appel, déclare nul le jugement du Tribunal de Sézannes (contravention à la loi du 7 Vendémaire an IV, relative à la police des marchés); 13° Aud. du 28 Primaire du Tribunal de police municipale, pour délit rural ; 14° Aud. du 28 Primaire, renvoi par jugement du juge de paix ; 15° Aud. du 5 Nivôse du Tribunal de police municipale, pour récidive à une infraction qui consiste à venir sur le marché avant l'heure ; 16° Aud. du 5 Nivôse du Tribunal municipal pour contravention au règlement qui défend aux aubergistes de donner à boire après une certaine heure (Il n'était pas pourvu de patente, c'est la raison du renvoi, et le Tribunal correctionnel se déclare incompétent ; 17° Aud. du 15 Nivôse du Tribunal de police rurale, pour délit rural ; 18° Aud. du 25 Pluviôse, du Tribunal criminel qui déclara nulle une ordonnance de compétence du Directeur de Jury de Reims et renvoie la prévenue au Tribunal correctionnel (vols) ; 19° Aud. du 5 Germinal, du Tribunal municipal pour infraction au règlement qui défend d'acheter des comestibles avant l'heure prescrite ; 20° Aud. du 18 Prairial, du Tribunal municipal pour délit forestier ; 21° Aud. du 8 Thermidor, du Tribunal criminel qui déclare nulle l'ordonnance du 9 Floréal, celle de compétence du 20, et renvoie les défendeurs devant le Directeur du Jury de Reims (voies de fait et mauvais traitements).

(1) Audience du 25 Frimaire, an V.
(2) Audience du 28 Nivôse, an V.

Un garde forestier pour voies de fait à particulier, est condamné à 20 livres d'amende.

RÉSUMÉ

Cette année il y a relativement peu de poursuites : le calme que nous avons constaté l'année précédente se maintient. Mais il y a là une résistance passive ; et plutôt encore de l'insouciance et de la faiblesse de la part de l'Administration du département ; il existe une sorte de relâchement de l'esprit public ; les fonctionnaires sont d'opinions très modérées. Cet état semble appeler une réaction.

3ᵐᵉ Année :
5 Vendémiaire an VI au 5 Vendémiaire an VII
(1797-1798).

Régularité des audiences. — Cette année les audiences se sont tenues avec une régularité parfaite (1) et sont très chargées (2).

Rapidité de la procédure. — 527 affaires, dont 225 délits ordinaires, 10 faisant l'objet d'un renvoi, 199 délits forestiers (ordonnance de 1669) et 93 délits ruraux (loi du 28 septembre 1791). Sur ce nombre, 440 furent jugées immédiatement, 64 remises et jugées, 23 remises et non reparues.

Le nombre des prévenus est de 829, soit 376 de délits ordinaires, 311 de délits prévus par

(1) Toute l'année, 6 audiences par mois : les 5, 8, 15, 18, 25 et 28 ; en Fructidor, nous avons en outre une audience le 12, soit 73 audiences.

(2) 5 audiences avec 1 affaire ; 1 avec 2 ; 5 avec 3 ; 9 avec 4 ; 5 avec 5 ; 9 avec 6 ; 7 avec 7 ; 1 avec 8 ; 6 avec 9 ; 4 avec 10 ; 1 avec 11 ; 2 avec 12 ; 4 avec 13 ; 1 avec 14 ; 2 avec 15 ; 2 avec 16 ; 2 avec 17 ; 1 avec 18 ; 4 avec 19 ; 1 avec 26, et 1 avec 27.

l'ordonnance de 1669 et 142 de délits ruraux (loi du 28 septembre 1791).

Il y a des cas où l'affaire ne revient pas au jour fixé (1).

Notons quelques remises de causes dans les cas difficiles pour consulter le Ministre de la justice, en matière de droit de passe, pour faire affirmer le procès-verbal dressé par les receveurs. 14 affaires ont été remises 2 fois ; 5, 3 fois ; 2, 4 fois.

Les affaires sont en général jugées lentement (2).

Nombre et nature des délits. — 5 délits contre les bonnes mœurs, 14 vols, 7 escroqueries, 60 délits de voies de fait et mauvais traitements à particuliers, coups et blessures ; 19 délits d'insultes, voies de fait et violences à fonctionnaires publics 3 délits de faux poids, 8 délits de mendicité (avec circonstances aggravantes, défaut de passeport),

---

(1) 1° Délit forestier dont le procès-verbal date du 28 Nivôse, suivi d'un jugement du 10 Ventôse an V ; l'affaire remise au mois pour mise en cause du commissaire du Directoire exécutif près le département reparaît le 15 Brumaire an VI ; 2° Un autre délit forestier, dont le procès-verbal date du 23 Pluviôse et le jugement du 25 Germinal an V, remis au mois, revient le 25 Brumaire an VI. On pourrait donner d'autres exemples.

(2) 1° Procès-verbal du 23 Floréal an V suivi d'un jugement le 28 Vendémiaire an VI ; procès-verbal du 11 Prairial an V suivi d'un jugement le 8 Brumaire an VI ; procès-verbal du 24 Thermidor an V suivi d'un jugement le 18 Pluviôse an VI ; procès-verbal du 28 Vendémiaire an VI et jugement du 18 Floréal an VI. — 2° En cas de remise, procès-verbal du 30 Messidor suivi d'un 1er jugement le 8 Brumaire an VI, d'un 2e le 18 ; procès-verbal du 26 Vendémiaire an VI avec un 1er jugement le 28 Nivôse et un 2e le 15 Ventôse an VI ; procès-verbal du 10 Floréal suivi du 2e jugement le 28 Floréal an VI.

7 délits consistant à voyager sans passeport, 1 délit
de rixe et attroupement, 3 délits pour mise en
vente de viandes corrompues, 1 délit pour avoir
laissé divaguer un insensé (1), enfin 1 délit pour
ne pas avoir porté sur son registre des personnes
logées (2).

199 délits forestiers (ordonnance 1669), 44 délits
forestiers (loi de 1791), 49 délits ruraux.

Parmi les délits spéciaux, une contravention
à l'article 1, loi du 22 germinal an IV, et à l'article 7, loi du 3 ventôse an III, sur la police des
cultes, une contravention à la loi du 7 vendémiaire an IV (art. 16-17 S. III) sur la police
des cultes, une contravention à la loi du
19 fructidor an V, concernant les ministres du
culte ; 12 délits de chasse prévus par la loi du 30
avril 1790 ; une infraction au règlement de police
qui défend de venir sur le marché avant une certaine heure ; une contravention au règlement de
police qui défend d'acheter ailleurs que sur le marché ;
2 infractions à l'art. 32 du règlement de police de
1727, qui défend aux aubergistes de donner à boire
après une certaine heure.

Puis nous voyons d'autres délits spéciaux qui

---

(1) Art. 15, t. I, loi du 22 J. 1791.
(2) Art. 5 et 6, t. I, loi du 22 J. 1791.

jusqu'ici n'avaient donné lieu à aucune poursuite : une contravention aux art. 1 et 2 de la loi du 28 germinal an IV (délit de presse); une infraction à l'article 54 du règlement général de police de 1757 (les prévenus sont mesureurs de grains de la commune, et inculpés d'avoir été au devant des grains et de les avoir détournés du marché pour les mener chez des particuliers, ils sont condamnés à une amende; 16 infractions à l'art. 4 de la loi du 24 brumaire an VI concernant les réquisitionnaires fugitifs, une infraction à la loi du 10 brumaire an V, article 7, concernant l'acquittement des droits pour les marchandises de fabrication étrangère, 21 infractions à l'article 42, loi du 3 août 1791, et à l'arrêté du Directoire exécutif du 26 nivôse an VI (ces lois punissent ceux qui manquent au service de la garde nationale), 13 délits de vagabondage (gens sans aveu ni domicile), une contravention à l'article 60, t. 3, loi du 9 vendémiaire an VI, sur le timbre des affiches ; une infraction à la loi du 6 fructidor an II, commise par un instituteur.

6 délits d'outrages et insultes envers les receveurs du droit de passe, 3 délits pour refus de payer le droit de passe, 2 contraventions à l'article 9, loi du 3 nivôse an VI sur le droit de passe (les défendeurs sont prévenus de ne pas avoir de plaque à leur voiture). Enfin 11 infractions au règlement de police

concernant la jauge des poinçons (article 74, règlement de police du 21 août 1727).

En y joignant les cas d'incompétence, nous avons la longue liste d'affaires qui ont passé en 1798 devant le tribunal correctionnel ; c'est la première année où nous voyons une telle variété de poursuites pour délits spéciaux sur lesquels il nous semble utile de donner quelques détails.

Délits de droit commun. — Faisons simplement deux remarques : 1° pour les délits qui consistent à voyager sans passeport, le tribunal, le plus souvent, ne condamne pas et renvoie les parties à l'Administration municipale chercher un passeport pour retourner dans leur pays.

2° Parmi les nombreux délits de voies de fait, signalons celui où les mauvais traitements sont exercés envers Mackenna (1), commissaire du Directoire exécutif. Les prévenus s'approchant de lui lui dirent : « En voilà encore un de ces Jacobins » Le tribunal considérant que ce délit prend de la gravité, les injures étant adressées au commissaire du Directoire exécutif, qu'il importe à l'ordre public et à la société de voir cesser toute division et esprit de parti, que s'il est vrai en principe que les simples injures verbales ne peuvent être poursuivies que par la voie de simple police, ce principe

(1) Aud. du 5 Messidor an VI.

doit souffrir ici un exception, condamne les prévenus à 200 fr. d'amende, l'un à 3 jours, l'autre à
1 mois de prison.

Délits spéciaux. Prisonniers de guerre. — Aucun
militaire ne passe devant le tribunal correctionnel
cette année; un prisonnier de guerre seulement a
comparu, prévenu de vagabondage.

1° *Infraction à la loi sur la police des cultes du 3 ventôse an III.* — La loi du 3 ventôse an III (21 février
1795) proclamait la séparation des Eglises et de l'Etat,
et débutait ainsi : «Conformément à l'article 7, de la
Déclaration des Droits de l'homme, l'exercice d'aucun
culte ne peut être prohibé. » « ARTICLE 2 : « La République n'en salarie aucun. » L'article 10 prononçait
des peines correctionnelles contre ceux qui trouble-
raient l'exercice d'un culte quelconque. Mais cette
liberté était entourée de restrictions, l'article 5
disait : « Aucun ministre du culte ne peut paraître
en public avec les habits, ornements, affectés à des
cérémonies religieuses ». Nous avons relevé une infraction à l'article 1 loi du 22 germinal an IV, et à
l'article 7, loi du 3 ventôse an III (1). Deux individus sont inculpés l'un, ministre du culte catholique, de s'être rendu à l'Eglise au son de la cloche
et d'avoir paru dans la rue avec des signes exté-

____

(1) Aud. du 15 Pluviôse an VI.

rieurs, l'autre d'avoir sonné pour appeler aux
offices du culte (les lois défendaient de sonner les
cloches pour appeler aux offices), et le tribunal
condamne le sonneur à 30 jours de prison et le
ministre du culte est acquitté, comme n'ayant pas
donné l'ordre de sonner.

2° *Infraction à l'article 16, S. III. loi du 7 vendémiaire an IV* (1). — Cette loi exigeait (Art. 3) une
déclaration et une promesse de tout ministre du
culte : « Nul ne pourra remplir le ministère d'aucun
culte s'il ne fait d'abord une déclaration devant
l'Administration municipale du lieu où il voudra
exercer. Les déclarations déjà faites ne dispenseront
pas de celles ordonnées par le précédent article. »
Voici cette déclaration : « Je reconnais que l'universalité des citoyens français est le souverain
et je promets soumission et obéissance aux lois
de la République. » toute déclaration contenant
quelque chose de plus ou de moins était nulle. La
loi exigeait une autre déclaration relative au local
particulier consacré au culte public. Il était défendu
à tous ministres du culte d'user de l'enceinte avant
d'en avoir fait la déclaration à l'autorité municipale. ARTICLE 16 : « Les cérémonies de tous cultes
sont interdites hors l'enceinte de l'édifice choisi
pour leur exercice. »

---

(1) Aud. du 25 Ventôse an VI.

Ces notions sont nécessaires pour comprendre le délit suivant : un ministre du culte catholique comparaît, prévenu d'avoir contrevenu à cet article 16, il a célébré un mariage le 25 pluviôse an VI dans un endroit destiné au culte à Saint-Thierry, autre commune que celle où il exerce, puisqu'il est de Villers-Franqueux, sans en avoir prévenu l'agent municipal et sans avoir fait placarder au préalable, la déclaration exigée. Il se disculpe en disant qu'il a fait cette déclaration préalable dans les lieux destinés au culte à Villers-Franqueux où il exerce ordinairement le culte, mais qu'il ignorait devoir le faire à Saint-Thierry, où il ne fait jamais les fonctions du culte. Le commissaire du pouvoir exécutif, comme la cause présentait un point de difficulté sur l'interprétation de cette loi, désirant consulter le ministre de la justice, demande une remise et l'affaire revient le 8 floréal. Ce jour, le tribunal, considérant qu'il a exercé les fonctions du culte dans une église, sans déclaration à la municipalité de son arrondissement, qu'il a ainsi dérogé à l'article 16, qu'il est passible des peines de l'article 17, lui défend d'exercer les fonctions du culte dans un endroit, sans en avoir fait la déclaration à l'agent de la commune du lieu et le condamne à 100 fr. d'amende et 1 mois de prison.

— 149 —

3° *Contravention à la loi du 19 fructidor an V* (1). — C'est un ministre du culte prévenu : 1° d'avoir convoqué à l'exercice du culte en faisant annoncer publiquement par des enfants la messe dite Sainte-Catherine. 2° D'avoir exercé le ministère du culte sans avoir d'abord fait afficher dans le lieu destiné aux cérémonies religieuses le serment par lui prêté en vertu de la loi du 19 fructidor an V ; mais le tribunal l'acquitte, n'ayant aucune preuve de ce délit.

Infraction aux articles 1 et 2, loi du 28 germinal an IV. — (délit de presse) (2). Cette affaire est intéressante car elle concerne un fonctionnaire public, le citoyen Havé (3), substitut du commissaire du pouvoir exécutif près les tribunaux civils et criminels du département de la Marne, prévenu d'avoir imprimé et rédigé des journaux sans nom d'auteur ni d'imprimeur, et d'avoir dans un des numéros de ce journal établi des principes contraires aux lois et à la confiance qu'elles accordent aux acquéreurs de Biens nationaux. La cause fut remise au 15; le prévenu se défend en personne. C'est bien

---

(1) Aud. du 28 Prairial an VI.

(2) Aud. du 8 Brumaire an VI.

(3) Adrien-Joseph HAVÉ, est né à Romain (Marne) le 4 Septembre 1739, mort à Reims, le 8 Juillet 1817; il lança, dès 1772, dans notre ville, le premier organe régulier et hebdomadaire de publicité qui évitait d'aborder toute discussion politique. Son journal vécut jusqu'en 1805, soit 33 ans.

lui l'auteur du journal intitulé : « le Journal de Reims. » Il se disculpe d'abord du deuxième chef du délit, en disant qu'il était fonctionnaire public, à cette époque, qu'on ne peut supposer qu'étant ainsi sous la surveillance du gouvernement dont il tenait la place, il ait eu alors des intentions contraires aux principes du gouvernement, alors qu'il n'a jamais rien écrit que de favorable à la propagation des opinions républicaines.

Sur le 1er délit, il avoue connaître la loi du 28 germinal qui veut que tous les journaux soient signés par les auteurs et portent l'indication de la demeure de l'imprimeur, mais qu'il n'avait pas lu l'article 2, portant les peines attachées à cette infraction, que croyant que le seul but de la loi était de connaître les noms des auteurs et imprimeurs de journaux, il pensait s'y conformer en indiquant dans les feuilles antérieures et postérieures ces mots : « S'adresser au rédacteur du journal à Reims avec l'adresse. »

Voici le jugement. Considérant 1o pour le 1er délit, que par son ordonnance, le directeur du jury a déclaré qu'il ne pouvait y avoir lieu à poursuite, le tribunal déclare qu'il ne peut statuer. 2o Pour le 2e délit, considérant que la loi du 28 germinal an IV (art. 1), impose à tous auteurs et imprimeurs de journaux d'y mettre leurs noms et demeure de l'imprimeur, que cette infraction est un délit matériel, que l'intention ne peut excuser ; que ce délit matériel, est répressible de la peine portée par l'article 2, lui enjoint de mettre désormais son nom comme éditeur et imprimeur sur tous les numéros de son journal et le condamne à 6 mois de prison.

Infractions à l'article 4 de la loi du 24 brumaire an VI (1). — A l'audience du 18 nivôse an VI nous relevons la première infraction à cette loi qui concernait les personnes recélant sciemment des réquisitionnaires fugitifs. Les gendarmes nationaux, porteurs d'un état qui leur était remis par l'administration municipale, recherchaient les militaires et requisitionnaires portés sur cet état. Ce jour 8 personnes étaient prévenues d'avoir reçu des militaires, fugitifs sans congé. Leur défenseur officieux essaya de prouver que l'article 4, ne leur était pas applicable, « qu'il est vrai que ces particuliers ont réfugié leurs enfants, malades, que leurs pères ont fait ce que tout autre eut fait, qu'ils n'ont pu regarder leurs enfants comme fugitifs, que l'article 4 ne pouvait concerner les père et mère des enfants, qu'il porte seulement tous les habitants de l'intérieur, donc « tous citoyens autres que père

---

(1) Art. 4 : « Tout habitant de l'intérieur de la République convaincu d'avoir recélé sciemment la personne d'un déserteur ou réquisitionnaire ou d'avoir favorisé son évasion ou de l'avoir soustrait aux poursuites ordonnées par la loi sera condamné à une amende qui ne pourra être moindre de 300 francs ni excéder 3.000 francs et à un emprisonnement d'un an ».

» et mère » et voici le jugement. « Constatant que l'article 4 s'applique aux père et mère, mais qu'en principe, les lois pénales ne peuvent s'étendre, que les cas fixés par l'article 4, sont ceux où des habitants de l'intérieur auraient recelé sciemment des réquisitionnaires, favorisé leur évasion ou soustrait aux poursuites, que les prévenus soutiennent leur avoir donné refuge pour cause de maladie, qu'on ne peut confondre recélé et refugié..., » le tribunal les acquitte.

Plus tard (1), le commissaire du pouvoir exécutif, dans un délit du même genre, demande la remise de la cause pour consulter le ministre de la justice, l'application de la loi du 24 brumaire an VI lui présentant un point de difficulté, le père avait recelé son fils, disant que son billet d'hôpital valait congé. Cette affaire, nous la voyons jugée le 25 messidor an VI et le prévenu acquitté. Le billet d'hôpital valait congé. 5 autres affaires du même genre remises à l'audience du 5 floréal aboutirent à un acquittement, on restreignait ainsi l'application de la loi du 24 brumaire an VI.

Les condamnations pour ce genre de délits sont rares : sur 16 délits, 2 condamnations à 300 fr. d'amende et 1 an en la maison de correction.

Infraction à la loi du 10 brumaire an V (2). —

---

(1) Audience du 5 Floréal an VI.
(2) Audience du 5 Germinal an VI.

Un négociant est prévenu de n'avoir pas fait la déclaration à la municipalité de marchandises de fabrication anglaise, pour éviter l'acquittement des droits. Il dit qu'il a payé les droits en 1792, conformément aux lois de cette époque, mais le tribunal, considérant que l'article 7 loi du 10 brumaire an V, l'obligeait à en faire la déclaration à l'Administration municipale de son canton, que pour ne l'avoir pas faite, il est passible des peines de l'article 15 (1) décida donc que les pièces trouvées chez lui seront confisquées, le condamne à 5 jours de prison et à une amende triple de la valeur des marchandises saisies. Ce négociant fit appel et le tribunal rejeta sa requète.

¶ Infractions à l'article 42, loi du 3 août 1791, et à l'arrêté du Directoire exécutif du 26 nivôse an VI. — A l'audience du 28 ventôse an VI nous relevons la première infraction à ces lois. 5 individus sont prévenus d'avoir manqué au service de la garde nationale mise en état de réquisition permanente pour un service de sûreté et de vigilance. La garde nationale avait été récemment réorganisée et le tribunal acquitta l'un, parce qu'il n'avait pas été averti à temps, (les citoyens devaient être avertis

---

(1) « Toute contravention à cette disposition donnera lieu à l'arrestation du contrevenant et à sa traduction au tribunal correctionnel. Sa condamnation emportera toujours la confiscation des marchandises et il sera condamné a l'amende triple de la valeur des objets saisis et à un emprisonnement de 5 jours à 3 mois ».

24 heures avant de prendre leur service) et pour les autres, leur appliquant l'article 3 de l'arrêté du 26 nivôse an VI, « Ceux qui se refuseront au service seront sur le rapport des chefs, dénoncés par les commissaires du directoire, près les administrations municipales aux officiers de police judiciaire conformément à l'article 83 du Code des délits et des peines pour être traduits au tribunal correctionnel et être condamnés à un emprisonnement qui ne pourra être moindre de 3 jours, conformément à l'article 42, loi du 3 août 1791. » les condamne à 3 jours de prison.

Sur les 21 infractions relevées, 15 condamnations à prison.

L'affaire suivante nous montre quel était le but de ces lois (1) ; 2 individus sont prévenus d'avoir manqué au service de la garde-nationale, parce qu'ils ne se sont pas rendus en armes à une invitation à la fête du 14 juillet ; ils furent acquittés (ce service ne pouvant être regardé comme un service de sûreté) sauf l'action du Comité de discipline.

Délits de vagabondage. Gens sans aveu ni domicile. 13 délits ; avec 8 condamnations à la maison de correction, 3 à la maison d'arrêt. A l'audience du 8 floréal an VI, nous voyons le 1er délit puni par l'article 2, de l'ordonnance de police du 10 mars

______

(1) Audience du 25 Thermidor an VI.

1720. C'est un individu prévenu de vagabondage (sans aveu ni domicile). Le commissaire du pouvoir exécutif demande que comme vagabond, il soit condamné à être renfermé à Ostende pour un temps illimité conformément à l'article 2, ordonnance de police du 10 mars 1720. Le tribunal, considérant d'une part que les lois nouvelles ne portent pas de dispositions pénales contre le vagabondage, vu l'article 2, ordonnance de police du 10 mars 1720 (1) mais considérant que d'après les lois nouvelles, les peines ne peuvent être infligées que pour un temps limité, le condamne à 2 ans de prison en la maison d'Ostende.

Infraction à l'article 60, t. III, loi du 9 vendémiaire an VI (2). — Le défendeur est prévenu d'avoir apposé des affiches non timbrées ; il prétend ne pas connaître la loi, étant de la campagne où il n'y a aucune publication des lois, néanmoins il est condamné à 100 fr. d'amende ; en appel, il est acquitté (3).

Infraction à la loi du 6 fructidor an II (4). —

---

(1) Art. 2 : « Ordonne que passé le dit temps les vagabonds, gens sans aveu et autres mendiants, de quelque qualité qu'ils puissent être, seront arrêtés et renfermés dans les lieux à ce destinés ; que ceux reconnus vagabonds et sans aveu, valides et d'âge convenable, soient conduits aux colonies, en exécution des édits rendus à ce sujet, et qu'ils soient renfermés jusqu'à leur départ ».

(2) Audience du 25 Floréal an VI.

(3) Audience du 29 Messidor an VI, du tribunal criminel.

(4) Audience du 15 Thermidor an VI.

Un instituteur particulier est prévenu d'infraction à cette loi. On lui reproche d'avoir fait
observer aux enfants une autre religion que celle
de leurs parents, d'avoir une religion dominante,
d'avoir souffert que ses élèves prissent des noms de
terre et des dénominations nobiliaires proscrites
par la loi; la cause ayant été remise à la décade,
son défenseur déclare qu'il n'a pas enseigné de
religion exclusive, et surtout que l'article 4 de
la loi du 6 fructidor an II ne concerne que les
fonctionnaires publics et ne peut lui être appliqué. On demande remise pour consulter le ministre de la justice et savoir si comme instituteur
particulier, le prévenu est compris dans la loi du
6 fructidor an II. A l'audience du 5 fructidor,
le défenseur de l'instituteur soutint qu'il ne
pouvait sous aucun rapport être regardé comme
fonctionnaire public, attendu que sa profession
d'instituteur était essentiellement libre et dépen-
dante de la volonté des parents qui lui confiaient
leurs enfants, que l'article 4 ne lui était pas applicable, vu que cet article ne concerne que les fonctionnaires publics, ayant un caractère légal pour
donner à leurs actes une certaine authenticité,
tels que les juges, notaires et greffiers, que pour lui
il n'avait aucun caractère public, qu'il ne pouvait
être distingué de la classe générale de citoyens, ses
fonctions ne lui ayant été déléguées ni par le peuple

ni par le gouvernement. Voici le jugement : considérant qu'il résulte de l'instruction que cet instituteur n'a pas pris pour base de l'éducation de ses élèves les principes d'une religion particulière, que les articles 2 et 3 de la loi du 6 fructidor an II ne s'appliquent qu'à ceux qui auraient ajouté à leurs noms de famille des dénominations féodales ou nobiliaires, que ce délit est personnel, que les articles 4 et 5 ne s'appliquent qu'aux fonctionnaires publics, que ceux-là seuls sont fonctionnaires publics qui exercent des fonctions publiques, qui tiennent leurs fonctions du peuple, du gouvernement ou des autorités légalement constituées, que la profession d'instituteur particulier est un état essentiellement libre, indépendant du choix du peuple, et du gouvernement, qu'un instituteur particulier n'a pas caractère pour dresser un acte public de la nature de ceux prévus par le loi du 6 fructidor an II, que dans le doute, la présomption doit être en faveur de l'accusé, le tribunal acquitte l'instituteur.

Infractions à la loi du 3 nivôse an VI sur le droit de passe. — Le droit de passe peut se définir une taxe due à raison du passage des voitures et des bêtes de somme en raison du fardeau qu'elles transportent et des distances, et le revenu de ce droit était appliqué à l'entretien des routes, quelquefois même au remboursement des dépenses de première

construction. Ce droit reposait sur le principe
suivant, c'est que la réparation des routes doit
être payée par ceux qui les dégradent. Le droit de
passe était encore appelé taxe d'entretien.

Les infractions à cette loi pouvaient être de trois
sortes :

1° *Refus de payer le droit de passe.* — On appliquait l'article 10 de la loi. Sur 3 délits relevés,
3 condamnations à amende.

2° *Insultes et outrages aux receveurs du droit de
passe,* prévus par l'article 11. — A partir de
thermidor an VI nous voyons des infractions
de ce genre ; la première à l'audience du 18 thermidor an VI. Les receveurs du droit de passe, après
avoir rédigé leurs procès-verbaux devaient venir
l'affirmer à l'audience devant le tribunal, et on
remet souvent la cause à cette fin. L'article 11 était
ainsi conçu : « Il est défendu à toutes personnes
d'insulter ou maltraiter les préposés à la perception
de la taxe d'entretien ni de s'opposer à l'exercice
de leurs fonctions à peine de 100 fr. d'amende ».
Invariablement donc l'amende était de 100 fr. Sur
6 délits relevés, 4 condamnations à amende; à
signaler, pour injures et insultes aux receveurs et
avoir refusé de payer et escroqué des quittances
sur leur bureau, une condamnation à 100 fr. d'a-
mende et 2 mois de prison à Châlons.

3º Infractions à l'article 9, 2 cas sans condamnation.

Infractions à l'article 74 du règlement de police du 21 août 1727 sur la jauge des poinçons. — C'est à l'audience du 5 fructidor an VI que nous en voyons la première infraction : les poinçons neufs devaient avoir la jauge prescrite et ceux qui y contrevenaient devaient être condamnés à l'amende portée au règlement. Les poinçons défectueux étaient fondus sauf à les rétablir dans la jauge convenable. Sur 11 infractions, notons 6 condamnations à amende.

Condamnations pour délits de droit commun. — Les peines sont toujours faibles pour les voies de fait (1), insultes à fonctionnaires publics (2), et délits de faux poids (3), les juges sont moins sévères pour les délits contre les bonnes mœurs (4),

---

(1) Pour voies de fait : 12 condamn. à l'amende, 1 à Maison d'arrêt, 27 à amende et Maison d'arrêt, 2 à amende et Maison de correction. Signalons : 1 condamn. à 40 fr. d'amende et 2 mois de prison, 1 à 50 fr. et 2 mois, 1 à 100 fr. et 3 mois, 1 à 50 fr. et 6 mois.

(2) Pour insultes à fonctionnaires publics : 2 condamn. à amende, 5 à Maison d'arrêt, 8 à amende et Maison d'arrêt.

(3) Pour faux poids : 3 condamn. à amende et confiscation.

(4) Pour délits contre les bonnes mœurs : 2 condamn. à Maison d'arrêt, 2 à Maison de correction, 1 à amende et Maison d'arrêt. Signalons pour prostitution et libertinage : 1 condamn. à 3 mois de prison, et pour récidive, 1 à 6 mois.

et délits de mendicité (1), pour les délits ruraux (2), nous relevons quelques condamnations importantes; pour les vols (3), les peines sont encore assez fortes.

Acquittements. — Beaucoup de personnes ont été acquittées pour délits ordinaires (4).

Cas d'incompétence. — 2 renvois devant le tribunal municipal; 4 devant le tribunal civil;

---

(1) Pour délits de mendicité : 4 condamn. à Maison d'arrêt, 3 à Maison de correction. Notons : 1 condamn. à 3 mois de prison, pour mendicité avec menaces et escroqueries, et 1 à 1 an pour mendicité avec faux certificat.

(2) Parmi les délits ruraux : 1 condamn. à 3 mois de prison en la Maison d'arrêt, 1 à 100 fr. d'amende et 3 mois de prison en la Maison de correction, 1 à 60 fr. d'amende et 3 mois de prison. L'article 35 du Code rural, appliqué ici, était ainsi conçu : « Pour tout vol de récoltes, fait avec paniers et sacs, ou avec animaux de charge, l'amende sera du double du dédommagement dû au propriétaire et la détention, qui aura toujours lieu, pourra être de 3 mois suivant la gravité des circonstances. »

(3) Pour vols, 7 condamn. à Maison d'arrêt, 5 à Maison de correction. Notons : 2 condamn. à 2 mois en la Maison d'arrêt, 1 à 6 mois en la Maison de correction, 3 à 1 an, enfin, 1 à 4 ans pour vol avec récidive. Remarquons à l'aud. du 18 Frimaire an VI, un exemple fort rare de nos jours : pour vol d'un morceau de porc salé commis par le prévenu chez son beau-père alors que le commissaire du Pouvoir exécutif demandait 3 mois de prison, eu égard aux qualités des parties, il fut condamné seulement à 8 jours.

(4) Délits ordinaires. — Nombre des acquittés : 138; des condamnés à la prison de moins d'un an : 68; à la prison d'un an et plus : 13; à l'amende seulement : 04; à l'amende et prison : 59; aux frais : 3.

Délits forestiers. (Ordonnance 1669). — Nombre des acquittés : 14; des condamnés à l'amende seulement : 272; à l'amende et prison : 2; à la confiscation : 2; aux frais : 2.

Délits ruraux. (Loi du 28 Septembre 1791). — Nombre des acquittés : 12; des condamnés à la prison de moins d'un an : 8; à l'amende seulement : 95; à la prison et amende : 13; aux frais : 2. — Nombre de personnes détenues jusqu'au jugement : 76; de personnes mises en liberté provisoire sous caution : 7.

1 devant le Directeur du jury ; 3 devant le juge de paix.

Qui exerce les poursuites ? 1° *Pour les délits ordinaires.* — A côté des poursuites exercées par le commissaire du pouvoir exécutif, 7 poursuites par particuliers.

2° pour les délits ruraux (1). A côté de celles exercées par l'agent national forestier, 19 poursuites par particuliers, 1 par agent municipal, 3 par le Commissaire du Directoire exécutif (2).

---

(1) Cas de nullité : 1° A l'audience du 5 Prairial an VI, une poursuite pour délit forestier est exercée par l'agent national ; aux termes de l'art. 181 du Code des délits et des peines, la citation donnée à la requête d'un particulier devant le Tribunal correctionnel doit contenir la plainte même ; d'après l'article 182, la citation ne saisit le tribunal qu'après avoir été visée par le Directeur du Jury : aucune de ces formalités n'ayant été observée, le tribunal se déclare illégalement saisi et la citation nulle ; 2° A l'audience du 18 Prairial an VI, autre cas de nullité de la citation :défaut de visa du Directeur du Jury pour délit forestier.

(2) Plaintes : 24 ; dénonciations : 5 ; procès-verbaux rédigés par garde forestier ou garde marteau : 271 ; par garde champêtre : 25 ; par juge de paix : 69 ; par agent municipal : 4 ; par commissaire de police : 14 ; par les gendarmes nationaux : 18 ; par les préposés à la visite des viandes : 3 ; par huissier : 1 ; par les receveurs du droit de passe : 9.

Cas de nullité : 1° (Audience du 8 Vendémiaire an VI) (délit forestier) : le prévenu est acquitté pour nullité du procès-verbal du 13 Messidor, délit datant du 8 ; en effet, d'après les principes, le procès-verbal doit être dressé dans les 24 heures de la reconnaissance du délit ; 2° (Audience du 15 Vendémiaire an VI) (délit forestier) : les prévenus sont acquittés pour nullité du procès-verbal rédigé par un agent forestier incompétent ; 3° (Audience du 15 Vendémiaire an VI) (délit rural) : le mandat de comparution devant le directeur du jury ayant été décerné contre le maître, garant de son domestique, et non contre le domestique, ce mandat est déclaré nul, car il ne peut être décerné que contre le délinquant ; 4° Enfin (Audience du 23 Brumaire an VI) : un cas où le procès-verbal dressé par garde forestier n'a pas été affirmé, d'où nullité et acquittement du prévenu.

Condamnations par défaut. — 147 personnes condamnées par défaut ; 3 cas de défaut du demandeur (1).

Oppositions. — 2 oppositions (2) :

Appels. — 14 (3).

(1) Aud. du 15 Brumaire an VI ; aud. du 25 Brumaire an VI ; aud. du 18 Frimaire an VI.

(2) 1° (Audience du 5 Germinal an VI) : à un jugement par défaut du 28 Ventôse an VI, délit rural ; comme à ce moment le Corps législatif est saisi de la question de décider si les oppositions peuvent être reçues aux jugements par défaut du tribunal correctionnel, le tribunal surseoit à sa décision et remet au mois pour statuer ; 2° (Audience du 25 Fructidor an VI) : à un jugement par défaut du 12 Fructidor qui condamne le prévenu à 3 jours de prison pour avoir manqué au service de la garde nationale. L'opposition est admise et l'opposant déchargé des condamnations.

(3) 14 Appels. — 1° Aud. du 19 Nivôse an VI : appel d'un jugement du 15 Vendémiaire an VI qui déclarait nul un procès-verbal, pour incompétence de l'agent forestier qui verbalisa ; la requête d'appel du C. d. p. c. fut rejetée ; 2° Aud du 9 Nivôse : appel intenté par un particulier qui, par un jugement du 8 Brumaire an VI, avait été condamné pour insultes et mauvais traitements, à 300 livres d'amende et 1 mois de prison ; requête d'appel rejetée ; 3° Aud. du 29 Ventôse : jugement rendu sur appel interjeté par le C. d. p. c., qui le déclare déchu de son appel du jugement du 18 Nivôse an VI, qui statua sur la dénonciation faite contre plusieurs personnes prévenues d'avoir réfugié des réquisitionnaires fugitifs sans congé et qui furent acquittées ; 4° Aud. du 8 Ventôse : jugement du Tribunal criminel sur appel interjeté par un individu condamné à six mois de prison et 50 francs d'amende, pour voies de fait. L'appel fut interjeté le 9 Pluviôse, et le 23 l'accusateur public se pourvoit contre ce jugement pour le faire annuler et faire traduire le prévenu devant le jury d'accusation (art. 193, 197, 198 et 199 du Code des délits et des peines ; 5° Aud. du 29 Ventôse : jugement rendu sur appel d'un jugement qui condamne le prévenu pour délit forestier (ord. 1669) ; 6° Audience du 9 Germinal : jugement rendu sur appel interjeté pour condamnation le 28 Pluviôse an VI (contravention à l'article 4, loi 24 Brumaire an VI), à 300 francs d'amende et 1 an de prison ; requête d'appel rejetée ; 7° Audience du 14 Floréal, jugement rendu sur appel d'un jugement du Tribunal correctionnel du 15 Ventôse an VI, qui, pour voies de fait, condamnait le prévenu à 25 francs d'amende et 3 jours de prison ; il fut déchargé de la peine de prison, mais l'amende fut maintenue ; 8° Aud. du 8 Floréal : jugement rendu sur appel interjeté par un négociant prévenu

Demandes de dommages-intérêts. — 55 : pour voies de fait et mauvais traitements, pour délit rural, ou pour vol.

Recours aux défenseurs officieux : Pour demandeurs ou parties civiles, dans 55 affaires, pour défendeurs dans 162 affaires (1).

1° *Enquêtes.* — 117 et 19 contre-enquêtes.

---

d'avoir enfreint la loi du 10 Brumaire an V, en ne faisant pas la déclaration prescrite (marchandises de fabrication anglaise) ayant été condamné à la peine de l'article 15, il appela du jugement du 5 Germinal an VI. Requête d'appel rejetée ; 9° Audience du 29 Messidor : Jugement rendu sur appel interjeté par un individu prévenu d'avoir enfreint l'article 60, t. III, loi du 9 Vendémiaire an VI (en apposant des affiches non timbrées), et le tribunal le condamna, le 25 Floréal an VI, à 100 fr. d'amende ; il en appela et le Tribunal criminel l'acquitta ; 10° Audience du 14 Fructidor : Jugement rendu sur appel interjeté par un individu prévenu d'être vagabond, sans aveu, et condamné. par jugement du 5 Thermidor an VI, à 2 ans de prison ; ce jugement fut confirmé ; 11° Aud. du 17 Vendémiaire : l'accusateur public (art. 193, loi du 3 Brumaire an IV) se rend appellant, pour mal jugé au fond, d'un jugement du 28 Fructidor an VI, contre un voiturier condamné pour contravention à l'article 11, loi du 3 Nivôse an VI, à 100 fr. d'amende et 2 mois de prison ; 12° Aud. du 14 Vendémiaire an VII : jugement rendu sur appel interjeté par un individu condamné, le 12 Fructidor an VI, pour outrages et voies de faits, à 40 fr. d'amende et 2 mois de prison ; il est déchu de l'appel ; 13° Aud. du 14 Vendémiaire an VII : jugement rendu sur appel interjeté par une personne condamnée pour avoir recelé sciemment son neveu, réquisitionnaire fugitif, à 300 fr. d'amende et 1 an de prison ; le Tribunal criminel l'acquitte ; 14° Aud. du 15 Vendémiaire an VII : jugement rendu sur appel d'un jugement du 5 Fructidor an VI qui, pour contravention à l'article 11, loi du 3 Nivôse an VI, condamna les prévenus à 100 fr. d'amende ; ce jugement fut annulé et l'affaire renvoyée au Tribunal correctionnel de Châlons.

(1) Noms des défenseurs : Desmoulins, Thuriot, Buffry, Blanchin, Mackenna, Salligny, Bégin, Failly, Mora, Cochinat, Coltier, Porquet, Guérin, Clausson, Guénart, Heurat, Gaillard.

2º *Expertises.* — 5 expertises (1).

Mises en délibéré. — 2 cas (2).

Récidivistes. Repris de justice. — 4 cas de récidive et 1 repris de justice (3).

Cas où le tribunal est saisi par renvoi. — 3 cas (4).

Fonctionnaires publics condamnés. — Remarquons que 7 fonctionnaires publics ont été condamnés (6 affaires) : 1º (5) Le substitut du commis-

(1) Expertises : 1º pour coups et blessures (audience du 25 Nivôse an VI ; 2º pour délit rural (aud. du 5 Pluviôse an VI); 3º pour infraction à l'article 7, loi du 10 Brumaire an V, qui oblige la déclaration des marchandises de fabrication étrangère qu'on a chez soi. Ne l'ayant pas fait, saisie est opérée, et comme il est condamné, une expertise est ordonnée (aud. du 5 Germinal an VII); 4º et 5º en matière de délit forestier (aud. des 5 et 25 Floréal an VI).

(2) 1º Aud. du 28 Nivôse an VI : Une affaire de voies de faits et mauvais traitements est mise en délibéré ; elle revient le 15 Ventôse; 2º Aud. du 18 Pluviôse an VI : Mise en délibéré pour contravention à l'article 4, loi du 24 Brumaire an VI (un père est prévenu d'avoir recélé sciemment son fils réquisitionnaire fugitif.

(3) Récidive : 1º pour vol (aud. du 28 Vendémiaire, an VI; 2º pour escroquerie (aud. du 15 Frimaire, an VI ; 3º pour libertinage et prostitution publique (aud. du 8 Pluviôse, an VI ; 4º pour infraction à l'art. 15, t. 1, loi 22 Juillet 1791, délit consistant à laisser divaguer un insensé (déjà condamné par jugement de la police municipale le 28 Frimaire an VI), (aud. du 25 Messidor, an VI, — 1 seul repris de justice (aud. du 15 Floréal, an VI), un individu prévenu de vagabondage a déjà été condamné à 9 ans de fers pour vol.

(4) 1º aud. du 28 Floréal, an VI, renvoi du tribunal de justice de paix par jugement du 26 Germinal et 11 Floréal, le juge de paix renvoyait les parties à fin de dommages-intérêts devant le tribunal correctionnel et le saisit directement par un mandat de comparution, le tribunal correctionnel se déclare illégalement saisi et renvoie l'affaire devant le juge de paix; 2º (audience du 5 Thermidor), renvoi du tribunal de simple police pour délit rural ; 3º (audience du 28 Thermidor), renvoi du tribunal correctionnel de Châlons par jugement du 16 Fructidor an V au tribunal correctionnel de Reims pour délit rural.

(5) Audience du 8 Brumaire an VI.

saire du pouvoir exécutif Havé, prévenu d'un délit de presse, fut condamné à 6 mois de prison. 2º (1) Un garde champêtre est condamné à 25 fr. d'amende pour n'avoir pas verbalisé d'un délit, quoiqu'il en eût connaissance. 3º (2) Deux garde champêtres comparaissent tous deux, prévenus de maraudage, et l'un de délit de chasse, ils sont tous deux condamnés à 6 fr. d'amende et 3 jours de prison et celui qui a chassé à cent sols. 4º (3) un garde forestier prévenu de délit de chasse fut condamné à 10 fr. d'amende. 5º (4) Un garde forestier prévenu de voies de fait et mauvais traitements, fut condamné à 30 fr. d'amende et 10 jours de prison. 6º (5) Un receveur à la barrière est prévenu d'avoir injurié le juge de paix en fonctions ; le tribunal le condamne à 8 jours de prison. Les poursuites nombreuses et les condamnations dont les fonctionnaires publics sont l'objet résultent de la surveillance active exercée sur eux par le Directoire exécutif ; il y a un réveil de l'esprit public après le 18 fructidor an V, après quelques mois de faiblesse et d'indifférence de la part de l'administration centrale. Des mesures rigoureuses

---

(1) Audience du 28 Frimaire an VI.
(2) Audience du 25 Pluviôse an VI.
(3) Audience du 5 Ventôse, an VI.
(4) Audience du 18 Germinal an VI.
(5) Aud. du 25 Fructidor, an VI.

sont même prises à l'égard de certains fonctionnaires.

———

RÉSUMÉ

L'étude du tribunal correctionnel pendant l'an VI nous permet de constater que nous sommes revenus à une période très troublée, après un calme apparent pendant les deux années précédentes. Nous avons relevé de nombreux délits ordinaires : quelques infractions aux lois sur la police des cultes, un délit de presse, la poursuite d'un instituteur à qui l'on reproche de célébrer les fêtes de l'ancien calendrier, des poursuites nombreuses contre les fonctionnaires publics. En effet un grand changement s'était produit : le Coup d'Etat du 18 fructidor an V, suivi de l'annulation des élections dans 49 départements (dont celui de la Marne, par la loi du 19 fructidor), devait donner pour quelque temps une impulsion nouvelle au mouvement révolutionnaire, et mettre ordre aux intrigues des royalistes et du clergé. Les élections dans la Marne paraissaient suspectes, et comme on tardait à exécuter cette loi, des patriotes de Reims firent une pétition au Directoire pour lui rappeler que le département de la Marne n'avait pas encore été épuré. Il fut fait droit à cette requête, qui fut suivie de nombreuses révocations, parmi lesquelles signalons celle du commissaire du Directoire exécutif, Xavier Aubriet, remplacé par le cit. Mackenna (1), républicain très avancé, qui a eu à Reims une influence égale à celle du représentant du peuple Bô à l'époque de la Terreur.

(1) Nomination de Mackenna : Le citoyen Mackenna demande, à l'audience du 8 Nivôse an VI, que le tribunal ordonne la lecture du décret du Directoire exécutif du 28 Frimaire an VI, portant : 1° Révocation du citoyen Aubriet, de la place de Commissaire du Directoire exécutif, et 2° Nomination de Mackenna (Mackenna était ex-commissaire du Directoire exécutif près le Tribunal correctionnel de Reims). Mackenna prêta le serment suivant : « Je jure haine à la royauté et à l'anarchie, et fidélité à la Constitution républicaine de l'an III » et prit séance. Remarquons les changements survenus dans la formule du serment civique établi par le Directoire, ce qui caractérise assez bien les diverses tendances de l'esprit public. Le serment de l'an IV n'exprimait que la haine à la royauté; en l'an V, il exprimait aussi la haine à l'anarchie; en l'an VII, il n'exprima plus la haine de l'anarchie. Ce sont les oscillations de la politique générale et de l'opinion publique. Ces serments, la plupart des Français capables d'avoir une opinion étaient à un titre quelconque dans le cas de les prêter; c'est ce que le Directoire avait voulu.

CHAPITRE IV

4e année (An VII) :
Du 5 Vendémiaire an VII–5 Vendémiaire an VIII
(1798-1799).

Régularité des audiences. — Les audiences sont nombreuses et se tiennent presque régulièrement (1). Jusqu'en Nivôse an VII, elles sont chargées comme les années précédentes, nous trouvons des audiences avec 17, 18 et 19 affaires, et à partir de nivôse nous n'avons que deux audiences avec 10 affaires ; elles sont donc bien moins chargées (2).

Rapidité de la procédure. — 335 affaires dont 184 délits ordinaires, 10 délits faisant l'objet d'un

---

(1) En Vendémiaire an VII, 6 audiences : les 5, 8, 15, 18, 25 et 28 ; en Brumaire : les 5, 8, 12, 15, 18, 25 et 28 ; en Frimaire : les 5, 8, 15, 18, 25 et 28 ; en Nivôse : les 5, 8, 15, 18, 25 et 28 ; en Pluviôse : les 5, 8, 15, 18 et 28 ; en Ventôse : 6 audiences ; en Germinal : 6 ; en Floréal : 5 ; en Prairial : 6 ; en Messidor : 6 ; en Thermidor : 6 ; en Fructidor, 7 : le 1er (audience extraordinaire), les 5, 8, 15, 18, 25 et 28 ; au total : 72 audiences.

(2) 2 audiences avec 1 affaire ; 5 avec 2 ; 6 avec 3 ; 10 avec 4 ; 10 avec 5 ; 7 avec 6 ; 7 avec 7 ; 2 avec 8 ; 4 avec 9 ; 7 avec 10 ; 1 avec 11 ; 1 avec 13 ; 1 avec 14 ; 2 avec 15 ; 1 avec 17 ; 3 avec 18 ; 2 avec 19 et 1 avec 23.

renvoi, 103 délits forestiers (Ordonnance de 1669) et 38 délits ruraux (loi du 28 septembre 1791).

Sur ce nombre 239 affaires furent jugées de suite, 80 remises et jugées, 16 remises et non reparues.

Le nombre des prévenus est de 519 soit 290 prévenus de délits ordinaires, 181 de délits forestiers (ord. 1669) et 48 de délits ruraux (loi 28 septembre 1791). On remet une affaire à 1re audience, à une décade, à 2 décades, à 1 mois et à 4 décades. En général l'affaire revient régulièrement en cas de remise (1).

On a tendance à juger plus vite (2).

Nombre et nature des délits. — 6 délits contre les bonnes mœurs, 12 vols, 4 escroqueries, 48 délits de voies de fait et mauvais traitements à particuliers, 15 délits d'insultes, outrages et voies de fait

------

(1) Exceptions : un délit forestier, déjà remis 6 fois, remis pour la dernière fois au 5 Pluviôse pour délibéré, le rapport du délibéré n'est présenté que le 5 floréal an VII, soit 3 mois plus tard; une affaire à l'audience du 18 Vendémiaire an VII fut remise 5 fois (délit forestier); revue le 25 Frimaire an VII, elle fut mise en délibéré, remise au 25 Nivôse, et nous ne la revoyons que le 8 Floréal an VII. 15 affaires ont été remises 2 fois; 8, 3 fois; 4, 4 fois; 2, 5 fois; 1, 7 fois, et 1, 9 fois.

(2) Une plainte du 2 Vendémiaire an VII est suivie d'un jugement le 18; un procès-verbal du 7 Brumaire donne lieu à un jugement le 12; un procès-verbal du 10 Ventôse suivi d'un jugement le 25; un procès-verbal du 8 Messidor an VII aboutit à un jugement le 18; en cas de remise : un procès-verbal du 29 Pluviôse an VII suivi d'un 1er jugement le 5 ventôse, d'un 2e le 8; un procès-verbal du 23 Prairial an VII et un 1er jugement le 28, suivi d'un 2e le 5 Messidor. Il ne faut pas cependant conclure de ces exemples que nous soyons revenus à la rapidité de la procédure constatée dans les premières années.

à fonctionnaires publics, 1 délit de vente avec faux poids, 4 délits de mendicité, avec circonstances aggravantes (défaut de passe-port, etc.), 1 infraction à l'article 36 t. 2, loi du 22 juillet 1791 qui défend les jeux de hasard, 1 délit d'audience, (prévenu d'avoir troublé l'ordre à l'audience par ses propos) 1 délit commis par un fonctionnaire public prévenu d'abus et de malversation dans l'exercice de ses fonctions. (Garde forestier prévenu d'avoir chassé dans les propriétés d'autrui, acquitté) 1 délit d'atteinte à la propriété d'autrui (blessures faites au cheval d'autrui).

103 délits forestiers prévus par l'ordonnance de 1669, 8 prévus par la loi de 1791 et 30 délits ruraux.

Parmi les délits spéciaux, 7 délits de chasse, une infraction au règlement qui défend d'acheter sur le marché avant l'heure prescrite, 15 infractions à l'article 4, loi du 24 brumaire an VI sur les réquisitionnaires fugitifs, 20 infractions à l'article 42, loi du 3 août 1791 et à l'article 3, de l'arrêté du directoire exécutif du 26 nivôse an VI sur le service de la garde nationale, 14 délits de vagabondage (gens sans aveu ni domicile, voyage sans passeport), 15 infractions à l'article 11, loi du 3 nivôse an VI (insultes et outrages aux receveurs du droit de passe, 14 infractions à l'article 10 (refus

de payer le droit de passe), 2 contraventions à
l'article 74, du règlement de police de 1727 sur la
jauge des poinçons, une infraction à la loi du 20
septembre 1792 qui oblige à présenter un nouveau-
né à l'agent de la commune dans les 24 heures de sa
naissance, 1 délit pour avoir distribué et préparé des
médicaments sans avoir subi l'examen prescrit par
les lois (lois du 14 avril et 19 juillet 1791) une contravention en récidive à la loi du 17 thermidor an VII
sur le repos des décades (le prévenu fut acquitté).
(Cette loi coordonnait les jours de repos avec le
calendrier républicain) ; 2 infractions à la loi du
19 brumaire an VI sur la garantie des matières d'or
et d'argent.

*Délits spéciaux. Délits militaires. Prisonniers
de guerre.* — 1º Un militaire réquisitionnaire a
passé au tribunal correctionnel (1) prévenu de voies
de fait, le tribunal l'acquitte et comme il est de
l'armée, lui enjoint d'aller auprès du commissaire
des guerres qui lui donnera une route pour rejoindre
son corps. 2º Un prisonnier de guerre (2), prévenu
de vagabondage ; il est ordonné que des renseignements seront pris et que si personne ne le
réclame, il sera conduit au plus prochain dépôt
des prisonniers de guerre.

---

(1) Aud. du 18 Vendémiaire an VII.
(2) Aud. du 5 Vendémiaire an VII.

*Infractions à l'article 4, loi du 24 brumaire an **VI**, sur les réquisitionnaires fugitifs.* — Nous n'avons pas relevé de condamnation. Voici une difficulté qui s'est présentée à l'occasion de ces délits (1). Une personne est prévenue d'avoir recelé sciemment des réquisitionnaires fugitifs. Une loi du 14 messidor an **VII** amnistiait les délits de désertion à l'intérieur. Allait-on étendre ses dispositions aux complices ? l'affaire fut mise en délibéré et revue le 5 thermidor. Voici quelques extraits du jugement : «considérant que l'action dirigée ne l'a été qu'à l'occasion du délit de désertion, que par la loi du 14 messidor an **VII** toutes les poursuites exercées à l'occasion du délit de désertion à l'intérieur doivent être regardées comme non avenues, jusqu'après le délai accordé aux déserteurs pour aller aux armées ; que d'après l'article 11 de cette loi, toutes dispositions contraires sont rapportées, qu'il est d'autant moins possible de supposer que le législateur ait voulu absoudre l'auteur principal sans l'étendre aux complices qu'il s'est exprimé en termes généraux, mais considérant que ce n'est que par une faveur particulière que les poursuites exercées à l'occasion du délit de désertion sont anéanties, et que les délinquants peuvent être dispensés des peines prononcées par les lois antérieures, que si l'axiome de droit *favores am-*

---

(1) Aud. du 18 Messidor an VII.

13 A

pliandi, odiosa restringenda, doit être appliqué surtout en matière pénale, il ne doit l'être qu'avec prudence: (loi du 14 messidor an VII, article 1 et 11), le tribunal lui ordonne de ne plus receler de déserteurs et la condamne aux dépens (1).

La seule audience extraordinaire, tenue le 1er fructidor an VII, fut consacrée à une affaire du même genre; une pétition est présentée par un individu, actuellement détenu, tendant à être déchargé des condamnations prononcées contre lui par jugement du 28 pluviôse an VI, confirmé le 9 germinal an VI par le tribunal criminel, qui le condamna à un an de prison et 300 fr. d'amende pour avoir réfugié son fils réquisitionnaire fugitif, en se fondant sur l'article 1, loi du 14 messidor an VII qui prononce une amnistie pour tous les délits à l'occasion de la désertion à l'intérieur. Le commissaire du pouvoir exécutif après lecture de la lettre du ministre de la justice du 19 thermidor, conclut que le prévenu soit déchargé de ses condamnations à condition de justifier que son fils a rejoint l'armée et le tribunal, article 1er et 10, loi du 14 messidor an VII, déclara non avenu le jugement prononcé contre lui, le déchargea de son amende, ordonna sa mise en liberté, à charge de justifier dans le délai d'un mois de la présence de son fils aux armées par certificat

---

(1) Le Commissaire du pouvoir exécutif interjeta appel du jugement.

authentique, faute de quoi il serait déchu du bénéfice de ce jugement.

Voici encore une application de la loi du 14 messidor an VII (1) ; un individu est prévenu de vagabondage. Le prévenu avoue qu'il est de l'âge de la réquisition ; le tribunal, considérant qu'il n'a caché son âge que pour éviter d'être poursuivi comme déserteur, que la loi du 14 messidor an VII accorde une amnistie à tous les prévenus de désertion à l'intérieur, (art. 1) ordonne qu'il sera conduit chez le commissaire des guerres qui lui fera rejoindre l'armée.

Sur 20 infractions à l'article 42, loi du 3 août 1791, sur le service de la garde nationale, 10 condamnations à prison. Sur 14 délits de vagabondage, (gens sans aveu, sans passeport) prévus par l'article 2, ordonnance de 1720, 5 condamnations à la maison d'arrêt et une à la maison de correction.

Infractions à la loi du 3 nivôse an VI sur le droit de passe. — 1º Sur 15 infractions à l'article 11, (insultes et outrages aux receveurs), 5 condamnations à amende.

2º Sur 14 infractions à l'article 10 (refus de payer le droit) 4 condamnations à amende.

Au sujet de l'affirmation des procès-verbaux des

____

(1) Aud. du 5 Thermidor an VII.

receveurs du droit de passe, voici ce que nous relevons : (1) deux receveurs du droit de passe déposent sur le Bureau une demande à fin de taxe de leur voyage pour venir affirmer leur procès-verbal.

Le tribunal, considérant que les receveurs du droit de passe sont salariés pour raison de leurs fonctions, que l'affirmation de leur procès-verbal est une suite de ces fonctions, que la loi en les obligeant de venir affirmer leur procès-verbal ne leur alloue aucun frais de voyage, et qu'on ne peut y suppléer, les renvoie devant qui ils jugeront convenable.

Plus tard (2) nous relevons une semblable requête des receveurs, même accueil leur est réservé.

Sur 2 contraventions à l'article 74, du règlement de police de 1727 sur la jauge des poinçons, une condamnation à amende.

Infraction à la loi du 20 septembre 1792. — Une seule (3). Un individu est prévenu d'avoir négligé de se présenter à la Commune pour faire constater la naissance de son enfant dans les 24 heures. Au début de l'audience il fait défaut et est condamné à 2 mois de détention, puis il comparaît à la même audience et le tribunal réduit sa peine à 3 jours de prison.

---

(1) Audience du 18 Vendémiaire an VII.
(2) Audience du 8 Brumaire an VII.
(3) Audience du 8 Pluviôse an VII.

*Délit pour avoir distribué et préparé des médica-
ments sans avoir subi l'examen prescrit* (1). — Le
prévenu est officier de santé (2).

---

(1) Audience du 8 Fructidor au VII.

(2) Voici quelques extraits du jugement : « Considérant que le prévenu n'est ni pharmacien, ni apothicaire ; qu'il prétend que, comme chirurgien, il a le droit de vendre et distribuer à ses malades les médicaments qu'il croit nécessaires à la guérison des maladies internes pour lesquelles on le consulte; que ceci est en contradiction avec les dispositions des lois anciennes et règlements relatifs aux arts de la pharmacie et chirurgie ; que, toujours, les professions des apothicaires ont été regardées comme les plus importantes de toutes, et que, pour éviter les suites funestes que l'ignorance ou l'erreur pourraient entraîner, ceux qui se sont dévoués à cet état ont été soumis à des examens particuliers, à une surveillance des plus actives et à des obligations étrangères aux arts de la médecine; que, par arrêt du 3 Août 1536, il a été prescrit aux aspirants à l'état d'apothicaire de savoir le latin, de faire un apprentissage de 4 ans, etc... ; que ces règlements ont été maintenus par une infinité d'arrêts jusqu'en 1791 ; considérant, pour la chirurgie et la pharmacie, que ces deux états ont toujours été distincts, et que, si la loi nouvelle permet de les cumuler, cette faculté ne doit être accordée qu'à ceux qui ont les connaissances particulières à ces deux états ; que plusieurs règlements ont consacré ces principes, un arrêt du Conseil et lettres patentes du 20 juin et 8 juillet 1724 portant que les chirurgiens ne peuvent détenir que les remèdes propres aux maladies externes qu'ils traitent ; un autre arrêt du 12 avril 1749 (art. 10) défend à tous chirurgiens de composer aucun médicament propre à rentrer dans le corps humain, que l'Assemblée constituante a, par décret du 14 avril 1791, ordonné que les lois et règlements existants relatifs à l'exercice de la pharmacie seraient maintenus, qu'il ne pourrait être délivré de patente pour les préparations de drogues qu'à ceux qui sont ou pourraient être reçus pour l'exercice de la pharmacie, suivant les statuts, par une autre loi du 19 juillet 1791, il est dit (art. 13. t. I) : « La municipalité pourra commettre à l'inspection de la salubrité des médicaments un nombre suffisant de gens de l'art qui, après serment, rempliront, à cet égard seulement, les fonctions de commissaire de police ». Le tribunal le condamna aux dépens, avec défense de récidiver sous peine d'une amende double de celle portée par les règlements, n'étant pour cette fois dispensé du paiement de l'amende que parce qu'il lui a été délivré en l'an VI une patente de pharmacien. »

Nous avons signalé ce jugement, parce qu'il montre que de tout temps, on a rigoureusement surveillé l'exercice illégal de la pharmacie et nous n'avons trouvé que cet exemple dans notre étude. »

Infractions à la loi du 19 brumaire an VI. — Nous en avons relevé deux : 1° (1) Un orfèvre est prévenu d'avoir chez lui des ouvrages d'orfèvrerie revêtus de fausses marques ; le tribunal considérant qu'il eut dû en faire garantir le titre d'une façon légale, vu les articles 77, 80 et 107 de cette loi, déclare la saisie faite chez lui, bonne et valable, et le condamne à 200 fr. d'amende ; sur appel, le tribunal criminel annula le jugement, renvoyant l'affaire au tribunal d'Epernay. 2° (2) Délit semblable où le tribunal prononça encore la saisie et 200 fr. d'amende ; il y eut encore appel, et la requête d'appel fut rejetée.

Condamnations pour délits de droit commun. — Elles sont modérées pour insultes à fonctionnaires publics (3), voies de fait (4), et délits ruraux (5), quelquefois même pour les délits de mendicité (6), toujours sévères pour les vols (7),

---

(1) Aud. du 5 Fructidor an VII.

(2) Aud. du 15 Fructidor an VII.

(3) Pour insultes à fonctionnaires, 3 condamn. à amende, 2 à Maison d'arrêt, 1 à Maison de correction, 7 à amende et Maison d'arrêt. Notons pour outrages à des gendarmes nationaux eu fonctions, 1 condamn. à 3 mois de prison.

(4) Pour voies de fait, 10 condamn. à amende, 1 à Maison d'arrêt, 15 à amende et Maison d'arrêt. La plus forte est de 50 fr. d'amende et 3 mois de prison.

(5) Parmi les délits ruraux, la plus forte peine fut pour vol de ceps de vigne (art. 35, Code rural), de 50 fr. d'amende et 1 mois de prison.

(6) Pour délits de mendicité : 2 condamn. à Maison d'arrêt, 1 à Maison de correction. Notons 1 condamn. à 10 fr. d'amende et 1 an de prison pour avoir mendié hors de son canton, 1 à 2 ans pour mendicité avec récidive.

(7) Pour vols, 3 condamn. à Maison d'arrêt, 7 à Maison de correction. Signalons 1 condamn. à 2 mois, 1 à 6 mois, 1 à 10 mois, 2 à 1 an, 2 à 2 ans en la Maison de correction.

escroqueries (1), délits contre les bonnes mœurs (2).

Acquittements. — Le nombre des personnes acquittées est toujours important (3) pour délits ordinaires.

Cas d'incompétence. — 3 renvois devant le tribunal municipal, un devant le tribunal civil, un devant le juge de paix, 4 à l'administration municipale, 3 devant le Conseil de guerre (4). Enfin 1 cas où le tribunal se déclare incompétent sans renvoyer l'affaire.

Dans ce dernier cas (5) il s'agit d'une poursuite par particulier, à fin de dommages-intérêts pour cheval blessé. Le prévenu demande à être acquitté,

---

(1) Pour escroqueries, 1 condamn. à amende, 1 à Maison de correction, 1 à amende et Maison de correction. A noter : 1 condamn. à 2 mois en Maison de correction, 1 pour escroquerie à l'aide de faux noms, à 25 fr. d'amende et 2 mois de prison.

(2) Pour délits contre les bonnes mœurs, 2 condamn. à Maison d'arrêt, 2 à Maison de correction, 4 à amende et Maison de correction. Notons 1 condamn. à 3 mois en la Maison de correction, 1 à 6 mois, 1 à 3 mois et 50 fr. d'amende, 2 à 6 mois et 50 fr., enfin 1 à 2 ans et 50 fr. pour débauche et prostitution.

(3) Délits ordinaires — Nombre des acquittés : 127; des condamnés à la prison de moins d'un an : 47; à la prison d'un an et plus : 5; à l'amende seulement : 37; à amende et prison : 34; aux frais : 13.

Délits forestiers. (Ordonnance 1669) — Nombre des acquittés : 28, des condamnés à l'amende seulement : 135; aux frais : 4.

Délits ruraux (Loi du 28 septembre 1791). — Nombre des acquittés : 12; des condamnés à la prison de moins d'un an : 1; à l'amende seulement : 28; à prison et amende : 3; aux frais : 2. Nombre des personnes détenues jusqu'au jugement : 55; mises en liberté provisoire sous caution : 25.

(4) Le Conseil de guerre devant lequel le Tribunal correctionnel renvoyait, est celui de la 17e Division militaire siégeant à Mézières.

(5) Aud. du 5 Ventôse an VII.

la demande n'étant pas fondée, car : 1º s'il a existé un délit, il devait être constaté par procès-verbal. 2º Aux termes de la loi de 1791, il devait l'être dans le mois. Le tribunal se dit incompétent et déclare la demande nulle.

Qui exerce les poursuites ? 1º *Pour les délits ordinaires.* — C'est toujours le commissaire du pouvoir exécutif ; 9 poursuites par particuliers, une par commissaire du pouvoir exécutif et particulier.

2º *Pour les délits ruraux.* — A part les poursuites exercées par l'agent forestier, 5 par particuliers.

Cette année encore (1), nous relevons quelques délits où les prévenus sont acquittés, la demande n'étant pas régulièrement formée (non visée par directeur du jury) (2).

----

(1) Aud. du 18 Frimaire an VII.

(2) Plaintes : 40 ; Dénonciations : 7 ; Cas de désistement de la plainte : 1 ; Procès-verbaux rédigés par les receveurs du droit de passe : 30 ; par garde forestier ou garde marteau : 116 ; par garde champêtre : 23 ; par commissaire de police : 10 ; par les gendarmes nationaux : 12 ; par le juge de paix : 1 ; par l'agent de la commune : 5 ; par le commandant de la Garde nationale 5 ; par les contrôleurs du bureau de garantie p ur les matières or et argent : 2.

Voici une difficulté (Audience du 8 Messidor an VII) à propos d'un procès-verbal dressé par un garde marteau constatant des délits forestiers (Ord. 1669) qui n'est pas affirmé ; les parties prétendent que l'affirmation est requise pour les procès-verbaux des gardes marteau comme pour ceux des gardes forestiers et champêtres, qu'il est donc nul, le commissaire du pouvoir exécutif soutient que la loi n'exige l'affirmation que des procès-verbaux rédigés par les gardes champêtres et forestiers et non par les inspecteurs des bois nationaux. L'affaire mise en délibéré revient le 28 Messidor. Voici le jugement : « considérant que si les gardes marteau avaient jadis le droit de dresser des procès-

Condamnations par défaut. — 76. 1 cas de défaut
du demandeur (1).

Oppositions. — 5 (2).

verbaux sans devoir les affirmer, c'est qu'alors ils réunissaient la double
fonction d'administrateurs forestiers et de juges des délits qui pouvaient se
commettre en cette partie ; que c'était alors devant eux que les gardes d'un
rang inférieur affirmaient leur rapport, que les lois nouvelles ayant séparé les
fonctions administratives des fonctions judiciaires ont exigé que les rapports
constatant les délits commis par des particuliers fussent affirmés devant les
juges de paix, il s'en suivait que tous procès verbaux constatant des délits
doivent être affirmés ; qu'en vérité, l'article 15, t. 15, loi du 28 Septembre 1791,
concernant l'administration forestière porte que les procès-verbaux des inspecteurs ne seront pas soumis à l'affirmation, mais cette disposition ne peut être
suivie, car, par la loi du 11 Mars 1792, l'exécution de celle ci-dessus donnée a
été suspendue et que, d'après les termes de l'article 609 du Code des délits et
peines, les juges des tribunaux correctionnels ne peuvent avoir égard aux
dispositions de l'ordonnance de 1669, ni à celles des autres lois relatives à la
police correctionnelle municipale ou rurale, que pour appliquer seulement la
peine qu'elle prononce, les dites lois étant rapportées pour ce qui regarde la
forme de procéder et de juger relativement aux délits de toute nature, ainsi
qu'il est dit en l'article 594 du Code ; pour ces motifs, le tribunal déclara nul
pour défaut d'affirmation le procès-verbal dressé par le garde marteau et les
parties furent acquittées. »

(1) Audience du 5 Brumaire an VII.

(2) 1° Audience du 25 Vendémiaire an VII à un jugement par défaut du
15 Fructidor an VI qui condamne l'opposant pour refus de payer le droit de
passe, à 50 francs d'amende, il prétend que comme cultivateur il a droit à
l'exemption, il est déchargé des condamnations ; 2° audience du 5 Brumaire, à
un jugement du 28 Fructidor qui condamne le prévenu pour contravention à la
loi du 3 Nivôse an VI, à 100 fr. d'amende et 2 mois de prison ; 3° audience du
18 Brumaire, à un jugement par défaut du 25 Fructidor an VI, délit rural ;
4° audience du 25 Brumaire, à un jugement par défaut du 18 Vendémiaire
an VII pour contravention à la loi du 3 Nivôse an VI, l'affaire est remise au
5 Frimaire, l'opposition est rejetée, s'appuyant : 1° sur l'art. 192 du C. des
délits et de peines, et 2° sur la lettre du Ministre de la Justice du 14 Brumaire
an VII. L'opposant fit appel ; 5° audience du 5 Nivôse, opposition formée à
un jugement par défaut du 5 Frimaire an VII qui condamnait l'opposant
pour délit forestier, il demanda à être reçu opposant, vu qu'aucune loi ne porte
que les parties ne pourront se pourvoir par la voie de l'opposition contre les
jugements rendus contre elles par défaut par les tribunaux correctionnels. De
son côté, le C. d. d. c. demande le rejet de l'opposition, vu que la jurisprudence du tribunal ne permet pas de les admettre. Néanmoins le tribunal
l'admit, car ce serait préjudicier aux intérêts des parties si elles n'étaient
pas admises. Le 25 Germinal, après plusieurs remises, l'opposant fut acquitté.

Appels. — 15 (1).

Demandes de dommages-intérêts. — 32 (pour voies de fait, pour délit rural, pour vol).

---

(1) 1° Audience du 29 Brumaire an VII : jugement rendu sur appel interjeté par un marchand de vin condamné par défaut pour contravention au règlement de police (art. 74, règlement de police du 21 Août 1727) à 80 fr. d'amende et saisie des poinçons : requête d'appel rejetée; 2° Aud. du 4 Frimaire : jugement sur appel interjeté pour condamnation à 50 fr. d'amende, pour contravention à la loi du 3 Nivôse an VI; requête d'appel rejetée; 3° Aud. du 4 Frimaire : jugement rendu sur appel interjeté par un boucher condamné, pour contravention aux articles 10 et 11 de la loi du 3 Nivôse an VI; à une amende; jugement confirmé; 4° Aud. du 9 Nivôse : appel interjeté par un condamné, le 18 Vendémiaire an VII, pour contravention à l'art. 10, loi du 3 Nivôse an VI, par défaut, à 50 francs d'amende. Jugement confirmé. Cet appel présente un intérêt particulier, car il fut interjeté après une opposition faite à ce jugement le 5 Frimaire an VII et après en avoir été débouté conformément à la lettre du Ministre de la Justice du 14 Brumaire an VII; 5° Aud. du 29 Pluviôse : appel d'un jugement du 28 Nivôse an VII qui, pour voies de fait et violences, met les parties hors cause; l'appel fut interjeté par le plaignant; 1er jugement confirmé; 6° Aud. du 29 Nivôse : appel d'un jugement du 8 Frimaire an VII qui condamnait l'appelant par défaut à une amende pour délit forestier; le Tribunal criminel le déchargea des condamnations prononcées contre lui; 7° Aud. du 6 Floréal : appel d'un jugement du 8 Germinal an VII pour délit prévu par l'Ord. 1669; le Tribunal criminel annula le jugement correctionnel; 8° Aud. du 18 Prairial : appel d'un jugement du 5 Floréal an VII qui, pour délit contre les bonnes mœurs, condamnait à 6 mois de prison et 50 fr. d'amende; le Tribunal criminel le déchargea de ces peines; 9° Aud. du 17 Fructidor : appel d'un jugement du 18 Prairial an VII qui, pour délit forestier, condamnait le prévenu à une amende; 10° Aud. du 28 Thermidor : appel interjeté par le C. d. p. e. contre un jugement du 28 Messidor an VII qui acquitte les prévenus pour défaut d'affirmation du procès-verbal dressé par un garde-marteau (délit forestier); le Tribunal criminel condamna l'un à 1 fr. d'amende, l'autre à 2 fr.; 11° Aud. du 28 Thermidor : appel d'un jugement du 25 Messidor an VII qui, pour insultes aux préposés du droit de passe, acquitte le prévenu; l'un des adjudicataires des barrières appelle de ce jugement — les appelants sont déclarés non recevables — et condamnés à l'amende ordinaire de 9 fr.; 12° Aud. du 25 Fructidor : Appel d'un jugement du 5 Thermidor an VII, en matière de contravention à l'article 4, loi du 24 Brumaire an VI, qui condamnait seulement aux dépens la prévenue à raison du décret du 14 Messidor an VII sur l'amnistie des

Recours aux défenseurs officieux. — Pour demandeurs ou parties civiles, dans 41 affaires ; pour défendeurs dans 140 (1).

1° *Enquêtes.* — 121 ; 21 contre-enquêtes ;

2° *Expertises.* — 4 (2).

Mises en délibéré. — 4 (3).

Affichage. — 1 cas à l'audience du 28 frimaire an VII d'un jugement pour escroquerie avec faux noms, qui condamne le prévenu à 25 fr. d'amende

---

déserteurs ; appel interjeté par le C. d. p. e. et le jugement déclara non avenues les poursuites et le jugement dont est appel ; 13° Aud. du 5 Nivôse an VIII : Appel d'un jugement du 5 Fructidor an VII qui condamnait le prévenu à 200 fr. d'amende et saisie, pour contravention à la loi du 19 Brumaire an VI : jugement annulé et la cause renvoyée au tribunal d'Epernay ; 14° Aud. du 5 Pluviôse : Appel d'un jugement du 25 Fructidor an VII, qui condamnait le prévenu à 200 fr. d'amende et saisie pour infraction à la même loi : requête d'appel rejetée ; 15° Aud. du 25 Fructidor : Appel d'un jugement du 25 Thermidor an VII qui, pour délit forestier, condamnait l'appelant à 100 francs d'amende ; le Tribunal criminel déchargea l'appelant des condamnations prononcées contre lui.

(1) Noms : Desmoulins, Buffry, Gaillard, Cochinat, Régin, Blauchin, Failly, Drouot, Guénard, Mora, Corda, Huguin, Coltier, Folliart, Heurat, Salligny.

(2) Expertises : a) pour délit rural ; b) en matière de contravention au règlement concernant la jauge des poinçons ; c) pour délit forestier ; d) pour anticipation sur chemin public.

(3) a) Pour contravention à la loi du 3 Nivôse an VI, sur le droit de passe à laquelle se relie une demande incidente de dommages et intérêts pour injures des receveurs envers le prévenu (audience du 25 Brumaire an VII) ; b) Pour délit forestier (audience du 25 Nivôse an VII) ; c) pour délit forestier (audience du 8 Messidor an VII), procès-verbal rédigé par un garde-marteau sans être affirmé ; d) Pour contravention à l'article 4, loi du 24 Brumaire an VI, la difficulté venant de la loi d'amnistie du 14 Messidor an VII (audience du 18 Messidor).

et 2 mois de prison en la maison de correction
(50 exemplaires), art. 35, t. II, loi juillet 1791.

Récidivistes : 3 (1).

Fonctionnaire public condamné. — 1 fonctionnaire public fut condamné le 15 vendémiaire
an VII : l'exécuteur des jugements criminels de
la Marne qui, pour insultes à un gendarme en
fonctions, est condamné à 5 fr. d'amende et 10 jours
de prison.

RÉSUMÉ

Cette année clôture l'étude du tribunal correctionnel de Reims sous le Directoire. (Le Directoire avait
vécu 4 ans, du 27 octobre 1795 jusqu'au Coup d'Etat
du 18 brumaire an VIII (1799).) Les esprits, lassés
de cette politique de trouble, des faiblesses et des
violences du Directoire, désiraient le calme et la paix ;
et la nation était prête à accepter un changement
de gouvernement. Les poursuites nombreuses qui
avaient été exercées en l'an VI ont eu pour conséquence une diminution sensible dans les délits. Nous
ne voyons aucune infraction aux lois sur la police
des cultes, les querelles religieuses s'apaisent.

(1) Récidive : 1° pour vagabondage aud. du 5 Nivôse an VII) ; 2° pour mendicité (aud. du 18 Thermidor an VII) ; 3° pour mendicité : le tribunal classe
le prévenu parmi les « gens sans aveu » (aud. du 18 Fructidor an VII).

CHAPITRE V

5ᵐᵉ année (An VIII) :
Du 5 Vendémiaire an VIII au 15 Floréal an VIII
(1799-1800).

Régularité des audiences. — Les audiences se tiennent beaucoup moins régulièrement que les années précédentes (1). Le 15 floréal, le tribunal subit des modifications importantes et nous limitons à cette date l'étude de cette année. Les audiences sont aussi beaucoup moins chargées que précédemment (2).

Rapidité de la procédure. — 131 affaires dont 65 délits ordinaires, 2 délits faisant l'objet d'un renvoi, 48 délits forestiers, (ordonnance de 1669) et 16 délits ruraux (loi du 28 septembre 1791).

---

(1) En Vendémiaire an VIII, 5 audiences, les 5, 8, 18, 23 et 28 ; en Brumaire, 3 audiences, les 5, 8 et 25 ; en Frimaire, les 5, 8, 15, 18, 25 et 28 ; en Nivôse. les 8, 15, 25 et 28 ; en Pluviôse, les 5, 8, 15, 25 et 28 ; en Ventôse, les 5, 8, 13, 18, 25 et 28 ; en Germinal, les 8, 15, 25 et 28 ; en Floréal, le 5 et le 15 (35 audiences).

(2) 2 audiences avec 1 affaire, 7 avec 2, 7 avec 3, 4 avec 4, 3 avec 5, 5 avec 6, 3 avec 7, 2 avec 9, et 2, avec 10.

Sur ce nombre, 106 affaires furent jugées de suite ; 23 remises et jugées, 2 remises et non reparues (1).

Le nombre des prévenus est de 206, soit 82 prévenus de délits ordinaires, 90 de délits forestiers (ordonnance 1669) et 34 de délits ruraux (loi du 28 septembre 1791). En l'an VIII, la population de Reims était de 30.225 habitants.

Nous devons faire remarquer qu'on juge plus régulièrement ; les affaires reviennent, sauf de rares exceptions, à l'audience où elles sont remises. 5 affaires ont été remises 2 fois et 1 4 fois. Le progrès constaté l'année précédente sur ce point s'accentue.

Nous ferons la même remarque pour la rapidité de la procédure (2). On peut dire que la machine judiciaire fonctionne mieux que pendant les premières années du Directoire.

Nombre et nature des délits. — 2 délits contre les bonnes mœurs ; 3 vols ; 1 escroquerie ; 18 délits de voies de fait et mauvais traitements à particuliers, coups et blessures ; 4 délits d'injures,

---

(1) Remarquer comme, depuis le début de cette période, le chiffre des affaires remises et non reparues va sensiblement en diminuant.

(2) Procès-verbal du 3 Frimaire an VIII et jugement du 15 Frimaire ; plainte du 19 Frimaire suivie d'un jugement le 25 ; délit du 24 Pluviôse an VIII suivi d'un jugement le 8 Ventôse ; plainte du 10 Floréal et jugement du 15 Floréal an VIII ; en cas de remise : procès-verbal du 11 Ventôse an VIII suivi d'un 1er jugement le 25 et d'un 2e le 28 Ventôse ; délit du 12 Germinal suivi d'un 1er jugement le 15, d'un autre le 25.

voies de fait et outrages à fonctionnaires publics ;
1 délit consistant à fabriquer de fausses clefs.

48 délits forestiers prévus par l'ordonnance 1669 ;
6 prévus par la loi de 1791 et 10 délits ruraux.

Cette année, les plus nombreux sont les délits
spéciaux : 4 délits de chasse, 1 infraction à l'article 44 du règlement de police de 1727 (un
revendeur est prévenu d'avoir acheté d'enfants
mineurs, à bas prix, des ferrailles volées à leurs
parents ; et condamné à l'amende et maison d'arrêt) ; 1 infraction à l'article 51 du règlement de
police du 21 août 1727 (le défendeur est prévenu
d'avoir fait acheter des grains avant l'heure fixée
par les règlements et condamné à une amende) :
3 infractions à l'article 32, règlement de police de
1727 qui défend de donner à boire après une certaine heure ; 2 infractions à l'article 4, loi du 24
brumaire an VI ; 6 délits consistant à voyager
sans passeport ; 1 délit de vagabondage (gens sans
aveu ni domicile) prévu par l'article 2, déclaration
d'avril 1720) ; 1 infraction à l'article 5, loi du 20
septembre 1792 (prévenu inculpé de n'avoir pas fait
la déclaration d'un nouveau-né dans les délais
et puni de prison) ; 1 infraction à l'article 20 de la
même loi (consistant à n'avoir pas fait la déclaration de décès d'un enfant dans les 24 heures). Les
prévenus furent acquittés, cette loi ne prononçant
aucune peine contre ceux qui négligent de faire

cette déclaration ; il leur fut enjoint de la faire dans les 24 heures ; une infraction à l'article 11, loi du 3 nivôse an VI (droit de passe) ; 1 infraction à l'article 1, loi du 22 germinal an IV, sur la police des cultes : le défendeur est prévenu d'avoir fait la convocation publique au son des cloches pour inviter les citoyens à l'exercice du culte catholique : et acquitté. A citer particulièrement les délits spéciaux suivants : 1° 13 vols prévus par la loi du 25 frimaire an VIII ; 2° 1 infraction à l'article 11, loi du 27 frimaire an VIII sur les droits d'octroi ; 1 infraction à l'article 15 (délit consistant à s'opposer à l'exercice des préposés au droit d'octroi et à les injurier).

Délits spéciaux. Prisonniers de guerre. — 3 délits commis par des prisonniers de guerre : 1° (1) Un prisonnier de guerre autrichien est prévenu de vol de mouchoirs sur la foire : condamné (art. 10 et 11, loi du 25 frimaire an VIII) à 6 mois de prison. 2° (2) Un autre prisonnier de guerre est prévenu de vol de mouchoirs dans un édifice public : et condamné (art. 4 et 15, loi du 25 frimaire an VIII) à 1 an de prison. 3° (3) Enfin

---

(1) Aud. du 8 Pluviôse an VIII.
(2) Aud. du 8 Ventôse an VIII.
(3) Aud. du 15 Ventôse an VIII.

un autre prévenu de vol dans une boutique habitée est condamné à 6 mois de prison.

Vols prévus par la loi du 25 frimaire an VIII. — Nous relevons, à l'audience du 15 nivôse an VIII, le premier vol puni (par les art. 10 et 11, loi du 25 frimaire an VIII. Cette loi avait pour but de punir plus sévèrement certaines catégories de vols. Cette année, les condamnations sont rigoureuses et atteignent souvent le maximum (1).

Infractions à la loi du 27 frimaire an VIII sur les droits d'octroi. — 1º C'est à l'audience du 25 ventôse an VIII que nous relevons la première infraction à l'article 11, qui oblige les conducteurs et porteurs d'objets de consommation à faire au bureau d'octroi la déclaration des marchandises qu'ils transportent et à en acquitter les droits ; or ici le procès-verbal fut dressé contre le destinataire; on appliquait mal la loi, et le tribunal considérant qu'il est du devoir

---

(1) Sur 18 vols, 3 condamn. à 6 mois, 6 à 1 an, 3 à 2 ans. « Art. 10 : Tout vol commis dans un terrain clos et fermé s'il ne tient pas immédiatement à une maison habitée, sera puni d'une peine qui ne pourra être moindre de 3 mois ni excéder 1 an, si le vol a été commis le jour ; s'il a été commis la nuit, elle variera de 6 mois à 2 ans. — Art. 11 : Tout vol de charrues, chevaux et autres bêtes de somme, marchandises et objets exposés à la foi publique, soit dans les campagnes, soit sur les chemins, ventes de bois, foires, marchés et autres lieux publics, sera puni des mêmes peines énoncées en l'article précédent ». On tient toujours compte du jeune âge pour atténuer la condamnation. Voici, par contre, un cas de sévérité excessive à l'audience du 28 Germinal an VIII. 3 prévenus, pour vol d'objets exposés sur le champ de foire, sont condamnés : les deux premiers (père et fils aîné), à 1 an de prison; le troisième (enfant de 10 ans,, à 6 mois.

des juges d'appliquer les peines, qu'il est juste de ne pas les étendre, que celles portées par l'article 11, ne concernent que les porteurs et conducteurs d'objets de consommation, déclara le procès-verbal nul, contraire à la loi du 27 frimaire, acquitta le prévenu et condamna l'Administration municipale aux dépens.

2° Ou bien il s'agit d'une infraction à l'article 15 (1), délit qui consiste à s'opposer à la perception des droits d'octroi, et à injurier les préposés à ce droit. (Les procès-verbaux dressés par les contrôleurs des droits d'octroi valaient jusqu'à inscription de faux, en vertu de l'article 8.) Le prévenu, pour la seule infraction à l'article 15 que nous ayons relevée, fut condamné à 50 fr. d'amende.

Condamnations pour délits de droit commun. — Les condamnations sont toujours faibles pour les insultes à fonctionnaires publics (2); plus fortes pour les voies de fait (3) et délits ruraux (4); tou-

---

(1) Aud. du 5 Floréal an VIII.

(2) Pour insultes à fonctionnaires publics : 1 cond. à maison d'arrêt, 2 à amende et maison d'arrêt.

(3) Pour voies de faits : 3 cond à amende, 6 à amende et maison d'arrêt, 2 à amende et maison de correction (6 mois et 100 fr.).

(4) Pour les délits ruraux : notons, pour délit prévu par l'article 37, loi du 28 Septembre 1791 (vol de bois dans une vente), une cond. à 2 mois de prison et 40 fr. d'amende ; pour délit prévu par l'article 35 : 1 cond. à 3 mois de prison et 30 fr. d'amende ; enfin, pour délit prévu par l'article 14 (vol de pieds d'arbres) : 1 cond. à amende et 4 mois de prison.

jours sévères pour les vols (1), escroqueries (2), délits contre les bonnes mœurs (3).

Acquittements. — Le nombre des acquittements est assez important (4).

Cas d'incompétence. — 1 renvoi au directeur du jury ; 1 au Directoire exécutif (5) ; il s'agit d'un déserteur autrichien prévenu de voyager sans passeport ; le tribunal (art. 7, loi du 28 vendémiaire an VI) ordonne d'en référer au Directoire exécutif ; à cet effet, expédition du jugement sera adressée au ministre de la justice.

---

(1) Pour vols simples : 1 cond. à maison d'arrêt, 2 à maison de correction ; l'une fut de 8 décades, l'autre de 10 mois ; la plus forte fut pour vol avec récidive de 2 ans de prison. Le *Commissaire du Directoire exécutif* réclamait pour ce vol, à l'aud. du 5 Brumaire an VIII, 4 ans de prison. Mais le tribunal, aux termes de l'article 139 de l'Acte Constitutionnel, en vertu duquel les tribunaux correctionnels ne peuvent prononcer un emprisonnement qui excède 2 ans, le condamna seulement à 2 ans.

(2) Pour escroqueries : 1 cond. à amende et maison de correction (50 fr. et 6 mois).

(3) Pour délits contre les bonnes mœurs : 2 cond. à amende et maison de correction ; l'une fut de 15 fr. et 2 mois, l'autre de 100 fr. et 6 mois.

En général, il semble que cette année, les juges sont plus sévères et les peines plus fortes.

(4) *Délits ordinaires.* — Nombre des acquittés : 25 ; des condamnés à la prison de moins d'un an : 9 ; à la prison d'un an et plus : 13 ; à l'amende seulement : 12 ; à l'amende et prison : 19 ; aux frais : 1.

Délits forestiers (Ordonnance 1669). — Nombre des acquittés : 27 ; des condamnés à l'amende seulement : 58 ; à la confiscation : 1 ; aux frais : 2.

Délits ruraux (Loi du 28 Septembre 1791). — Nombre des acquittés : 19, des condamnés à l'amende seulement : 4 ; à prison et amende : 11 ; des personnes détenues jusqu'au jugement : 44 ; des personnes mises en liberté provisoire sous caution : 12.

(5) Aud. du 5 Brumaire an VIII.

Qui exerce les poursuites ? — Pour les délits ordinaires, au début de cette année, c'est le commissaire du pouvoir exécutif, puis, à partir du 5 frimaire an VIII (début du Consulat), il est remplacé par le commissaire du gouvernement (1). Pas de poursuite exercée par particuliers, 2 poursuites par l'Administration municipale de Reims, régissant les droits d'octroi.

Pour les délits forestiers, 1 poursuite par particulier; en général, c'est l'agent forestier qui dirige l'action.

____

(1) A l'audience du 8 Frimaire an VIII, acte de réception et prestation de serment du citoyen Gaillard-Lecart, nommé Commissaire du Gouvernement près le Tribunal correctionnel. Le citoyen Decorbie, Commissaire par intérim du Gouvernement, dit que, par arrêté du 2 Frimaire, le citoyen Gaillard-Lecart, homme de loi, a été nommé en remplacement du citoyen Mackenna, décédé, et demande que lecture soit faite par le greffier, de la Commission adressée au dit Gaillard par le Ministre de la Justice, et qu'avant d'entrer en fonctions, Gaillard soit requis de prêter le serment exigé par la loi du 25 Brumaire an VIII.

Au début du Consulat, on vote deux lois concernant les fonctionnaires publics, du 25 Brumaire an VIII et du 21 Nivôse an VIII, qui apportèrent des modifications dans les prestations de serment. A l'aud. du 8 Frimaire, le Commissaire du Gouvernement dit qu'il a reçu officiellement le Nº 327 du *Bulletin des Lois*, où se trouve la loi du 25 Brumaire qui enjoint à tous les fonctionnaires publics de porter individuellement, en séance publique, le serment suivant : « Je jure d'être fidèle à la République, une et indivisible, fondée sur l'égalité, la liberté et le système représentatif ». Il demande que chacun des fonctionnaires présents prête le serment. Plus tard, le 25 Pluviôse an VIII, le Commissaire du Gouvernement requiert que conformément à la loi du 21 Nivôse, chacun des membres du Tribunal soit tenu, avant de remplir aucune fonction, de prêter la promesse exigée de tous les fonctionnaires publics en vertu de cette loi : « Je promets fidélité à la Constitution » et immédiatement tous les membres du Tribunal, y compris le Commissaire du Gouvernement, ont chacun promis d'être fidèles à la Constitution.

Cas de nullité. — Voici une poursuite exercée par l'agent national forestier pour délit commis, dans le bois des Hospices de Reims (1). Cette demande est déclarée nulle, et le prévenu acquitté, car s'il est vrai qu'à certaines époques de la Révolution, les biens des Hospices ont été assimilés aux domaines nationaux, depuis, une loi bienfaisante les a rétablis dans la jouissance de leurs biens, et dès lors on doit les regarder comme biens des particuliers.

Nous trouvons encore d'autres cas de nullité pour poursuites exercées sans droit par l'agent national forestier, pour délits commis dans des bois de particuliers ou des Hospices (aud. du 18 Frimaire an VIII, 25 Pluviôse, 28 Pluviôse et 25 Germinal (2).

Condamnations par défaut. — 20 personnes condamnées par défaut.

Opposition. — C'est la première année où nous ne relevons aucune opposition.

Appels. — 6 (3).

____

(1) Audience du 18 Frimaire an VIII.

(2) Plaintes : 21 ; Dénonciations : 1 ; Procès-verbaux rédigés par garde champêtre : 12 ; par garde forestier : 49 ; par commissaire de police : 8 ; par le commandant de poste : 1 ; par les gendarmes nationaux : 2 ; par les receveurs du droit de passe : 1 ; par le juge de paix : 2 ; par les contrôleurs des octrois : 2.

Cas de nullité. — Audience du 18 Frimaire an VIII : procès-verbal dressé par garde forestier, non affirmé ; d'où nullité et acquittement du prévenu.

(3) 1° Aud. du 15 Nivôse an VIII, appel d'un jugement du 8 Brumaire an VIII qui, pour délit forestier, condamne les prévenus ; ce jugement fut infirmé et

Demandes de dommages-intérêts. — 8 demandes de dommages-intérêts, pour voies de fait et mauvais traitements.

Recours aux défenseurs officieux. — Pour demandeurs ou parties civiles, on y eut recours dans 10 affaires. Pour défendeurs, dans 41 (1).

1° *Enquêtes.* — 53 et 14 contre-enquêtes.

Pas une seule expertise.

Mises en délibéré. — 3 (2).

---

les demandeurs condamnés aux dépens; 2° Aud. du 6 Pluviôse, appel d'un jugement du 15 Nivôse an VIII qui, pour vol prévu par la loi du 25 Frimaire, condamnait l'appelante à 1 an de prison; la prévenue, après le prononcé du jugement, par le tribunal correctionnel, avait demandé au tribunal de le rapporter, car si elle était complice de son mari dans le vol commis, c'était dans la crainte de violences de sa part; le tribunal, en raison de sa déclaration tardive, avait maintenu son jugement; elle fit appel : requête d'appel rejetée; 3° Aud. du 2 Germinal, appel d'un jugement du 15 pluviôse an VIII qui, pour excès et violences, renvoie les prévenus des poursuites et condamne le plaignant aux dépens. Celui-ci se rend appellant, et, en appel, il fut déclaré par défaut déchu de son appel; 4° Aud. du 25 Germinal, appel d'un jugement du 18 Ventôse, an 8, qui pour délit contre les bonnes mœurs condamnait les 2 prévenu à 100 livres d'amende et 6 mois de prison, le jugement dont est appel fut annulé et la cause renvoyée au tribunal d'Epernay; 5° aud. du 11 Prairial, appel d'un jugement du 25 Germinal, an VIII, qui pour contravention aux articles 10 et 11, loi du 25 Frimaire (vol), condamnait le prévenu à 1 an de prison, requête d'appel rejetée; 6° aud. du 5 Frimaire, appel d'un jugement du 25 Vendémiaire, an 8, qui condamnait le prévenu pour voies de fait et mauvais traitements à 6 mois de prison et 100 fr. d'amende, requête d'appel rejetée.

(1) Noms des défenseurs : Bégin, Desmoulins, Buffry, Guénart, Gaillard, Blanchin, Corda, Mo..., Coltier.

(2) 1° Audience du 18 Vendémiaire an VIII : pour délit forestier prévu par l'ordonnance 1669; 2° Aud. du 25 Ventôse : pour contravention à l'art. 11 loi du 27 Frimaire an VIII, sur les droits d'octroi.; 3° Aud. du 15 Germinal : pour contravention aux art. 10 et 11, loi du 25 Frimaire an VIII (vol de marchandises exposées à la foi publique).

Récidivistes. Repris de justice. — 1 cas de récidive pour vol (1).

1 repris de justice (2). Un individu accusé de vol, repris de justice pour sévices en raison desquels il n'a pas encore subi sa peine.

Cas où le tribunal est saisi par renvoi. — 5 (3).

Fonctionnaire public condamné. — 1 seul passe au tribunal correctionnel (4) (garde champêtre, pour délit rural (5), condamné à 12 fr. d'amende et à 1 décade de prison).

RÉSUMÉ

La dernière année de cette deuxième période correspond au début du Consulat. En effet, si un régime nouveau s'était établi en France depuis le

---

(1) Aud. du 5 Brumaire an VIII.

(2) Aud. du 23 Frimaire an VIII.

(3) 1º Audience du 25 Brumaire an VIII : Renvoi du Tribunal de simple police de Verzy pour délit rural; 2º Audience du 23 Nivôse : Renvoi du Tribunal criminel pour vol puni par la loi du 25 Frimaire; 3º Aud. du 5 Pluviôse : Renvoi du Tribunal criminel pour excès et mauvais traitements; 4º Audience du 18 Ventôse : Renvoi du Tribunal criminel du département de la Marne, qui annule un jugement antérieur du Tribunal correctionnel d'Epernay, condamnant le prévenu à 6 mois de prison et 90 francs d'amende pour vol de bois dans vente particulière; 5º Aud. du 18 Ventôse : Renvoi du Tribunal criminel du département des Ardennes pour vol puni par la loi du 25 Frimaire an VIII.

(4) Aud. du 23 Nivôse an VIII.

(5) Ce garde avait fait pâturer des dindons dans des terres empouillées.

Coup d'Etat du 18 brumaire an VIII, l'organisation judiciaire, qui seule nous intéresse, n'avait pas été modifiée. C'est seulement après s'être occupé de la réforme administrative par la loi du 28 pluviôse an VIII que le Consulat réorganisa les tribunaux par la loi du 28 ventôse. Jusqu'au 15 floréal, aucun changement. Ce qui nous a frappé pendant ces quelques mois, c'est le petit nombre de délits ordinaires, (tout en remarquant que nous n'avons envisagé que les 2/3 d'une année). Nous attribuons ce calme à la confiance qui renaît dans les esprits et à l'espoir d'une ère de paix qui va s'ouvrir. La politique du Consulat est conciliante. Le Consulat n'a qu'un désir : rallier tous les partis ; ce qui explique le peu de poursuites. On espère qu'avec Bonaparte, les troubles de la période du Directoire ne réapparaîtront plus. — Signalons les nombreuses poursuites pour vols punis par la loi du 25 frimaire an VIII ; déjà on sent la politique de Bonaparte qui veut favoriser la bourgeoisie et protéger la propriété.

C'est la loi du 27 ventôse an VIII qui réorganise les tribunaux correctionnels. Le Premier Consul voulant rapprocher la justice du justiciable, supprime les tribunaux civils de département et les remplace par les tribunaux civils d'arrondissement dont le tribunal correctionnel n'est plus qu'une dépendance. Le tribunal correctionnel se rapprochera désormais de sa composition actuelle ; il sera composé de trois juges du tribunal civil, et ce sera à tour de rôle le président ou le vice-président du tribunal civil qui présidera le correctionnel. Pendant toute l'année, le tribunal sera divisé en deux sections (chacune avec 3 juges), qui se répartiront les affaires, et nous voyons apparaître les vacations avec leur durée ordinaire de deux mois, septembre et octobre. C'est le même principe de centralisation absolue qui est à la base de la réforme administrative et judiciaire. La Constitution avait donné au premier Consul la nomination des juges ; le pays avait perdu toute intervention dans le choix de ses magistrats, sauf pour les juges de paix jusqu'à l'Empire. On créa également 27 tribunaux d'appels; nous n'avons relevé pour les appels aucun changement pour le tribunal correctionnel de Reims. Nous embrassons dans cette troisième période le Consulat et l'Empire, car l'organisation judiciaire, sauf quelques points de détail, ne fut pas modifiée sous ce régime. Cette période commence le 3 prairial an VIII, jour où le tribunal correctionnel est réorganisé (1).

---

(1) Noms des juges pendant cette période décennale : le rôle de président fut tour à tour rempli par MM. Moreau ou Neveux, président et vice-président du Tribunal civil. Nous relevons les noms des juges suivants : Foray, Paquot, Bidet, Lecomte, leurs assesseurs aux deux sections pendant ces dix années. Les noms de 3 juges suppléants : Pethon, Massigas, et Lemercier ; Rivart-Allart greffier ; Dessain, Commissaire du Gouvernement, puis Procureur impérial ; Boulanger, S. d. C. d. G.

CHAPITRE PREMIER

Ire année (An IX) :
Du 3 Prairial an VIII au 19 Brumaire an X
(1800-1801).

Régularité des audiences. — A partir de l'an VIII,
chaque section du tribunal correctionnel tiendra
une audience par décade. Pendant les vacations,
où les deux sections sont réunies, il y aura deux
audiences par décade, deux jours consécutive-
ment (1).

Les audiences sont-elles chargées ? — Si nous
tenons compte que les affaires sont réparties entre

---

(1) 1re Section. — 41 audiences : en Prairial, le 3 et le 23 ; en Messidor, le
13 et le 23 ; en Thermidor, le 3 et le 13 ; en Fructidor, les 3, 13 et 23 ; en
Vendémiaire, le 3 et le 13 ; en Brumaire, les 18 et 23 ; en Frimaire, les 3, 13
et 23, et ainsi jusqu'en Floréal ; en Floréal, les 3 et 13 ; en Prairial, les 3, 13
et 23 ; en Messidor, les 3, 13 et 23 ; en Thermidor, les 3, 13 et 23 ; en
Fructidor, le 3 et le 13.

La 2e section a tenu 47 audiences : en Prairial, les 6, 18 et 28 ; en Messidor,
les 8, 18 et 28, ainsi jusqu'en Brumaire, où il s'est tenu 4 audiences, les 3,
8, 18 et 28 ; en Frimaire, les 8, 18 et 28 et ainsi jusqu'en Fructidor, où il s'est
tenu 1 audience, le 8.

Vacations. — Les vacations ont duré pour l'an IX du 18 Fructidor au 19 Brumaire an X ; 13 audiences : en Fructidor, les 18, 22, 23 ; en Vendémiaire,
les 2, 3, 12, 13, 22 et 23 ; en Brumaire, les 2, 3, 12 et 13.

les deux sections du tribunal, on peut dire qu'elles sont assez chargées, surtout pour les audiences de la deuxième section (1).

Rapidité de la procédure (2). — 512 affaires dont 196 délits ordinaires ; 7 faisant l'objet d'un renvoi ; 225 délits forestiers (ordonnance de 1669), et 84 délits ruraux (loi du 28 septembre 1791).

Sur ce nombre, 427 affaires ont été jugées de suite ; 76 remises et jugées ; 9 remises et non reparues.

Le nombre des prévenus est de 854, soit 275 prévenus de délits ordinaires, 413 de délits forestiers (Ordonnance 1669) et 165 de délits ruraux (Loi du 28 septembre 1791) (3).

Les affaires sont jugées très régulièrement ; on remet soit à 1re audience, à 2 décades ou au mois, et nous n'avons pu relever qu'une exception : pour un délit forestier qui paraît à l'audience du

---

(1) 1re Section. — 2 audiences avec 1 affaire ; 4 avec 2; 2 avec 3 ; 3 avec 4 ; 5 avec 5 ; 5 avec 6 ; 3 avec 7 ; 5 avec 8; 3 avec 9 ; 4 avec 10; 1 avec 11 ; 1 avec 12; 1 avec 14 et 1 avec 15.

2e Section. — 2 audiences avec 1 affaire; 3 avec 2; 6 avec 3 ; 4 avec 4 ; 4 avec 5 ; 5 avec 6; 3 avec 7; 4 avec 8; 5 avec 9 ; 3 avec 10; 4 avec 11 ; 2 avec 12 et 2 avec 13.

Vacations. — 1 audience avec 1 affaire ; 2 avec 2; 3 avec 5; 2 avec 6; 2 avec 7; 1 avec 10; 1 avec 11 ; 1 avec 14.

(2) Pour toutes ces questions, nous nous occuperons ensemble des 2 sections pour avoir une idée plus exacte de l'année.

(3) En 1800, la population de Reims était, d'après Jadart, de 30.225 habitants.

23 fruotidor an VIII, remise au mois; nous ne revoyons l'affaire que le 13 frimaire an IX (1). 12 affaires ont été remises 2 fois; 5, 3 fois; 3, 4 fois; 2, 5 fois; 1, 7 fois et 1, 8 fois.

Nous constatons un nouvel arrêt dans la rapidité de la procédure, et comme dans les premières années du Directoire, la procédure est lente (2).

Nombre et nature des délits. — 10 délits contre les bonnes mœurs, 15 vols, 6 escroqueries, 52 délits de voies de fait et mauvais traitements à particuliers, coups et blessures, 21 délits d'injures, voies de fait et outrages à fonctionnaires publics, 7 délits de faux poids, 12 délits de mendicité avec circonstances aggravantes; 1 délit consistant pour un cabaretier à loger sans en faire la déclaration chez le commissaire de police, 1 vol commis dans un édifice national (art. 33, t. II, loi 1791); et une infraction à l'article 18 t. 1, loi 22 juillet 1791, (refus d'obéir à

---

(1) 1re Section.

(2) Un procès-verbal du 24 Ventôse an VIII aboutit à un jugement le 9 Thermidor an VIII; un mandat d'arrêt du 18 Messidor an VIII est suivi d'un jugement le 3 Fructidor; procès-verbal du 29 Fructidor an VIII et jugement du 3 Primaire an IX, un délit du 4 Ventôse an IX suivi d'un jugement le 28 Floréal an IX; une plainte du 7 Messidor aboutit à un jugement le 18 Thermidor. — En cas de remise: procès-verbal du 11 Vendémiaire an IX aboutit à un 1er jugement le 13 Primaire; à un 2e, le 13 Nivôse; une plainte du 28 Floréal an IX est suivi d'un 1er jugement le 28 Thermidor an 12; d'un 2e, le 18 Fructidor.

un règlement de voirie qui vous somme de démolir un édifice menaçant ruine) (1).

225 délits forestiers prévus par l'ordonnance de 1669, 21 délits forestiers prévus par la loi de 1791 et 63 délits ruraux.

Délits spéciaux : 18 délits de chasse, 15 délits de vagabondage, voyage sans passeport (Loi du 10 ver.-démiaire an IV, art. 6 et déclaration de 1720; une contravention à la loi du 19 brumaire an VI sur le poinçon de garantie des matières d'or et d'argent (prévenu condamné à une amend ...; une infraction à l'art. 32, réglement de police de 1727 qui défend aux cabaretiers de donner à boire à une heure indue (condamné à l'amende) 3 infractions à l'art. 103 du même règlement qui défend de fabriquer de l'amidon pendant les chaleurs (3 condamnations à l'amende); une infraction aux articles 12 et 13 même règlement qui défend d'acheter des grains avant l'heure fixée (condamné à amende); une infraction à l'article 1, loi du 28 germinal an IV, (délit consistant pour l'un à avoir imprimé et fait distribuer un écrit sans nom d'auteur ni d'imprimeur; pour les deux autres à avoir colporté

---

(1) Cette affaire fut jugée le 23 Nivôse an X, les parties sont mises hors de cause, sauf à la Municipalité à faire de nouveau constater l'état de la maison, à faire nouvelle sommation au prévenu de la réparer, pour en cas de refus être traduit en correctionnelle.

ledit écrit) les 3 prévenus sont acquittés; 3 infractions à l'article 11, loi du 3 nivôse an VI sur le droit de passe, 1 délit prévu par les règlements des 6 janvier 1672 et 11 avril 1698 (feu de cheminée par négligence) la prévenue est condamnée à 4 fr. d'amende, une infraction à l'article 14, loi du 4 vendémiaire an VI (le prévenu est inculpé d'avoir favorisé l'évasion d'un individu condamné à 12 années de fer en lui procurant un passeport pris sous son nom à la municipalité de Reims (condamné à 2 ans de prison (1) en la maison de correction à Châlons).

A signaler : 1° 5 infractions à l'article 11, loi du 27 frimaire an VIII sur les droits d'octroi (défaut d'acquitter les droits), une infraction à l'article 15, même loi (délit pour s'opposer à l'exercice des préposés au droit d'octroi en les injuriant. 2° Les nombreux délits que réprime la loi du 25 frimaire an VIII, 12 vols punis par les articles 2 et 3, loi du 25 frimaire an VIII, 3 vols punis par l'article 6, 2 délits punis par l'art. 13, enfin 4 réprimés par les art. 10 et 11 (2).

---

(1) Aud. du 18 Nivôse an IX, 2e section.

(2) Il importe de saisir la différence entre les divers cas prévus par la loi du 25 frimaire et d'en signaler les différentes catégories. Nous croyons intéressant d'énoncer les principaux articles de cette loi :

Art. 2. — Lorsqu'un vol aura été commis de jour dans l'intérieur d'une maison, par une personne habitante ou commensale de la dite maison, ou reçue, soit habituellement ou momentanément pour y faire un service salarié ou à titre d'hospitalité, la peine ne pourra être moindre d'un an ni excéder

Délits spéciaux. — Condamnations appliquées. — Infractions à la loi du 27 frimaire an VIII snr les droits d'octroi. — A l'audience du 13 frimaire an IX, nous voyons la première infraction à l'article 11, aboutissant à une condamnation. L'amende était de valeur égale à la valeur de la marchandise qu'on avait passée sans acquitter les droits. En l'an VIII, le droit d'octroi était exclusivement affecté à l'entretien des pauvres de la ville; il s'appelait octroi de bienfaisance; tel est l'objet de sa création. Nous relevons 4 cond. à amende, et pour infraction à l'article 15, 1 cond. à amende.

Délits punis par la loi du 25 Frimaire an VIII. — Les condamnations approchent du maximum pour

----

4 ans de prison. Ne sont pas compris dans le présent article les vols commis par des domestiques à gages, ceux-ci étant punis par l'art. 13, 2° Section, t. II, 2° partie du Code pénal.

Art. 3. — La même peine, portée en l'art. 2, s'appliquera aux vols commis dans les maisons garnies et auberges.

Art. 4. — La peine ne pourra être moindre de 6 mois, ni excéder 2 ans pour vol commis dans une salle de spectacle, boutique et édifices publics.

Art. 5. — Quand deux ou plusieurs personnes non armées se seront introduites de jour sans violence personnelle, effraction, escalade, fausses clefs, dans l'intérieur d'une maison habitée, et y auront commis un vol, la peine ne pourra excéder 2 ans ni être moindre de 6 mois de prison.

Art. 6. — Quiconque se sera chargé d'un service ou travail salarié et aura volé des effets ou marchandises à lui confiées, sera puni d'une peine qui ne pourra être moindre de 6 mois, ni excéder 2 ans.

Art. 13. — Quiconque sera convaincu d'avoir soit verbalement, ou par écrits anonymes ou signés, menacé d'incendier la propriété d'autrui, quoique les menaces n'aient pas été réalisées, sera puni d'une peine qui ne pourra être moindre de 6 mois ni excéder 2 ans.

les vols punis par les articles 2 et 3 (1); pour ceux
punis par les articles 10 et 11, les unes sont du
minimum, les autres du maximum (2).

Vols punis par l'article 6. — Nous voyons le
premier délit puni par l'article 6 à l'audience du
8 Nivôse an IX; il s'agit de vol d'échets de laine
confiés à des ouvriers pour les travailler; le tribunal,
considérant qu'il importe à la sûreté du commerce
que de pareils délits ne soient pas impunis, le
condamne à 6 mois de prison à Châlons. Le tribunal
réprime très sévèrement les vols de laine commis
par ceux à qui on les confie pour les travailler ; en
effet, à cette époque, on s'occupe essentiellement
de protéger la société en général et l'industrie, et
l'on tente d'arrêter par des pénalités sévères les
vols qui se multiplient dans la fabrique (3).

Délits punis par l'article 13. — Nous voyons
le 1er délit à l'audience du 3 Thermidor an VIII
(insultes et menaces d'incendie de propriétés pri-
vées); le prévenu est condamné à 1 an de prison (4).

---

(1) Pour vols punis par les art. 2 et 3, 7 condamn. de prison en la Maison
de correction.

(2) Pour vols punis par les art. 10 et 11, 4 condamn. de prison, dont deux
à 3 mois, 1 à 1 an et 1 à 2 ans.

(3) Notons 3 condamn. en Maison de correction, de 6 mois, 1 an et
2 ans.

(4) Signalons 2 condamn. à 1 an. — les peines y sont donc également sévères.
Remarquons qu'après chaque condamnation, lecture était faite au condamné

Condamnations pour délits de droit commun. — Cette année. les peines paraissent plus sévères pour tous les délits, aussi bien pour les voies de fait à particuliers (1) que pour les insultes à fonctionnaires publics (2), pour les délits de mendicité (3), délits contre les bonnes mœurs (4), vols (5) et escroqueries (6). Pour les délits ruraux (7) et de

par le Président de l'art. 15 : « En cas de récidive, les délits sus énoncés seront jugés par le tribunal criminel et punis des peines portées au Code pénal ; il y aura récidive quand un délit de cette nature aura été commis par le condamné dans les 3 ans à dater du jour de l'expiration de sa peine »

(1) Pour voies de fait : 7 condamn. à amende, 26 à amende et Maison d'arrêt, et 9 à amende et Maison de correction. Notons 2 condamn à 50 fr. d'amende et 3 mois, 2 à 100 fr. et 3 mois, 2 à 10 fr. et 6 mois, 1 à 25 fr. et 6 mois, 1 à 10 fr. et 1 an de prison.

(2) Pour insultes à fonctionnaires : 4 condamn. à Maison d'arrêt, 10 à amende et Maison d'arrêt, 3 à amende et Maison de correction. A noter : 1 condamn. à 2 mois et 10 fr. d'amende, 2 à 30 fr. et 6 mois.

(3) Pour mendicité : 4 condamn. à Maison d'arrêt, 7 à Maison de correction. A signaler une condamn. à 2 mois, une à 3 mois, 1 à 6 mois, 2 à 1 an et 1 à 2 ans.

(4) Pour délits contre les bonnes mœurs : 1 cond. à maison de correction, 6 à amende et maison de correction, soit 1 à 2 mois, 3 à 50 fr. d'amende et 3 mois, 2 à 50 fr. d'amende et 1 an. — A l'aud. du 8 Prairial an IX, alors qu'il était demandé 6 mois de prison et 100 fr. d'amende, le Tribunal, s'inspirant de cette idée que la justice ne peut, dans des circonstances où le Gouvernement s'occupe avec sollicitude de la régénération des mœurs, déployer trop de sévérité contre ceux qui commettent de tels délits, condamna le prévenu à 200 fr. d'amende et 1 an de prison.

(5) Pour vols simples : 5 cond à maison d'arrêt, 6 à maison de correction ; à noter 1 cond. à 3 mois, 1 à 6 mois, 1 à 1 an, enfin 5 à 2 ans de prison. — Pour vol commis dans un édifice national (art. 33, t. II, loi 1791) : 1 cond. à 1 an de prison et 6 fr. d'amende.

(6) Pour escroqueries : 1 cond. à amende et maison d'arrêt, 2 à amende et maison de correction. — Signalons 1 cond. à 10 fr. d'amende et 2 mois, 1 à 300 fr. et 1 an.

(7) Pour délits ruraux, voici deux peines assez fortes : 1 cond. à 2 mois et 10 fr. d'amende, 1 à 3 mois de prison.

faux poids (1), aucun changement à signaler. Cette sévérité des juges répond à la politique du Consulat qui veut assurer la tranquilli é publique et l'ordre social.

Acquittements. — Peu de personnes acquittées (2).

Cas d'incompétence. — 1 renvoi au directeur du jury, 5 au tribunal de simple police et 1 au Conseil militaire de Mézières.

Qui exerce les poursuites. — A côté des poursuites exercées pour les délits ordinaires par le commissaire du gouvernement, 1 par les adjudicataires des barrières, 2 par particuliers, 6 par l'administration municipale pour les droits d'octroi ; à partir du 18 prairial an IX, apparaît le substitut du commissaire du gouvernement près le tribunal criminel ; 10 poursuites ont été exercées par lui (3).

---

(1) Pour faux poids : 5 cond. à amende, 2 à amende et prison.

(2) Délits ordinaires. — Nombre des acquittés : 80 ; des condamnés à la prison de moins d'un an : 29 ; à la prison d'un an et plus : 27 ; à l'amende seulement : 50 ; à l'amende et prison : 72 ; aux frais : 4.

Délits forestiers Ord. 1669) — Nombre des acquittés : 36 ; des condamnés à l'amende seulement : 365 ; à la confiscation : 1 ; aux frais : 2.

Délits ruraux (Loi 1791). — Nombre des acquittés : 19 ; des condamnés à la prison de moins d'un an : 2 ; à l'amende seulement : 118 ; à la prison et à l'amende : 16 ; aux frais : 6.

Nombre des personnes détenues jusqu'au jugement : 132.

Mises en liberté provisoire sous caution : 35.

C'est en l'an IX que nous voyons décerner le premier mandat de dépôt (aud. du 8 Prairial).

(3) C'est une création de la loi du 18 Pluviôse an IX, qui met les poursuites dans la main du magistrat de sûreté.

Pour les délits forestiers, il y a des poursuites exercées par l'agent national forestier, et par particuliers. Dès prairial an IX, nous voyons également ment des poursuites exercées par le substitut du commissaire du gouvernement près le tribunal criminel (23), et le 8 thermidor an IX, la première poursuite exercée au nom des administrateurs généraux forestiers, demeurant à Paris, représentés par l'inspecteur forestier de l'arrondissement de la Marne. Ils ont exercé 41 poursuites (1).

Cas de nullité. — A signaler 8 cas de nullité de la demande (2).

---

(1) En l'an IX, chan. ments opérés dans l'organisation forestière. Plusieurs poursuites ont été exercées aussi par le Commissaire du Gouvernement.

(2) 1° 2 cas de nullité de poursuite exercée par l'agent national forestier, pour délit commis dans le bois des hospices (Aud. du 13 Vendémiaire an IX) ; 2° 3 cas de nullité de demande exercée par le commissaire du Gouvernement pour délit de chasse dans bois particulier (Aud. du 13 Brumaire an IX, du 13 Nivôse) ; 3° (Aud. du 13 Prairial en IX) Pour délit forestier où la poursuite est exercée par l'agent national, le procès-verbal datant du 24 Brumaire an IX, voici les motifs de sa nullité : *a)* exploit donné au prévenu à la requête de l'agent national, remplacé par un inspecteur entré en fonctions le 1er prairial ; *b)* exploit visé par un juge qui n'est plus directeur du jury le 9 prairial. 2 cas de nullité de ce genre ; 4° Enfin voici un cas de nullité de demande (Aud. du 3 Brumaire an X) pour n'avoir pas été visée par le directeur du jury.

Plaintes : 53 ; Dénonciations : 11 ; Désistements de la plainte : 2 ; Procès-verbaux rédigés par le juge de paix : 21 ; par les receveurs du droit d'octroi : 7 ; par le garde forestier : 252 ; par le garde champêtre : 62 ; par les contrôleurs du bureau de garantie : 1 ; par le commissaire de police : 18 ; par le maire ou adjoint : 4 ; par les receveurs du droit de pas e : 3.

9 cas de nullité pour procès-verbal non revêtu des formes légales de l'affirmation (Aud. des 8 et 28 Messidor an VIII ; aud. du 13 Fructidor an IX) en matière forestière.

Condamnations par défaut. — 246 personnes ont été condamnées par défaut. Pas d'opposition.

Appels. — 15 (1).

____

(1) 1° Audience du 9 Thermidor an VIII : appel d'un jugement du 28 Prairial an VIII, qui, pour infraction à l'article 11, loi du 27 Frimaire an VIII (droits d'octroi) condamnait les prévenus à 100 fr. d'amende; ils sont déchargés des condamnations; 2° Aud. du 2 Fructidor : appel d'un jugement du 23 Messidor an VIII, qui, pour délit forestier, condamnait les prévenus à une amende; 3° Aud. du 3 Fructidor : appel d'un jugement du 18 Thermidor, qui, pour délit forestier, condamnait par défaut le prévenu à 100 fr. d'amende; requête d'appel rejetée; 4° Aud. du 29 Fructidor : appel d'un jugement du 3 Fructidor, qui, pour voies de fait et violences, condamnait l'appelant à 3 mois et 100 fr. d'amende; requête rejetée; 5° Aud. du 18 Nivôse : jugement rendu, qui, avant de statuer sur l'appel du Commissaire du Gouvernement d'un jugement du 8 Nivôse qui condamnait les prévenus, pour délits contre les Bonnes Mœurs, à 50 fr. d'amende et 3 mois de prison, remet la cause au 9 Pluviôse; ce jour, le 1er jugement est annulé et ils sont condamnés à 50 fr. d'amende et un an de prison; 6° Aud. du 29 Nivôse an IX : jugement sur appel d'un jugement du 28 Brumaire an IX; le prévenu avait été condamné à 3.000 livres d'amende pour avoir converti en bois de chauffage des arbres réservés pour la marine, le prévenu est déchargé; 7° aud. du 18 Nivôse an IX, appel d'un jugement semblable, même résultat; 8° aud. du 18 Fructidor, appel d'un jugement du 28 Thermidor an VIII, qui, pour vol prévu par les art. 10 et 11, loi du 25 Primaire an VIII, condamnait les prévenus chacun à 1 an de prison; 9° aud. du 25 Fructidor, appel interjeté par le commissaire du Gouvernement, pour mal jugé d'un jugement du 18 Thermidor, qui pour vol de bois condamnait le prévenu à 10 fr. d'amende, le tribunal criminel le condamne à 4 jours de prison; 10° aud. du 19 Floréal en IX, appel d'un jugement du 13 Germinal an 9, qui acquitte le prévenu pour vol puni par l'art. 6, loi du 25 Primaire an VIII, requête d'appel rejetée; 11e aud. du 14 Prairial, appel d'un jugement du 13 Germinal en IX, qui acquittait le prévenu pour vol, requête d'appel rejetée; 12° audience du 12 Messidor, appel d'un jugement du 8 Prairial an IX, qui condamnait le prévenu à 500 francs d'amende pour infraction à l'article 11, loi du 27 Frimaire an VIII, sur les droits d'octroi; jugement dont appel confirmé; 13° Audience du 9 Fructidor : appel d'un jugement du 13 Thermidor an IX, par un garde général forestier condamné, pour prévarication dans ses fonctions, à une forte amende avec défense de les exercer; le Tribunal criminel confirme ce jugement; 14° Audience du 24 Fructidor : appel d'un jugement du 13 Fructidor an IX, interjeté par le prévenu condamné pour escroquerie envers les receveurs du Bureau d'octroi

Demandes de dommages-intérêts. — 21 pour voies de fait et délit rural.

Recours aux défenseurs officieux. — Pour demandeurs, dans 33 affaires. Pour défendeurs, dans 159 (1).

Enquêtes. — 129 et 17 contre-enquêtes.

Expertises. — 7 (2).

Mises en délibéré. — 5 (3).

Affichage. — 3 cas d'affichage du jugement pour escroquerie en vertu de l'article 35, loi du 22 juillet 1791 ; un autre affichage est ordonné d'un jugement qui, pour mendicité et vagabondage, condamne le prévenu à 1 an de prison (4).

Récidivistes. Repris de justice. — Un cas de réci-

à 300 fr. d'amende et 4 décades de prison ; le tribunal criminel le décharge de ces condamnations ; 15° Aud. du 29 Brumaire an X : appel du jugement du 3 Brumaire an X par la S. d. c. d. g. contre le prévenu pour infraction à l'article 18, T. 1, loi 1791 ; le tribunal criminel infirme le jugement.

(1) Noms de ces défenseurs : Bégin, Coltier, Boffry, Decorbie, Mora, Guérin, Guénart, Cochinat, Caffin, Desmoulins, Coutant, Delvincourt, Appert, Bouchez. A l'aud. du 3 Frimaire an IX, nous remarquons que pour la 1re fois, on a recours à des avoués, avec défenseurs officieux.

(2) a) pour voies de fait et violences (aud. du 13 Vendémiaire an IX) ; b) pour délit rural (aud. du 3 Frimaire an IX) ; c) pour délit rural (aud. du 23 Pluviôse) ; d) pour vol prévu par l'art. 6, loi Frimaire an VIII (aud. du 3 Germinal) ; e) les 3 autres pour délit rural.

(3) 1° aud. du 3 Fructidor an VIII, pour injures et mauvais traitements envers les préposés du droit d'octroi ; 2° aud. du 23 Prairial, pour prévarication d'un garde forestier dans l'exercice de ses fonctions ; 3° aud. du 18 Thermidor, pour vol prévu par les art. 10 et 11, loi du 23 Frimaire an VIII ; 4° aud. du 13 Brumaire an IX, 2 cas pour délit forestier.

(4) Aud. du 13 Germinal an IX.

dive (1) pour mendicité et vagabondage. 2 repris de justice : 1º) prévenu de vagabondage, repris de justice pour vol (2). 2º Un prévenu d'infraction à l'article 14, loi du 4 vendémiaire an VI (3).

Un cas où le tribunal est saisi par renvoi (4) du tribunal criminel de la Marne qui sur appel d'un jugement du tribunal d'Epernay (délit forestier) l'annule pour défaut de forme et renvoie l'affaire au tribunal de Reims.

Fonctionnaires publics condamnés. — 3. 1º (5) Un receveur du droit de passe est condamné pour voies de fait à 10 fr. d'amende et 10 jours de prison. 2º (6) Un garde général forestier prévenu de prévarication dans l'exercice de ses fonctions est condamné à une forte amende et interdit de ses fonctions. 3º (7) Un garde champêtre prévenu d'avoir enlevé et de s'être approprié des bois dans les propriétés des hospices de Reims, est condamné à 1 an de prison.

(1) Audience du 8 Messidor an IX.
(2) Aud. du 29 Nivôse an IX.
(3) Aud. du 16 Nivôse an IX.
(4) Aud. du 3 Prairial an IX.
(5) Aud. du 13 Fructidor an VIII.
(6) Aud. du 13 Thermidor an IX.
(7) Aud. du 13 Messidor an IX.

RÉSUMÉ

Nous avons relevé cette année un très grand nombre d'affaires ; plusieurs fonctionnaires publics poursuivis et condamnés. Nous croyons devoir en rechercher la cause dans le relâchement des mœurs, conséquence d'un état de guerre. Le 1er Consul, dès son arrivée au pouvoir, avait à tenir tête à la 2e coalition et comme toujours, dans un pays en état de guerre, le nombre des délits augmente. Ils sont punis sévérement, tels les délits contre les bonnes mœurs, les voies de fait, délits de mendicité et vols prévus par la loi du 25 frimaire an VIII. On veut à l'intérieur assurer la tranquillité publique, rétablir l'ordre social, protéger la propriété, régénérer les mœurs et donner la prospérité au commerce et à l'industrie.

CHAPITRE II

2ᵉ année (An X) :
Du 19 Brumaire an X au 19 Brumaire an XI
(1801-1802).

Régularité des audiences. — Les audiences sont toujours aussi régulières, plus nombreuses pour la 2ᵉ section (1). Les audiences sont très chargées (2).

Rapidité de la procédure. — 447 affaires, dont

(1) 1ʳᵉ Section. — 33 audiences : en Brumaire an X, le 23; en Primaire, les 3, 13 et 23 et ainsi jusqu'en Floréal, où il s'est tenu 4 audiences : les 8, 15, 22 et 29; en Prairial, les 6, 13, 20 et 27; en Messidor, les 4 et 18; en Thermidor, les 5, 9, 16, 23 et 30; en Fructidor, les 7 et 14.

2ᵉ Section. — 33 audiences : en Brumaire, les 19 et 28; en Primaire, les 8, 9, 18 et 28; en Nivôse, les 8, 18 et 28; en Pluviôse, les 8, 18, 19 (audience extraordinaire) et 28; en Ventôse, les 8, 18 et 28; de même en Germinal; en Floréal, 4 audiences, et ainsi jusqu'en Fructidor, où il s'est tenu 8 audiences, dont une extraordinaire le 13.

Vacations. — (Du 16 Fructidor an X au 19 Brumaire an 11); soit 18 audiences; la dernière eut lieu le 14 Brumaire an 11.

(2) 1ʳᵉ Section. — 1 audience avec 1 affaire; 2 avec 2; 1 avec 3; 5 avec 4; 2 avec 5; 7 avec 6; 5 avec 7; 2 avec 8; 2 avec 9; 2 avec 11; 2 avec 12; 1 avec 15 et 1 avec 16.

2ᵉ Section. — 2 aud. avec 1 affaire; 4 avec 2; 5 avec 3; 4 avec 4; 9 avec 5; 1 avec 6; 4 avec 7; 4 avec 8; 1 avec 9; 1 avec 11; 1 avec 12; 1 avec 13 et 1 avec 18.

Vacations. — 2 aud. avec 1 affaire; 2 avec 2; 1 avec 3; 1 avec 4; 1 avec 5; 2 avec 6; 2 avec 7; 3 avec 8; 2 avec 9; 1 avec 12 et 1 avec 13.

163 délits ordinaires, 10 faisant l'objet d'un renvoi, 197 délits forestiers (ordonnance de 1669) et 77 délits ruraux (loi de 1791).

Sur ce nombre, 369 ont été jugées de suite, 72 remises et jugées, 6 remises et non reparues.

Le nombre des prévenus est de 950, soit 269 prévenus de délits ordinaires, 531 de délits forestiers (Ord. 1669) et 150 de délits ruraux (Loi 1791).

Toujours même régularité dans le fonctionnement des remises, 1 seul cas où l'affaire n'est pas reparue au jour fixé (1).

18 affaires ont été remises 2 fois, 2 3 fois, une 4 fois.

La procédure est toujours lente (2).

Nombre et nature des délits. — 4 délits contre les bonnes mœurs, 15 vols, 8 escroqueries, 42 délits d'insultes, voies de fait, coups et blessures, 16 délits d'insultes et outrages à fonctionnaires publics 7 délits de mendicité avec circonstances aggravantes, une infraction à l'article 36, t. II. loi du 22 juillet 1791 (a donné à jouer à des jeux de hasard).

---

(1) Cette affaire du 28 Germinal an X, reparaît le 8 Floréal, remise ce jour pour délibéré, elle reparaît le 12 Thermidor au lieu du 9 Prairial.

(2) Procès-verbal du 26 Fructidor an IX suivi d'un jugement le 18 Frimaire an X ; un délit du 14 Fructidor an IX est jugé le 8 Pluviôse ; une plainte du 5 Messidor an X et jugement du 7 Fructidor suivant. — En cas de remise : procès-verbal du 25 Brumaire an X donne lieu à un 1er jugement le 23 Nivôse an X, et à un 3e le 15 Floréal ; procès-verbal du 8 Ventôse an X est suivi d'un 1er jugement le 28 Germinal, et d'un 3e, le 12 Thermidor an X.

2 délits de trouble à l'ordre public, 2 infractions à l'article 11, loi 1791 (trouble apporté à l'exercice du culte catholique), 2 délits de blessures par imprudence (1).

197 délits forestiers (ordonnance 1669), 31 délits forestiers (loi de 1791), 46 délits ruraux.

Délits spéciaux. — 17 délits de chasse, 4 délits de vagabondage, voyage sans passeport (articles 6 et 7, loi du 10 vendémiaire an IV et II, déclaration de 1720) 7 infractions à l'article 32 règlement de police de 1727, une infraction aux articles 12 et 13, du même règlement, qui défend d'acheter des grains sur le marché avant l'heure fixée. (prévenu condamné à 20 fr. d'amende) (2) une infraction à l'arrêté municipal du 2 frimaire (3). Règlement de police de 1760 (condamné à 50 fr. d'amende), 2 infractions à l'article 42, loi du 3 août 1791, et à l'arrêté du directoire exécutif du 26 nivôse an VI (ont manqué au service de la garde nationale), l'une aboutit à un acquittement, l'autre à une condamnation de 3 jours de prison, une infraction à l'article 3, loi du 20 septembre 1792 (le prévenu (4) n'a pas fait à la municipalité la déclaration

---

(1) Art. 16, t. I, loi 22 juillet 1791.
(2) Aud. du 30 Vendémiaire an XI.
(3) Le prévenu a fait procéder à la vidange d'une fosse au préjudice d'un droit accordé à un autre.
(4) C'était un officier de santé (aud. du 9 Frimaire an X).

d'un enfant, dans les 24 heures de la naissance ; il est condamné à une décade de prison, 3 infractions à l'article 11, loi du 27 frimaire an VIII sur les droits d'octroi. 3 vols punis par les articles 2 et 3, loi du 25 frimaire an VIII, 2 vols punis par les articles 4 et 5, 8 vols punis par l'article 6 (vols de laines ou échets provenant de la manufacture de Reims), 17 vols punis par les articles 10 et 11 ; une infraction à la loi sur l'établissement des bourses de commerce et agents de change (1). Le prévenu, fabricant, fut acquitté.

Condamnations pour délits spéciaux. — 3 prisonniers de guerre ont passé au tribunal correctionnel, le 1er prévenu d'un vol (art. 2, loi frimaire an VIII) condamné à 4 ans de prison (2). Les deux autres, inculpés aussi de vols (art. 10 et 11) sont acquittés.

Pour infraction à l'article 11, loi du 27 frimaire an VIII sur les droits d'octroi, 3 condamnations à amende. Remarquons que le tarif du droit d'octroi variait avec le nombre des chevaux attelés à la voiture qui transportait les marchandises, nous en avons la preuve à l'audience du 3 germinal an X où le prévenu est inculpé d'avoir dételé des

---

(1) Aud. du 21 Vendémiaire an XI.
(2) Aud. du 13 Frimaire an X.

chevaux avant d'arriver au bureau d'octroi, pour payer un droit moindre (1).

Les peines sont assez rigoureuses pour les vols prévus par les art. 2 et 3 (2), loi du 25 frimaire an VIII; en général elles sont du minimum pour ceux punis par les art. 4 et 5 (3) et par l'art. 6 (4); celles qui répriment les vols prévus par les art. 10 et 11 (5), atteignent rarement le maximum.

Condamnations pour délits de droit commun. — Les peines sont relativement faibles pour les insultes et menaces à fonctionnaires publics (6), pour les troubles apportés à l'exercice du culte (7), pour les

---

(1) Parmi les matériaux qui payaient suivant le nombre des chevaux attelés, on rangeait le bois.

(2) Pour vols punis par les art. 2 et 3 : 3 cond. à prison; l'une d'un an, une autre de 2 ans, et de 4 ans.

(3) Pour vols punis par les art. 4 et 5 : 2 cond. à 6 mois de prison, dont l'une infligée à des enfants de 12 ans; cependant les juges disent qu'ils prennent en vue la jeunesse des prévenus.

(4) Pour infraction à l'art. 6 : 7 cond. de prison en maison de correction, variant entre 6 mois, 1 an et 2 ans.

(5) Pour vols prévus par les art. 10 et 11 : 14 cond. à maison de correction, la plupart de 3 mois, quelques-unes de 6 mois et 1 an.

(6) Pour insultes à fonctionnaires, 10 cond. à amende et M. d'arrêt, 2 à amende et M. de correction (soit 1 à 6 fr. et 6 mois de prison, une autre à 300 fr. d'amende et 2 ans.

(7) Les troubles à l'exercice du culte catholique, dont nous relevons 2 délits, sont réprimés par l'art. 11, t. 11, loi 1791 : « Ceux qui auront outragé les objets d'un culte quelconque, soit dans un lieu public, soit dans les lieux destinés à l'exercice de ce culte, ou ses ministres en fonctions, ou interrompu par un trouble public les cérémonies religieuses de quelque culte que ce soit, seront condamnés à une amende qui ne pourra excéder 500 livres et à un emprisonnement qui ne pourra excéder 1 an. L'amende sera toujours de 500 livres et l'emprisonnement de 2 ans en cas de récidive. » A l'audience du

délits de mendicité; sévères au contraire pour les voies de fait (1), délits ruraux (2), vols (3), escroqueries (4) et délits contre les bonnes mœurs (5).

Cette sévérité des condamnations attira l'attention du Conseil général du département de la Marne, ainsi qu'il résulte du rapport fait à une des séances de la session de l'an X (6).

30 Thermidor an X, on punit de 6 fr. d'amende et 10 jours de prison un individu prévenu d'avoir troublé une cérémonie religieuse, car il importe, dit le tribunal, de maintenir le respect dû à la religion et à ses ministres. Ces condamnations résultent du nouveau régime que Bonaparte avait substitué aux anciennes lois sur la police des cultes, le Concordat. (C'est à partir du 18 Avril 1802 que le Concordat entra en vigueur.

(1) Pour voies de fait, 6 cond. à l'amende, 3 à la M. d'arrêt, 16 à l'amende et M. d'arrêt, 6 à l'amende et M de correction (soit 3 à 50 fr. d'amende et 6 mois, 1 à 300 fr. et 6 mois, 2 à l'amende et 1 an de prison).

(2) Nous voyons toujours beaucoup de délits ruraux punis d'amende et M. d'arrêt.

(3) Pour vols, 2 cond. à la M. d'arrêt et 9 à la M. de correction, variant entre 3, 6 mois, 1 an et 2 ans.

(4). Pour escroqueries, 1 cond. à amende et M. d'arrêt, 4 à amende et M. de correction, soit 1 cond. à 50 fr. d'amende et 6 mois, 3 à 50 fr. d'amende et 1 an.

(5) Pour délits contre les bonnes mœurs, notons 1 cond. à amende et M. d'arrêt, 3 à amende et M. de correction, soit 1 cond à 50 fr. d'amende et 6 mois, 2 à 100 fr. d'amende et 1 an

(6) Voici des extraits de ce rapport (Archives Départementales, délibération du Conseil général, an 1802) « .... Ces réflexions doivent conduire le conseil à voir si les peines prononcées par les lois correctionnelles sont dans une juste proportion avec les délits à réprimer, sans doute l'âme sensible du philanthrope fut agréablement émue, lorsqu'il a vu le législateur, pénétré de cette vérité, que ce n'est ni la rigueur des peines, ni la barbarie des supplices, qui diminue le nombre des crimes, adoucit le Code pénal, mais il n'a pu voir sans affliction les lois correctionnelles prendre un degré de sévérité qu'elles n'avaient pas sous le régime ancien, et surtout appliquer à des délits qui n'ont entre eux aucun rapport les mêmes peines, bénissons la saine philanthropie qui a enseigné au Législateur que quelques années de prison peuvent suffire pour remettre dans le sentier de la vertu, le coupable d'un vol simple, auquel souvent il n'a été entraîné que par l'impérieuse nécessité ou de malheureuses circonstances, mais

Acquittements. — En général peu de personnes sont renvoyées de la demande (1).

Cas d'incompétence. — 6 renvois devant le tribunal de simple police ; 2 devant le directeur du jury ; 1 devant le Conseil militaire de Mézières ; 1 au Conseil de préfecture (2).

par quelle inconséquence, lui a-t-il assimilé l'homme vif, qui au milieu d'une rixe, aura frappé son antagoniste, combien cet homme doit être étonné de se trouver à côté du voleur, comme il doit être humillé, pourquoi donc l'emprisonnement est-il devenu pour ainsi dire une punition banale, pourquoi le voyons-nous appliquer au délit rural comme au délit forestier, au filou comme à l'homme colère. Certes la loi fixe des délais plus ou moins longs, et souvent elle laisse aux juges à les déterminer ; à la vérité, dans l'opinion du législateur, l'emprisonnement n'emporte pas note d'infamie, mais la grande majorité du peuple ne s'occupe-t-elle pas plus du genre de la peine que de sa durée, et peut-il faire taire un préjugé enraciné par les siècles et qui a son principe dans le point d'honneur; le Conseil doit dire hardiment que l'emploi trop fréquent de l'emprisonnement démoralise la nation en avilissant celui qui subit cette peine. Indiquer le mal doit suffire auprès d'un gouvernement qui s'occupe de tout ce qui peut contribuer au bonheur de la nation.... » Après ce rapport, le Conseil invita le Ministre de l'Intérieur à le faire parvenir au Ministre de la Justice, et à la Commission chargée de la réformation du Code correctionnel.

(1) Délits ordinaires. — Nombre des acquittés : 71 ; des condamnés à la prison de moins d'un an : 47 ; à la prison d'un an et plus : 21 ; à l'amende seulement : 49 ; à l'amende et prison : 62 ; aux frais : 10.

Délits forestiers (Ord. 1669). — Nombre des acquittés : 19 ; des condamnés à l'amende : 508 ; à l'amende et prison : 1.

Délits ruraux (Loi 1791). — Nombre des acquittés : 19 ; des condamnés à la prison de moins d'un an : 1 ; à l'amende seulement : 82 ; à la prison et amende : 44.

Nombre de personnes détenues jusqu'au jugement : 118 ; mises en liberté provisoire sous caution : 28.

(2) Le Conseil de préfecture est une création de la loi du 28 Pluviôse an VIII, qui a établi, pour juger le contentieux administratif, des tribunaux administratifs spéciaux : en première instance, le Conseil de préfecture ; au-dessus, le Conseil d'État.

Qui exerce les poursuites ? — Pour les délits ordinaires, à côté des poursuites exercées par le commissaire du Gouvernement, et le substitut du commissaire du Gouvernement près le tribunal criminel, 2 poursuites par particuliers, 3 poursuites par l'Administration municipale pour les droits d'octroi.

Pour les délits forestiers, à côté des poursuites de l'inspecteur forestier de l'arrondissement, et le substitut du commissaire du Gouvernement du tribunal criminel, 8 par particuliers (1).

Condamnations par défaut. — 365 personnes condamnées par défaut. Une opposition (2). — 16 appels (3).

---

(1) Plaintes : 58; dénonciations : 17; désistement de la plainte : 1; procès-verbaux rédigés par garde forestier : 203; par garde champêtre : 68; par juge de paix : 20; par maire ou adjoint : 15; par commissaire de police : 39; par gendarmes nationaux : 17; par les receveurs du droit d'octroi : 3.

(2) A l'aud. du 23 Frimaire an X, opposition à un jugement du 23 Brumaire, qui condamnait les prévenus pour délit forestier à une amende. L'opposition est rejetée le 13 Nivôse an X.

(3) a) Aud. du 4 Nivôse an X du tribunal criminel, appel interjeté par les prévenus d'un jugement du 3 Frimaire an X qui les condamne pour délit forestier à 12 francs d'amende, l'un à 1 mois de prison et l'autre à 10 jours; requête d'appel rejetée; b) Aud. du 5 Pluviôse an X, appel d'un jugement du 23 Frimaire qui, pour infraction à l'art. 86, loi 1791 (jeux de hasard), condamnait le prévenu à 1000 francs d'amende et 10 jours de prison; il est déchargé des condamnations; c) Aud. du 6 Nivôse an X : appel d'un jugement du 13 Frimaire qui condamnait le prévenu à 4 ans de prison pour vol; requête d'appel rejetée; d) Aud. du 6 Pluviôse an X : appel d'un jugement du 3 Nivôse qui, pour vol, condamnait le prévenu à 3 mois de prison; requête d'appel rejetée; e) Aud. du 8 Pluviôse : Appel d'un jugement du 13 Nivôse, condamnant le prévenu à 1 mois de prison pour voies de fait envers un détenu; f) Aud. du 14 Pluviôse; Appel d'un jugement du 28 Frimaire, qui condamnait le prévenu pour outrages à fonctionnaire public, à une décade de prison et à l'amende,

Demandes de dommages-intérêts. — 30.

Recours aux défenseurs. — Pour demandeurs, dans 31 affaires, pour défendeurs dans 146 (1).

131 enquêtes et 32 contre-enquêtes. — 3 expertises (2).

---

requête d'appel rejetée ; *g*) Aud. du 5 Ventôse : appel d'un jugement du 13 Pluviôse, qui condamne la prévenue avec son mari à 50 fr. d'amende, pour infraction à l'art. 32, règlement de 1727 et pour délit contre les bonnes mœurs à 50 fr. d'amende et 1 an de prison ; elle est déchargée seulement des condamnations personnelles ; *h*) Audience du 14 Germinal : appel d'un jugement du 9 Ventôse, interjeté par la prévenue, condamnée à 1 an de prison et 100 francs d'amende pour délit contre les bonnes mœurs et par le Commissaire du Gouvernement, contre son mari acquitté, requêtes d'appel rejetées ; *i*) même audience : appel d'un jugement du 3 Ventôse, qui condamnait le prévenu pour délit contre les bonnes mœurs, à 6 mois de prison et 50 fr. d'amende, requête d'appel rejeté ; *j*) aud. du 19 Prairial an X : appel d'un jugement du 23 Germinal, qui condamnait le prévenu pour infraction à l'art. 11, loi du 27 Primaire an VIII, requête d'appel rejetée ; *k*) aud. du 5 Prairial : appel d'un jugement du 3 Floréal, qui condamnait le prévenu pour vol à 1 mois de prison, requête admise ; *l*) aud. du 28 Messidor : appel d'un jugement du 23 Prairial, qui condamnait la prévenue à 6 mois de prison pour vol, requête d'appel admise ; *m*) aud. du 3 Thermidor : appel d'un jugement du 22 Floréal interjeté par l'inspecteur forestier contre le prévenu acquitté, le jugement dont est appel est annulé et le prévenu renvoyé devant l'autorité compétente ; *n*) aud. du 12 Vendémiaire an XI, appel d'un jugement du 16 Thermidor qui condamnait le prévenu à 120 fr. d'amende et 1 mois de prison pour délit de pêche en temps prohibé, requête d'appel rejetée ; *o*) aud. du 13 Brumaire, appel d'un jugement du 24 Fructidor an X, qui condamnait les prévenus pour vol à 6 mois de prison, requête d'appel admise ; *p*) aud. du 15 Nivôse an XI, appel d'un jugement du 14 Brumaire, qui condamnait le prévenu pour vol à 1 an de prison, requête d'appel rejetée.

(1) Noms des défenseurs : Coutant, Buffry, Caffin, Bégin, Olivier, Guénart, Coltier, Decorbie, Cochinat, Boucher, Delvincourt, Guérin de Lioncourt, Mora, Desmoulins.

(2) *a*) Expertise ordonnée en matière de vol : aud. du 28 Ventôse an X ; *b*) en matière de vol : aud. du 5 Thermidor ; *c*) pour délit rural : audience du 8 Brumaire an XI.

16 A

10 cas de mise en délibéré (1).

4 cas d'affichage pour escroqueries.

Récidivistes. Repris de justice. — 4 récidivistes : 2 pour vol, 1 pour voies de fait et violences (2) ; un autre pour vol (3) ; un prévenu de voies de fait et mauvais traitements, est repris de justice (4).

Cas de renvoi au tribunal correctionnel. — 1º (5) renvoi du tribunal criminel du département de la Marne qui a annulé sur appel un jugement du tribunal d'Epernay et renvoyé l'affaire à ce jour. 2º (6) Autre renvoi du tribunal criminel qui annule un jugement du tribunal d'Epernay et renvoie l'affaire à Reims (délit forestier).

Fonctionnaires publics condamnés : 4. — 1º (7) Un garde champêtre est prévenu de délit de chasse et condamné à 20 fr. d'amende. 2º (8) Un instituteur public prévenu d'avoir outragé un fonctionnaire public, est condamné à l'amende de 3 fois sa

---

(1) *a)* A l'aud. du 23 Germinal an X, une mise en délibéré est ordonnée pour vol ; *b)* le 2 Thermidor, pour délit rural ; *c)* le 8 Primaire an X, pour vol ; *d)* le 8 Nivôse, pour vol ; *e)* le 18 Pluviôse, pour voies de fait ; *f)* le 8 Floréal pour délit de chasse ; *g)* le 10 Fructidor an X, pour délit contre les bonnes mœurs ; *h)* le 21 Messidor, pour délit rural ; *i)* le 12 Thermidor, pour vol ; *j)* pour délit rural.

(2) Aud. du 30 Fructidor an X.

(3) Aud. du 8 Brumaire an XI.

(4) Aud. du 23 Fructidor an X.

(5) Aud. du 13 Frimaire an X.

(6) Aud. du 3 Fructidor.

(7) Aud. du 19 Brumaire an X.

(8) Aud. du 13 Frimaire an X.

contribution mobilière et 10 jours de prison. 3º (1)
Le concierge de la Maison de justice établie près
le tribunal de la Marne est condamné pour sévices
envers un détenu à 1 mois de prison. 4º (2) Un
instituteur public prévenu d'avoir troublé l'exercice
du culte catholique, est condamné à 5 fr. d'amende
et 4 jours de prison.

RÉSUMÉ

Nous avons relevé un nombre de délits à peu
près égal à celui de l'année précédente. La guerre
prend fin par la paix d'Amiens signée le 25 mars
1802. Cette raison suffit pour expliquer le statu
quo (3). A son retour, Bonaparte s'occupa de la
question religieuse ; aussi avons-nous trouvé quelques délits pour trouble à l'exercice du culte,
s'expliquant par la mise en vigueur du Concordat
depuis le mois de germinal an X.

(1) Aud. du 13 Nivôse an X.
(2) Aud. du 15 Floréal an X.
(3) La preuve qu'en état de guerre les délits sont plus nombreux, c'est que
les 4 fonctionnaires publics que nous voyons condamnés par le Tribunal, le
furent dans les premiers mois de cette année, soit avant la paix.

CHAPITRE III

3ᵐᵉ année (An XI) :
Du 19 Brumaire an XI au 17 Brumaire an XII
(1802-1803).

Régularité des audiences. — Les audiences sont plus nombreuses qu'en l'an X (1), sensiblement moins chargées que les deux années précédentes (2).

---

(1) 1ʳᵉ Section. — 45 audiences : en Brumaire an XI, les 19, 26 ; en Primaire, les 3, 10, 17, 24 ; en Nivôse, les 1, 8, 15, 22, 29 ; en Pluviôse, les 6, 13, 20, 27 et 29 (audience extraordinaire) ; en Ventôse, les 4, 11, 18 et 25 ; en Germinal, les 2, 9, 16, 23 et 30 ; en Floréal, les 7, 14, 21 et 28 ; en Prairial, les 5, 12, 19 et 26 ; en Messidor, les 3, 10, 11 (audience extraordinaire), 13, 17 et 24 ; en Thermidor, les 1, 8, 15 et 29 ; en Fructidor, les 6 et 13.

2ᵉ Section. — 40 audiences : en Brumaire, les 22 et 30 ; en Primaire, les 6, 13, 20 et 27 ; en Nivôse, les 11 et 18 ; en Pluviôse, les 2, 9, 16, 23 et 30 ; en Ventôse, les 7, 14, 21 et 28 ; en Germinal, les 5, 12, 19 et 26 ; en Floréal, les 3, 10, 17 et 24 ; en Prairial, les 3, 8, 15, 22 et 29 ; en Messidor, les 6, 20 et 27 ; en Thermidor, les 4, 11, 18 et 25 ; en Fructidor, les 2, 9 et 13.

Vacations. — Du 16 Fructidor an XI au 17 Brumaire an XII, 16 audiences en Fructidor, les 18, 22, 23, 29 et 30 ; 1 aud. le 6ᵉ jour complémentaire ; en Vendémiaire, les 7, 14, 15, 21, 22, 28 et 29 ; en Brumaire, les 6, 12 et 13.

(2) 1ᵉ Section : Notons 10 audiences avec 1 affaire ; 10 avec 2 ; 8 avec 3 ; 10 avec 4 ; 2 avec 5 ; 4 avec 6 ; et 1 avec 7.

2ᵉ Section : 6 audiences avec 1 affaire ; 11 avec 2 ; 11 avec 3 ; 4 avec 4 ; 6 avec 5 ; 2 avec 6.

Vacations : 3 audiences avec 1 affaire ; 4 avec 2 ; 2 avec 3 ; 4 avec 4 ; 1 avec 6 ; 1 avec 7 ; et 1 avec 8.

Rapidité de la procédure. — 223 affaires, dont 151 délits ordinaires, 6 faisant l'objet d'un renvoi, 4 délits forestiers (Ord. 1669) et 62 délits ruraux (loi de 1791).

Sur ce nombre, 162 affaires furent jugées de suite, 59 remises et jugées, 2 seulement remises et non reparues.

Le nombre des prévenus est de 391, soit 274 prévenus de délits ordinaires, 6 de délits forestiers (Ord. 1669) et 111 de délits ruraux (Loi 1791).

Remarquons la régularité avec laquelle les affaires reparaissent quand elles sont remises : nous n'avons pu relever un seul cas où l'affaire ne soit reparue à la date fixée (1).

18 affaires ont été remises 2 fois et 5, 3 fois.

La procédure est un peu moins lente (2).

Nombre et nature des délits. — 1 délit contre les bonnes mœurs ; 20 vols ; 6 escroqueries ; 31 délits de voies de fait et mauvais traitements à particuliers ; 17 délits d'insultes, et outrages à fonctionnaires publics ; 6 délits de mendicité ; 1 délit de

---

(1) Il en sera ainsi dans toutes les années suivantes, jusqu'en 1810.

(2) Signalons cependant une plainte do :" Vendémiaire an 11, suivie seulement d'un jugement le 20 Frimaire, un procès-verbal du 9 Brumaire et le jugement du 10 Germinal ; une affaire commencée le 22 Prairial an X, n'est jugée que le 17 Primaire an 11 ; en cas de remise, un procès-verbal du 12 Fructidor an X, aboutit à son 2e jugement le 26 Brumaire an 11, un procès-verbal du 10 Primaire an 11, suivi d'un jugement définitif le 2 Pluviôse.

faux poids; 2 délits de blessures par imprudence ;
2 infractions à l'article 11, loi 22 juillet 1791 (trouble
à l'exercice du culte).

4 délits (ordonnance 1669) ; 28 délits forestiers
(loi de 1791) ; et 34 délits ruraux.

Délits spéciaux. — 24 délits de chasse ; 3 délits
de vagabondage (voyage sans passeport) ; 1 infraction à l'article 28, règlement de police de 1727,
qui défend aux revendeuses de venir sur le
marché avant l'heure fixée (la prévenue est condamnée à 30 fr. d'amende) ; 1 infraction à l'article 1
du même règlement qui défend d'aller au devant
des cocassiers et de leur acheter des denrées desti-
nées à l'approvisionnement du marché (condamné
à 20 fr. d'amende) ; 1 délit prévu par l'article 10,
ordonnance du 16 février 1735 (prévenu inculpé
d'avoir par imprudence et négligence mis le feu
à sa maison (condamné à 5 francs d'amende) ;
2 infractions à l'article 11, loi du 3 nivôse an VI
(injures aux préposés du droit de passe) ; 7 infractions à l'article 11, loi du 27 frimaire an VIII sur
les droits d'octroi ; 1 infraction aux articles 15 et
17 du règlement de l'octroi (le prévenu, un brasseur,
ayant mis le feu sous sa chaudière pour faire de la
bière, sans faire la déclaration de mise à feu (1), est

____

(1) Aud. du 18 Thermidor an 11.

condamné à une forte amende ; 4 vols punis par les articles 2 et 3, loi 25 frimaire an VIII ; 2 vols punis par les articles 4 et 5 ; 3 infractions à l'article 6 (vols de laine) ; 5 vols punis par les articles 10 et 11 ; 4 délits punis par l'article 13 (menaces d'incendie).

Signalons les délits suivants : 1º un délit prévu par l'article 2, loi du 7 ventôse an VIII (notaire prévenu de n'avoir pas versé son cautionnement (1) est condamné par défaut à 200 fr. d'amende, avec défense d'exercer ses fonctions avant de l'avoir versé) ; 2º une infraction à l'article 8, loi du 28 ventôse an IX : l'inculpé, prévenu de n'avoir ni soumissionné ni cautionné pour avoir le droit d'exercer le courtage à Reims (2), est condamné à une forte amende, applicable aux enfants abandonnés (3). 3º Enfin 6 infractions au nouveau système des poids et mesures.

Condamnations pour délits spéciaux. — Un prisonnier de guerre (4) est prévenu de vagabondage ; il est ordonné qu'il soit conduit à la Municipalité où il lui sera remis un passeport pour se retirer dans l'endroit qu'il désignera pour y travailler.

(1) Aud. du 4 Ventôse an 11.
(2) C'est l'arrêté du 27 Messidor an IX qui a créé à Reims une bourse de commerce.
(3) Aud. du 4 Ventôse an 11.
(4) Aud. du 15 Thermidor an XI.

Notons 6 condamnations à l'amende pour infraction au nouveau système de poids et mesures. C'est à l'audience du 16 fructidor an XI que nous relevons la première infraction. La Convention, avant de se séparer, avait voté la loi du 1er vendémiaire an IV qui uniformisait les poids et mesures, et elle était rappelée par l'arrêté du préfet du département de la Marne du 19 fructidor an X.

Pour infractions à l'article 11, loi du 27 frimaire an VIII (droit d'octroi), 4 condamnations à amende.

Les peines ne dépassent pas le minimum fixé par la loi pour les vols punis par les articles 2 et 3 (1), loi du 25 frimaire an VIII; elles sont du maximum ou à peu près pour ceux punis par les articles 4 et 5 (2); pour infraction à l'article 6 (3), les condamnations atteignent généralement le maximum, ainsi que pour les menaces d'incendie (art. 13) (4); pour les vols punis par les articles 10 et 11 (5), quelques peines ne dépassent pas le minimum.

Condamnations pour délits de droit commun. — Alors que les peines sont modérées pour les injures

---

(1) 4 cond. de prison en la maison de correction (1 an).

(2) 2 cond. de prison en maison de correction, dont l'une fut de 1 an et l'autre de 2 ans.

(3) 3 cond. à la maison de correction, dont l'une de 6 mois, les autres de 2 ans.

(4) 3 cond. de prison en maison de correction, dont l'une de 6 mois, les autres de 2 ans.

(5) 5 cond. de prison en la maison de correction, variant entre 6 mois et 1 an.

à fonctionnaires publics (1), délits de faux poids (2) et les troubles à l'exercice du culte (3), elles sont sévères au contraire pour les voies de fait à particuliers (4), délits ruraux (5), vols (6), escroqueries (7), délits de mendicité (8), délits contre les bonnes mœurs (9). Signalons qu'à partir du 18 ventôse an XI, après chaque condamnation à l'amende ou à des dommages-intérêts, le tribunal requ ert l'application de l'article 41, t. II, loi 22 juillet 1791 (10).

(1) 1 cond. à M. d'arrêt, 10 à amende et M. d'arrêt.

(2) 1 cond. à amende et M. d'arrêt.

(3) 2 cond. à amende et M. d'arrêt pour trouble à l'exercice du culte. La 1re appliquée à des personnes prévenues d'avoir outragé des objets du culte catholique dans des lieux destinés à l'exercice de ce culte (aud. du 28 Ventôse an XI); l'une fut acquittée, l'autre condamnée à 50 fr. d'amende et 1 mois de prison. La 2e prononcée (aud. du 4 Thermidor an XI, suite de l'affaire le 2 fructidor) contre deux personnes prévenues d'avoir tenu des propos irréligieux au moment du passage de la procession : elles furent condamnées à 30 fr. d'amende et 4 jours de prison.

(4) Pour voies de fait, 5 cond. à amende, 1 à M. d'arrêt, 17 à amende et M. d'arrêt, 4 à amende et M. de correction dont les deux plus fortes furent l'une de 150 fr. d'amende et 0 mois, l'autre de 50 fr. et 1 an de prison.

(5) Notons encore des cond. de 1 mois et 3 mois de prison pour délits ruraux.

(6) Pour vols, 6 cond à la M d'arrêt, 10 en la M. de correction, ces dernières variant entre 3 mois, 6 mois, 1 an et 2 ans. Citons un vol commis par 11 personnes prévenues d'avoir formé une société pour voler, dont 7 cond. à 6 mois de prison, 2 récidivistes à 2 ans, 2 autres acquittées. La plus forte peine fut de 4 ans pour vol en récidive

(7) Pour escroqueries, 4 cond. à amende et M. de correction dont 2 de 300 fr. et 6 mois de prison, les deux autres de 300 fr. d'amende et 2 ans de prison.

(8) Pour délits de mendicité, 1 cond à la M. d'arrêt, 2 en la M. de correction, chacune de 1 an.

(9) Pour délits contre les bonnes mœurs, 1 cond. à 50 fr. d'amende et 1 an de prison.

(10) Article 41 : « Les dommages et intérêts, ainsi que les restitutions et les amendes prononcées en matière de police correctionnelle, comporteront la

Acquittements. — Peu de personnes acquittées (1).

Cas d'incompétence. — 5 renvois devant le tribunal civil ; 1 au directeur du jury.

Qui exerce les poursuites ? — A côté des poursuites exercées par le commissaire du Gouvernement, le substitut du commissaire du gouvernement près le tribunal criminel, 2 par particuliers ; 8 par l'Administration municipale pour les droits d'octroi.

Pour les délits forestiers, à côté des poursuites exercées par l'Inspecteur forestier, et le substitut du commissaire du Gouvernement près le tribunal criminel, 1 par particulier (2).

---

contrainte par corps. « Dans une lettre du 8 prairial an V le Ministre de la Justice écrivait au Commissaire du pouvoir exécutif que la contrainte par corps subsiste en matière correctionnelle, si toutefois elle est abrogée par la loi du 9 Mars 1793 en matière civile.

(1) Délits ordinaires.—Nombre des acquittés : 48 ; des condamnés à la prison de moins de 1 an : 28 ; à la prison de 1 an et plus : 31 ; à l'amende seulement : 102 ; à l'amende et prison : 54 ; aux frais : 8.

Délits forestiers (Ord. 1669). — Nombre des acquittés : 2 ; des condamnés à l'amende : 9 ; aux frais : 1.

Délits ruraux (Loi 1791). — Nombre des acquittés : 19 ; des condamnés à l'amende seulement : 49 ; à la prison et amende : 40 ; des personnes détenues jusqu'au jugement : 89 ; Mises en liberté provisoire sous caution : 23.

(2) Plaintes : 45 ; Dénonciations : 26 ; Désistement de la plainte : 1 ; Procès-verbaux rédigés par garde forestier : 18 ; par garde champêtre (un seul cas de nullité du procès-verbal, à l'aud. du 6ᵉ jour complémentaire an 11 (délit rural), pour défaut d'affirmation) : 54 ; par juge de paix : 20 ; par gendarmes nationaux : 17 ; par les préposés au droit d'octroi : 9 ; par les préposés au droit de passe : 2 ; par le maire : 7 ; par le commissaire de police : 23.

60 personnes ont été condamnées par défaut.
2 oppositions (1). 13 appels (2).

(1) *a)* Opposition à l'audience du 25 Ventôse an XI, à un jugement par défaut du 4 Ventôse qui condamnait un notaire, pour infraction à la loi du 7 Ventôse an VIII, à 200 fr. d'amende. Elle est déclarée non recevable, l'art. 8 de la loi étant impératif (vu qu'il avait fait des actes sans avoir versé de cautionnement depuis la loi de Ventôse. — *b)* Autre opposition, à l'aud. du 3 Messidor, au jugement du 12 Prairial qui condamnait le prévenu à une amende pour délit rural; il est débouté de son opposition.

(2) 1° Audience du 27 Nivôse an XI, du Tribunal criminel : appel d'un jugement du 17 Frimaire qui, pour vol, condamnait les prévenus : l'un à 2 ans, l'autre à 6 mois de prison; la requête du fils est admise; celle du père rejetée; 2° Audience du 4 Pluviôse : appel d'un jugement du 24 Frimaire qui condamne les prévenus à 150 francs d'amende et 6 mois de prison pour voies de fait; annulation de ce jugement et renvoi à Épernay; 3° Audience du 23 Ventôse : appel d'un jugement du 1er Nivôse interjeté par le Directeur d'octroi de Reims contre le prévenu acquitté pour infraction à l'article 11, loi du 27 Frimaire an VIII; désistement d'appel du Directeur d'octroi; 4° Aud. du 7 Pluviôse; appel interjeté par les Régisseurs d'octroi contre le prévenu, d'un jugement du 22 Nivôse qui l'acquitte; requête d'appel rejetée; 5° Aud. du 15 Germinal : appel d'un jugement du 29 Pluviôse qui condamne le prévenu pour menaces d'incendie à 6 mois de prison; désistement d'appel; 6° Aud. du 22 Floréal : appel d'un jugement du 18 Ventôse, qui, pour vol, condamne le prévenu à 2 ans de prison; requête d'appel rejetée; 7° Aud. du 15 Prairial : appel d'un jugement du 28 Ventôse, qui condamne le prévenu à 52 fr. d'amende et 6 mois de prison, pour délit rural; requête d'appel rejetée; 8° Aud. du 13 Messidor : appel d'un jugement du 12 Prairial, qui condamne les prévenus pour délit contre les bonnes mœurs à 50 fr. d'amende et 1 an de prison; requête d'appel admise; 9° Aud. du 25 Fructidor : appel d'un jugement du 13 Fructidor, par le Directeur d'octroi, qui, en infirmant ce jugement qui condamnait le prévenu à 60 fr. d'amende pour infraction à l'article 11, loi du 27 Frimaire an VIII, condamne le Directeur d'octroi à 200 fr. d'amende et aux frais d'appel; 10° Aud. du 28 Vendémiaire an 12; appel d'un jugement du 1er Thermidor an 11, qui condamnait la prévenue avec son mari à 100 fr. d'amende et à 4 jours de prison pour vente à faux poids, désistement d'appel; 11° Même audience, désistement d'appel d'un jugement du 30 Fructidor an 11, qui, pour délit rural, condamnait le prévenu à 4 fr. d'amende, et, pour insultes à garde champêtre, à 5 jours de prison et à l'amende (condamné aux frais d'appel); 12° Aud. du 5 Nivôse an 12 : appel d'un jugement du 21 Vendémiaire qui condamnait un notaire pour voies de fait à 15 jours de prison et 25 fr. d'amende; 13° Aud. du 21 Frimaire : appel d'un jugement du 21 Vendémiaire qui condamnait le prévenu pour escroquerie à 300 fr. d'amende et 6 mois de prison. Requête admise.

Demandes de dommages-intérêts : 22.

Recours aux défenseurs. — Pour demandeurs, dans 29 affaires ; pour défendeurs, dans 127 affaires (1).

99 enquêtes. 23 contre-enquêtes. Pas une seule expertise.

Nous avons relevé 9 cas où pour compléter l'instruction, on recourt à une commission rogatoire (2).

6 mises en délibéré (3). 4 affichages pour escroquerie. 6 récidivistes (4). 1 repris de justice (5). (Un prévenu de menaces d'incendie déjà condamné pour vol).

Cas où le tribunal est saisi par renvoi : 4 (6).

---

(1) Mêmes défenseurs que l'année précédente.

(2) C'est le 18 Ventôse an XI, que nous voyons le premier exemple de commission rogatoire. Un juge de paix est désigné pour faire l'information, en vertu d'une délégation du directeur du jury.

(3) *a)* A l'audience du 19 Prairial an XI, mise en délibéré ordonnée pour délit rural ; *b)* Aud. du 17 Messidor : pour vente à faux poids ; *c)* Aud. du 22 Brumaire an XI : pour insultes et menaces à fonctionnaire public ; *d)* Aud. du 24 Floréal an XI : pour escroquerie ; *e)* Aud. du 4 Thermidor : pour trouble à des cérémonies religieuses ; *f)* A l'aud. du 2 Fructidor : pour voies de fait et mauvais traitements commis par le directeur d'octroi envers un particulier.

(4) 1° Aud. du 12 Prairial an XI : récidive pour délit contre les bonnes mœurs ; 2° Aud. du 19 Prairial : pour délit rural ; 3° Aud. du 12 Germinal : pour mendicité ; 4° Aud. du 20 Messidor : pour vol ; 5° Aud. du 18 Thermidor : pour vol (2 récidivistes).

(5) Aud. du 4 Thermidor.

(6) 1° Renvoi du tribunal criminel de la Marne pour délit rural (Aud. du 28 Floréal an XI) ; 2° renvoi du tribunal criminel spécial de la Marne (Aud. du 11 Messidor an XI) par jugement du 6 Messidor pour menace d'incendie ; 3° renvoi du tribunal criminel spécial pour escroquerie (Aud. du 9 Pluviôse) ; 4° renvoi du tribunal criminel de la Marne (Aud. du 7 Ventôse) sur appel d'un jugement du tribunal d'Epernay (injures à garde champêtre).

Fonctionnaire public condamné : 1 (1). — Le directeur de l'octroi de Reims, pour voies de fait et violences graves envers particuliers, est condamné à 5 jours de prison et 50 fr. d'amende.

RÉSUMÉ

Cette année, diminution sensible dans le nombre des délits ; depuis la paix d'Amiens, la France n'est plus en état de guerre. Bonaparte surveille l'administration : il a été nommé Consul à vie en août 1802. Les fonctionnaires publics, étant plus surveillés, commettent moins d'infractions ; néanmoins, la diminution des délits est plus apparente que réelle, elle porte sur les délits forestiers et ruraux. Nous voyons toujours les mêmes délits : le tribunal est assez sévère pour les troubles apportés aux cérémonies religieuses.

(1) Aud. du 2 Fructidor an XI.

CHAPITRE IV

4ᵐᵉ année (An XII) :
Du 17 Brumaire an XII au 16 Brumaire an XIII
(1803-1804).

Régularité des audiences. — Les audiences ont été beaucoup moins nombreuses cette année et se sont tenues irrégulièrement (1). Elles sont encore moins chargées qu'en l'an XI (2).

Rapidité de la procédure. — 138 affaires, dont

(1) 1ʳᵉ Section. — En Brumaire, 2 audiences : les 17 et 24 ; en Frimaire : les 8, 15-29 ; en Nivôse : les 6, 20-27 ; en Pluviôse : les 4 et 25 ; en Ventôse : les 2, 9, 16, 23 et 30 ; en Germinal : les 7, 14, 21 et 28 ; en Floréal : les 5, 12, 19, 26 ; en Prairial : les 3, 10, 17 ; en Messidor : les 1, 8, 22, 27 (aud. extraordinaire) et 29 ; en Thermidor : les 6, 13 et 20 ; en Fructidor : le 11 ; soit 85 audiences.

2ᵉ Section. — En Brumaire : les 20, 27 ; en Frimaire : les 4, 11, 18, 25 ; en Nivôse : les 2 et 30 ; en Pluviôse : les 7, 14 et 21 ; en Ventôse, les 19 et 26 ; en Germinal : les 3, 10, 17, 24 ; en Floréal : les 1, 8, 15, 22, 29 ; en Prairial : les 6, 13, 20, 27 et 30 ; en Messidor : les 4, 11 et 25 ; en Thermidor : les 2, 9, 23 et 30 ; en Fructidor : les 7, 11 ; soit 36 audiences.

Vacations. — Du 20 Fructidor an XII au 16 Brumaire an XIII ; 16 audiences.

(2) 1ʳᵉ Section. — 15 audiences avec 1 affaire ; 10 avec 2 ; 4 avec 3 ; 4 avec 4 ; 1 avec 5 et 1 avec 6.

2ᵉ Section. — 14 audiences avec 1 affaire ; 9 avec 2 ; 2 avec 3 ; 3 avec 4 ; 5 avec 5 et 3 avec 6.

Vacations. — 3 audiences avec 1 affaire ; 5 avec 2 ; 5 avec 3 et 3 avec 4.

104 délits ordinaires, 5 faisant l'objet d'un renvoi,
2 délits forestiers (ord. 1669) et 27 délits ruraux
(loi du 28 septembre 1791).

Sur ce nombre, 89 affaires furent jugées de suite,
48 remises et jugées, 1 remise et non reparue.

Le nombre des prévenus est de 222, soit 179 prévenus de délits ordinaires, 3 de délits forestiers
(Ord. 1669) et 40 de délits ruraux (Loi 1791).

11 affaires ont été remises 2 fois ; 1 3 fois ;
2 4 fois et 2 6 fois.

Pour la rapidité de la procédure, pas de changement avec l'année précédente.

Nombre et nature des délits. — 2 délits contre
les bonnes mœurs, 17 vols, une escroquerie,
20 délits de voies de fait et mauvais traitements à
particulier, 5 délits d'insultes et outrages à
fonctionnaires publics, 3 délits de mendicité,
1 délit de faux poids, 2 délits de trouble à
l'ordre public, 1 délit d'injures verbales avec récidive (prévenu condamné à 4 jours de prison)
3 délits de trouble à l'exercice du culte catholique,
1 délit pour désobéissance à une sommation
de rétablir un mur menaçant ruine (prévenu
acquitté, les parties n'ayant pas été mises en demeure de démolir ce mur, formalité essentielle
dont l'absence rend la demande nulle) (1).

---

(1) Aud. du 28 Fructidor an XII.

Notons : 2 délits prévus par l'ordonnance de 1669, 13 délits forestiers (loi de 1791) et 14 délits ruraux.

ŗ *Délits spéciaux.* — 14 délits de chasse, 5 délits de vagabondage, une infraction au règlement de police du 26 janvier 1692 et du 11 avril 1698 (délit consistant à avoir, par négligence, mis le feu à sa maison) (prévenu condamné à 10 francs d'amende), une infraction à l'article 100 du règlement de police de 1791 qui défend d'étaler et de vendre des marchandises avant le jour d'ouverture de la foire (prévenu condamné (1) à 30 francs d'amende), une infraction à l'article 11, loi du 3 nivôse an VI sur le droit de passe, 2 infractions a l'article 11, loi du 27 frimaire an VIII sur le droit d'octroi et aux articles 4 et 5, du règlement du 29 vendémiaire an 11, une infraction à l'article 8 du règlement d'octroi, (délit consistant à s'opposer à la visite de sa voiture par les employés d'octroi). 2 vols punis par les articles 2 et 3, loi du 25 frimaire an VIII, 1 vol puni par l'article 4, 8 vols punis par l'article 6 (vols de laines et achats de laines, les sachant volées) 7 vols punis par les articles 10 et 11, une infraction à l'article 13 (menaces d'incendie), une infraction à la loi du 26

---

(1) Aud. du 17 Germinal an XII.

17 A

ventôse an IV (1) (prévenu condamné (2) à 4 fr. d'amende), une infraction aux articles 74, 80, et 107, de la loi du 19 brumaire an VI sur la garantie des matières d'or et d'argent, une infraction à l'arrêté de la mairie de Reims du 13 messidor an XI ; (un grand nombre de boulangers avaient contrevenu à cet arrêté qui les astreignait à ne faire de pains d'autres poids et qualités que ceux y désignés) 16 furent condamnés (3) à 12 fr. d'amende, 4 acquittés ; une infraction à l'article 36, règlement de la manufacture de Reims de 1674, pour avoir fabriqué un coupon d'étoffe sans mettre au chef le nom du propriétaire (prévenu (4) condamné à 50 fr. d'amende).

Condamnations pour délits spéciaux. — Pour infractions à l'article 11, loi du 27 frimaire an VIII, sur les droits d'octroi, 2 cond. à amende; pour infraction aux articles 8 et 20 du règlement d'octroi, du 29 vendémiaire an XI, 1 cond. à l'amende; pour infraction à l'article 11, loi du 3 nivôse an VI (droit de passe), 1 cond. à amende ; 1 à amende aussi pour infraction à la loi du 19 brumaire an VI, sur la garantie des matières d'or et d'argent.

---

(1) Cette loi ordonnait d'écheniller les arbres des jardins.
(2) Aud. du 7 Germinal an 12.
(3) Aud. du 20 Fructidor an 12.
(4) Aud. du 21 Vendémiaire an 13.

Les peines sont assez sévères pour les vols punis par les articles 2 et 3 (1), loi du 25 frimaire an VIII, ainsi que pour les vols punis par l'article 4 (2); pour infraction à l'article 6 (3), peu de condamnations atteignent le maximum, ainsi que pour les vols punis par les articles 10 et 11 (4); pour menaces d'incendie (5), nous relevons 1 cond. au maximum.

Condamnations pour délits de droit commun. — Comme dans les années précédentes, les cond. sont faibles pour les insultes à fonctionnaires publics (6), délits ruraux (7), troubles à l'exercice du culte (8); plus fortes pour les voies de fait (9), mendicité (10),

---

(1) 2 cond. de prison en la maison de correction, chacune de 2 ans.

(2) 1 cond. à 2 ans de prison.

(3) 6 cond. en la maison de correction, 1 cond. à l'amende et maison de correction (300 fr. et 6 mois), les autres variant entre 6 mois et 1 an.

(4) 7 cond. en maison de correction, la plupart de 3 mois, quelques unes de 6 mois et 1 an.

(5) 1 cond. à 2 ans de prison.

(6) 3 condamn. à l'amende et Maison d'arrêt.

(7) La plus forte condamnation que nous ayons relevée pour délit rural est de 4 fr. d'amende et 3 mois de prison (art. 83, Code rural).

(8) 3 condamn. à amende et Maison d'arrêt pour trouble à l'exercice du culte catholique, soit dans une église, soit en ne se découvrant pas au passage d'une procession ou d'un enterrement.

(9) 3 condamn. à l'amende, 7 à amende et Maison d'arrêt, 3 à amende et Maison de correction. Nous n'avons pas vu de peine dépassant 100 fr. d'amende et 3 mois de prison.

(10) 1 seule condamn. à 6 mois de prison en la Maison de correction.

délits contre les bonnes mœurs (1), vols simples (2) et escroqueries (3).

Acquittements. — Peu de personnes acquittées (4).

Cas d'incompétence. — 1 renvoi devant le directeur du jury, 1 devant le conseil de guerre, 2 devant les corps administratifs, 1 devant le tribunal criminel spécial, celui-ci prononcé (5) dans une affaire de vagabondage, où le prévenu a un passeport dont la signature paraît fausse, ce qui le rend passible de peines afflictives et infamantes.

Qui exerce les poursuites ? — Jusqu'en prairial an XII, elles sont exercées ordinairement par le substitut du commissaire du gouvernement près le tribunal criminel, et les conclusions prises dans chaque affaire par le commissaire du gouvernement; puis à partir de juin 1804 (nous passons

---

(1) 1 condamn. à l'amende et Maison d'arrêt, 1 à 100 fr. d'amende et 1 an de prison.

(2) 3 condamn. en Maison d'arrêt, 12 de prison en Maison de correction, variant entre 3, 6 mois, 1 et 2 ans. La plus forte peine fut pour vol avec récidive, de 4 ans de prison.

(3) 1 condamn. à 50 fr. d'amende et 2 ans de prison.

(4) Délits ordinaires. — Nombre des acquittés : 35; des condamnés à la prison de moins d'un an : 33; à la prison d'un an et plus : 14; à l'amende seulement : 55; à l'amende et prison : 30; aux frais : 5.

Délits forestiers (Ord. 1669). — Nombre des condamnés à l'amende seulement : 3.

Délits ruraux (Loi 1791). — Nombre des acquittés : 7; des condamnés à l'amende seulement : 20; à la prison et à l'amende : 12; aux frais : 1.

Nombre des personnes détenues jusqu'au jugement : 77; mises en liberté provisoire sous caution : 5.

(5) Aud. du 28 Germinal an 12.

du Consulat à l'Empire), le commissaire du gouvernement est remplacé (1) par le procureur impérial, et le substitut du commissaire du gouvernement près le tribunal criminel, par le substitut du procureur général magistrat de sûreté, près la cour de justice criminelle (2). 4 poursuites ont été exercées par particuliers, 3 par l'administration municipale pour les droits d'octroi

Pour les délits forestiers, aucune poursuite par l'inspecteur forestier de l'arrondissement, elles sont presque toutes exercées d'abord par le substitut du commissaire du gouvernement près le tribunal criminel, plus tard par le substitut du procureur général, magistrat de sûreté, 2 par particuliers (3).

25 personnes ont été condamnées par défaut. Pas d'opposition, 8 appels (4).

---

(1) Aud. du 10 Prairial an XII.

(2) Tel est le nom que porta sous l'Empire le tribunal criminel, plus tard la cour d'assises.

(3) Plaintes, 29; dénonciations, 10; procès-verbaux rédigés par garde-forestier, 8; par garde-champêtre, 32; par gendarmes nationaux, 10; par juge de paix, 15; par le commissaire de police, 29; par les préposés du droit d'octroi, 3; par les receveurs du droit de passe, 1; par les contrôleurs du bureau de garantie, 1; par le maire, 10.

(4) 1° Audience du 27 Nivôse an XII du Tribunal criminel, jugement rendu sur appel confirmatif de celui du 15 Frimaire, qui condamne les prévenus pour vols de laines, art. 6, loi du 25 Frimaire an VIII, à 1 an de prison; 2° Aud. du 2 Pluviôse an XII, appel du jugement du 11 Frimaire, par le prévenu, condamné comme horloger pour contravention à la loi du 19 Brumaire sur le titre de garantie des matières d'or et d'argent, à 200 francs d'amende : le Tribunal criminel annule ce jugement pour mal jugé au fond ;

15 demandes de dommages-intérêts.

Recours aux défenseurs. — Pour demandeurs ou parties civiles, dans 19 affaires, pour défendeurs, dans 129 (1) ; 82 enquêtes, 24 contre enquêtes, 3 mises en délibéré (2) ; 1 affichage ordonné pour escroquerie.

2 cas de récidive : 1° pour trouble à l'ordre public (3) (condamné la 1re fois en police municipale). 2° 2 récidivistes pour vol (4) 1 repris de justice (5) (prévenu de vol, repris de justice pour coups et violences).

3° Audience du 23 Floréal an XII, appel d'un jugement du 2 Ventôse an XII, qui condamnait les prévenus, l'un à 2 ans, les autres à 6 mois de prison, pour vol de laines : condamnations maintenues ; — 4° Audience du 23 Prairial : Arrêt (sous l'empire, le mot « arrêt » remplace le mot « jugement ») rendu sur appel d'un jugement du 14 Pluviôse qui condamnait le prévenu, pour délit rural, à 8 fr. d'amende ; 5° Aud. du 2 Messidor : arrêt rendu sur appel d'un jugement qui condamne les prévenus, envers les Maire et adjoints, à 783 fr. d'amende pour contravention aux règlements d'octroi du 29 Vendémiaire an XI et de la loi du 27 Frimaire ; 6° Aud. du 2 Pluviôse an XIII : arrêt sur appel d'un jugement qui condamne le prévenu à 6 mois de prison pour vol de laines, le 17 Germinal an XII ; 7° Aud. du 2 Pluviôse, arrêt sur appel d'un jugement qui condamne le prévenu pour vol à 1 an de prison ; 8° Aud. du 15 Pluviôse an XIII, arrêt sur appel d'un jugement du 27 Fructidor en XII, qui, pour voies de fait, condamne les prévenus à 50 fr. d'amende et 1 mois de prison.

(1) Nous n'avons pas relevé cette année de nouveaux noms de défenseurs officieux ; on recourt parfois à des avoués.

(2) Mises en délibéré ordonnées : 1° pour vol puni par les art. 10 et 11, loi du 25 Frimaire an VIII : aud. du 1er Floréal ; 2° Pour voies de fait et mauvais traitements : aud. du 29 Floréal ; 3° Pour délit forestier : aud. du 9 Thermidor.

(3) Aud. du 9 Thermidor an XII.

(4) Aud. du 20 Ventôse an XII.

(5) Aud. du 8 Messidor.

5 cas où le tribunal correctionnel est saisi par renvoi (1). Nous n'avons pas vu une seule condamnation contre un fonctionnaire public.

RÉSUMÉ

L'année 1804 se caractérise par un calme encore plus complet que l'année précédente, nous avons relevé 138 affaires, dont 104 délits ordinaires. La France vit dans un état de splendeur et de paix ; c'est en juin que Bonaparte s'est fait proclamer Empereur, il n'y a de trouble ni à l'intérieur ni à l'extérieur.

(1) a) Aud. du 27 Nivôse an 12 : renvoi du tribunal criminel spécial du département de la Marne pour menaces d'incendie; b) aud. du 8 Messidor an 12, en matière de vagabondage; le tribunal correctionnel est saisi par une ordonnance du président du tribunal criminel spécial ; c) aud. du 21 Pluviôse an 12, renvoi du tribunal criminel de la Marne pour vol, puni par les art. 10 et 11, loi du 25 F. an VIII; d) aud. du 9 Thermidor : renvoi de la cour de justice criminelle pour délit forestier; e) aud. du 20 Fructidor : renvoi du tribunal de police municipale d'Ay pour délit de pêche.

CHAPITRE V

5ᵐᵉ année (An XIII) :
Du 16 Brumaire an XIII au 15 Brumaire an XIV
ou 6 Novembre 1805 (1804-1805).

Régularité des audiences. — Les audiences furent un peu plus nombreuses (1) mais elles sont toujours aussi peu chargées (2).

---

(1) 1ʳᵉ Section. — 39 audiences : en Brumaire, les 16, 23 et 30 ; en Primaire, les 7 et 21 ; en Nivôse, les 5, 11 et 26 ; en Pluviôse, les 3, 10 et 24 ; en Ventôse, les 1, 8, 15, 22, 29 ; en Germinal, les 13, 20, 27 ; en Floréal, les 4, 11, 18, 25 ; en Prairial, les 2, 9, 16, 23, 30 ; en Messidor, les 7, 14, 21, 28 ; en Thermidor, les 5, 12, 19, 26 ; en Fructidor, les 2, 3 et 5 (audience extraordinaire).

2ᵉ Section. — 41 audiences : en Brumaire, les 19 et 26 ; en Primaire, les 3, 10 et 17 ; en Nivôse, les 8, 11, 15 et 22 ; en Pluviôse, les 6, 13, 20 et 27 ; en Ventôse, les 4, 11, 18, 26 ; en Germinal, les 9, 16, 23, 30 ; en Floréal, les 7, 14, 21, 28 ; en Prairial, les 5, 12, 19 et 26 ; en Messidor, les 3, 10 et 24 ; en Thermidor, les 1, 8, 15, 22, 25 (audience extraordinaire) et 20 ; en Fructidor, les 3, 6 et 13.

Vacations. — 13 audiences (20 Fructidor an XIII, au 15 Brumaire an XIV) : en Fructidor, 3 audiences, les 20, 26 et 27 ; 1 audience le 3ᵉ jour complémentaire an XIII ; en Vendémiaire an XIV, les 5, 6, 12, 13, 19, 20, 26 et 27 ; en Brumaire les 3, 4 et 11.

(2) 1ʳᵉ Section. — 13 audiences avec 1 affaire, 13 avec 2, 3 avec 3, 6 avec 4 et 2 avec 5.

2ᵉ Section. — 14 audiences avec 1 affaire, 4 avec 2, 15 avec 3, 5 avec 4, 2 avec 5, et 1 avec 7.

Vacations. — 2 aud. avec 1 aff., 6 avec 2, 3 avec 3, 1 avec 4, et 1 avec 5.

Rapidité de la procédure. — 178 affaires, dont 137 délits ordinaires, 1 délit faisant l'objet d'un renvoi, 5 délits (ord. 1669) et 35 délits ruraux (loi 1791).

Sur ce nombre, 142 affaires ont été jugées de suite, 32 remises et jugées, 4 remises et non reparues.

Le nombre des prévenus est de 307, soit 229 prévenus de délits ordinaires, 6 de délits forestiers (ord. 1669) et 72 de délits ruraux. (Loi 1791).

15 affaires ont été remises deux fois; 2, 3 fois; 4, 4 fois, et 2, 5 fois.

La procédure devient de nouveau plus rapide (1)

Nombre et nature des délits. — 2 délits contre les bonnes mœurs, 16 vols, une escroquerie, 24 délits de voies de fait et mauvais traitements à particuliers, 1 cas de blessures par imprudence ayant causé la mort (2), 10 délits d'insultes et outrages à fonctionnaires publics, 1 délit de mendicité, 1 délit de faux poids, 1 délit de trouble à l'ordre public, 1 délit de trouble à l'exercice d'une cérémonie religieuse, 4 infractions aux règlements de police qui défendent de laisser séjourner des pailles dans les

---

(1) Procès-verbal du 21 Brumaire an XIII, suivi d'un jugement le 30; procès-verbal du 2 Nivôse aboutit à un jugement le 11 ; une affaire constatée par procès-verbal le 4 Ventôse est jugée le 15 ; un délit du 20 Prairial donne lieu à un jugement le 26 ; une plainte du 27 Messidor an XIII est jugée le 28 ; en cas de remise, un procès-verbal du 6 Messidor en XIII donne lieu à un 1er jugement le 14 Messidor, à un 2e le 21, à un autre le 28.

(2) Art. 15, t. II, Loi 1791.

rues (1) (les prévenus, en récidive, furent condamnés à l'amende).

5 délits (ord. 1669), 12 délits forestiers (loi 1791) et 23 délits ruraux.

11 délits de chasse, 3 délits de vagabondage, 15 infractions à l'article 32 du règlement de police de 1727 qui défend de donner à boire après l'heure fixée. 7 infractions à l'article 2, de l'arrêté du préfet de la Marne du 26 brumaire an XIII qui défend de donner à boire ou à jouer pendant les heures du service divin, une infraction à l'article 28, réglement de 1727, qui défend aux revendeurs d'aller au marché avant 10 heures y faire leurs provisions (les prévenus furent condamnés à 10 fr.) (2), 2 infractions à l'article 44, qui défend d'acheter à des inconnus, 1 délit consistant à donner à jouer (condamnés à 100 fr. d'amende) (3), 3 infractions à l'article 36, du règlement de la manufacture de 1674, qui oblige à mettre son nom au chef des pièces qu'on fabrique, une infraction à l'article 11, loi du 27 frimaire an VIII sur le droit d'octroi, 10 vols prévus par les articles 2 et 3, loi du 25 frimaire an VIII, 9 vols prévus par l'article 6 (vols de laines), 9 vols prévus par les articles 10 et 11, 1 délit prévu

---

(1) Art. 15, t. 1, loi 1791.
(2) Aud. du 10 Frimaire an XIII.
(3) Aud. du 15 Thermidor en XIII.

par l'article 12 (le défendeur est prévenu d'avoir détourné des objets dont il était gardien, il fut condamné à 1 an de prison), 2 infractions à la loi du 19 brumaire an VI sur la garantie des matières d'or et d'argent.

Condamnations pour délits spéciaux. — Pour infraction aux articles 1 et 2, de l'arrêté du préfet de la Marne du 26 brumaire an XIII, qui défend aux cabaretiers de donner à boire pendant les heures de service divin, 7 condamnations à l'amende. Nous voyons la 1re infraction à cet arrêté à l'audience du 11 nivôse an XIII ; l'article 2 est ainsi conçu :
« Il est défendu de tenir les cabarets ouverts les jours de dimanche et fêtes consacrés par le Concordat pendant le temps du service divin. »

Les condamnations ne dépassent pas le minimum pour les vols que répriment les art. 2 et 3 (1) de la loi du 25 frimaire an VIII, les peines sont, en général, sévères pour les infractions à l'art. 6 (2),

---

(1) 10 cond. de prison en M. de correction (d'un an).

(2) 8 cond. de prison de 6 mois, 1 an et 2 ans. Parmi les vols de laines, citons l'affaire suivante (Aud. du 19 Thermidor an XIII) : 6 personnes, dont un fabricant, sont prévenues d'être auteurs ou complices de vols de laines venant de la Manufacture de Reims ; on nous apprend qu'il a été présenté une pétition au Ministre de la Justice pour solliciter des peines plus sévères que celles qui existent contre les voleurs ou recéleurs d'échets de la fabrique. Cette affaire passionnait à ce point le public qu'elle dut être remise à raison de l'affluence de monde, et après délibéré, en audience extraordinaire du 5' Fructidor, le Tribunal rendit son jugement ; 1 inculpé fut acquitté ; 4 condamnés à 1 an de prison, et le fabricant, prévenu d'avoir acheté des laines volées sciemment, à 2 ans ; il fit appel et sa requête fut rejetée.

plus fortes pour les vols prévus par les art. 10 et 11 (1).

Pour infraction à la loi du 19 brumaire an VI, nous relevons 2 cond. à 200 fr. d'amende.

Condamnations pour délits de droit commun. — Les peines sont faibles pour les insultes à fonctionnaires publics (2) : voies de fait (3), délits ruraux; plus fortes pour les délits de trouble à une cérémonie religieuse (4) ; toujours sévères pour les escroqueries (5), délits de mendicité (6), délits contre les bonnes mœurs (7) et vols simples (8).

Acquittements. — Assez peu de personnes acquittées, surtout pour délits ruraux (9).

---

(1) 7 cond. de prison en M. de correction, de 3 mois, 6 mois, 1 an et 2 ans.

(2) 1 cond. à amende, 8 cond. à amende et M. d'arrêt, 1 cond. à 6 fr. d'amende et 6 mois de prison en la M. de correction (le prévenu était repris de justice).

(3) 3 cond. à amende, 12 à amende et M. d'arrêt, 4 à amende et 1 an de prison en M. de correction.

(4) 1 cond. à 50 fr. d'amende et 2 mois de prison en la Maison d'arrêt.

(5) 1 cond. à 50 fr. d'amende et 1 an de prison.

(6) 1 cond. à 1 an de prison.

(7) 2 cond. à amende et Maison de correction, dont la plus forte fut d'un an et 50 fr.

(8) 2 cond. en la Maison d'arrêt, 10 en la Maison de correction, de 6 mois, 1 an et 2 ans.

(9) *Délits ordinaires.* — Nombre des acquittés : 40 ; des condamnés à la prison de moins d'un an : 15 ; à la prison d'un an et plus : 42 ; à l'amende seulement : 81 ; à amende et prison : 47 ; aux frais : 2.

Délits forestiers (Ord. 1669). — Acquittés : 2 ; nombre des condamnés à l'amende : 4.

Délits ruraux (Loi 1791). — Nombre des acquittés : 5 ; des condamnés à l'amende : 89 ; à prison et amende : 6 ; aux frais : 3 ; nombre des personnes détenues jusqu'au jugement : 101 ; mises en liberté provisoire sous caution : 3.

Cas d'incompétence. — 1 renvoi devant le directeur du jury.

Qui exerce les poursuites ? — A côté des poursuites exercées par le substitut du procureur général, 4 par particuliers; 1 par l'Administration municipale pour les droits d'octroi. — Pour délits forestiers, 7 poursuites par particuliers. A partir du 27 germinal an XIII, nous remarquons que l'exploit d'assignation, quand un particulier poursuit, doit être à la fois visé par le directeur du jury et le magistrat de sûreté (1).

Condamnations par défaut. — 28 personnes ont été condamnées par défaut. Une seule opposition (2). 8 appels (3).

---

(1) Plaintes : 29 ; dénonciations : 13 ; procès-verbaux rédigés par garde forestier : 4 ; par garde champêtre : 42 ; par le commissaire de police : 56 ; par le maire : 24 ; par les gendarmes impériaux : 13 ; par juge de paix : 9 ; par les contrôleurs du bureau de garantie : 2 ; par les employés d'octroi : 2.

(2) A l'aud. du 6 Vendémiaire an XIV : opposition à un jugement du 29 Thermidor an XIII, qui condamnait le prévenu à l'amende et 5 jours de prison pour injures à un commissaire de police. Il est reçu opposant et renvoyé devant le Tribunal de police municipale.

(3) 1º A l'aud. du 26 Floréal an XIII : arrêt rendu sur appel d'un jugement du 6 Nivôse qui, pour vol prévu par les art. 10 et 11, loi du 25 F. an VIII, condamne les prévenus à 2 ans de prison. Le tribunal maintient la condamnation pour l'un et acquitte l'autre; 2º Aud. du 18 Prairial : arrêt rendu sur appel d'un jugement du 30 Germinal qui condamnait le prévenu pour contravention à la loi du 19 Brumaire an VI, à 200 fr. d'amende; requête d'appel admise; 3º Aud. du 15 Thermidor : arrêt rendu sur appel d'un jugement du 25 Floréal qui condamne le prévenu, pour troubles à une cérémonie religieuse, à 50 fr. d'amende et 2 mois de prison; le Tribunal criminel réduit la peine à 5 jours de prison et 5 fr. d'amende; 4º Aud. du 20 Frimaire an XIV : arrêt rendu sur appel d'un jugement du 13 Fructidor qui condamnait le prévenu à

23 demandes de dommages-intérêts.

Pour demandeurs ou parties civiles, on eut recours à des défenseurs dans 27 affaires ; pour défendeurs, dans 75.

95 enquêtes. 16 contre enquêtes. 6 expertises (1).

2 mises en délibéré : 1° dans une affaire importante de vols de laines (6 inculpés) (2). 2° (3) Pour délit forestier. — 1 affichage de jugement pour escroquerie.

4 récidivistes (4), 2 repris de justice (5).

---

100 fr. d'amende pour délit forestier ; le Tribunal criminel annule le jugement dont est appel, et acquitte le prévenu ; 5° Aud. du 20 Brumaire an XIV : arrêt rendu sur appel d'un jugement du 5 Fructidor qui condamnait l'appelant, pour vol de laines, à 2 ans de prison ; l'arrêt réduit la peine à 6 mois ; 6° même audience : arrêt rendu sur appel d'un jugement du 5 Fructidor qui condamnait le prévenu pour achat de laines volées, à 2 ans de prison ; requête d'appel rejetée ; 7° Aud. du 5 Nivôse : arrêt rendu sur appel du jugement du 19 Thermidor an XIII qui confirme ce jugement condamnant le prévenu, pour insultes à l'inspecteur des viandes en fonctions, à 5 jours de prison et 5 francs d'amende ; 8° Aud. du 6 Novembre 1807 : arrêt rendu sur appel d'un jugement du 30 Frimaire an XIV (affaire commencée le 6 Vendémiaire) acquittant 4 individus prévenus de vol et condamnant le plaignant aux dépens ; ce jugement est confirmé.

(1) a) Aud. du 8 Nivôse an XIII : expertise ordonnée pour vols de laines ; b) Aud. du 28 Floréal, pour vols de laines ; c) Aud. du 13 Fructidor, 8 expertises pour anticipation sur chemin communal ; d) Aud. du 8e jour complémentaire an XIII, pour vol, et les experts y procèdent de suite, sans remise de la cause.

(2) Aud. du 3 Fructidor an XIII.

(3) Aud. du 1er Thermidor.

(4) 1° Aud. du 23 Prairial an XIII, récidive pour vol ; 2° Aud. du 26 Prairial, pour voies de fait ; 3° Aud. du 3 Messidor, pour voies de fait ; 4° Aud. du 15 Thermidor, pour vol.

(5) a) Aud. du 24 Pluviôse, un prévenu de mendicité et vagabondage ; b) Aud. du 28 Messidor, un prévenu d'injures à fonctionnaire public en fonctions.

RÉSUMÉ

Nous avons relevé cette année une augmentation assez sensible dans le nombre des délits. En effet c'est en septembre 1805 que commence la 3ᵐᵉ coalition qui devait durer 3 mois, d'où relâchement des mœurs.

6me année (An XIV) :
Du 15 Brumaire an XIV ou 6 Novembre 1805
au 5 Novembre 1806 (1805-1806).

Régularité des audiences. — Les audiences sont un peu moins nombreuses que l'année précédente (1), mais elles ont une tendance à être plus chargées (2).

Rapidité de la procédure. — 162 affaires, dont 108 délits ordinaires, 3 délits faisant l'objet d'un

(1) 1re Section. — 38 audiences : en Brumaire, les 15, 21 et 29 ; en Frimaire, les 6, 13, 20 et 27 ; en Janvier 1806, les 8, 15 et 22 ; en Février, les 5 et 26 ; en Mars, les 5, 12 et 19 ; en Avril, les 2, 9, 16, 23 et 30 ; en Mai, les 7, 14, 17 (audience extraordinaire), 21 et 28 ; en Juin, les 4, 11, 18 et 25 ; en Juillet, les 2, 9, 16, 23 et 30 ; en Août, les 6, 13, 20 et 27.

2e Section. — 39 audiences : en Brumaire, le 18 ; en Primaire, les 2, 8, 9, 23 et 30 ; en Nivôse, le 7 ; en Janvier, les 4, 11 et 25 ; en Février, les 1, 8, 15 et 22 ; en Mars, les 1, 8, 15, 22 et 29 ; en Avril, les 5, 12, 19 et 26 ; en Mai, les 3, 10, 14, 17 et 31 ; en Juin, les 7, 14, 21 et 28 ; en Juillet, les 5, 14, 19 et 26 ; en Août, les 16, 23 et 30.

Vacations. — 15 audiences : en Septembre, les 6, 12, 13, 19, 20 et 27 ; — en Octobre, les 3, 4, 10, 11, 17, 18, 24, 25 et 31.

(2) 1re Section. — 11 audiences avec 1 affaire ; 12 avec 2 ; 4 avec 3 ; 2 avec 4 ; 6 avec 5 ; 1 avec 6 ; 1 avec 7 et 1 avec 8.

2me Section. — 12 audiences avec 1 affaire ; 10 avec 2 ; 7 avec 3 ; 9 avec 4 et 1 avec 5.

Vacations. — 3 audiences avec 1 affaire, 6 avec 2, 1 avec 3, 1 avec 4, 3 avec 5 et 1 avec 6.

renvoi, 6 délits (ord. 1669) et 45 délits ruraux (loi 1791).

Sur ce nombre, 124 affaires ont été jugées de suite, 36 remises et jugées, 2 remises et non reparues.

Le nombre des prévenus est de 312, soit 222 prévenus de délits ordinaires, 7 de délits forestiers (ord. 1669) et 83 de délits ruraux (loi 1791) (1).

Notons 9 affaires remises 2 fois; 5, 3 fois et 2 4 fois.

La procédure est assez rapide (2).

Nombre et nature des délits. — 3 délits contre les bonnes mœurs, 17 vols simples; 6 escroqueries; 16 délits de voies de fait et mauvais traitements; 1 cas de blessures par imprudence; 6 délits d'insultes et outrages à fonctionnaires publics; 2 délits de mendicité; 1 délit de faux poids; 1 délit de trouble à l'ordre public en récidive; 1 délit de trouble apporté à des cérémonies religieuses.

6 délits (ord. 1669); 18 délits forestiers (loi 1791); 27 délits ruraux.

11 délits de chasse; 8 infractions à l'article 32, règlement de police de 1727 qui défend de donner

---

(1) En 1806, la population de Reims s'élevait à 31.779 habitants (Jadart...);

(2) Procès-verbal du 21 Brumaire an 14 suivi d'un jugement le 29. un délit du 24 Frimaire aboutit à un jugement le 7 Nivôse; p.-v. du 20 Février donne lieu à un jugement le 1er Mars; p.-v. du 3 Juin 1806 est suivi d'un jugement le 11, en cas de remise. p.-v. du 13 Octobre 1806 donne lieu à un jugement le 24, et à un autre le 31 Octobre.

à boire après l'heure fixée ; 1 infraction à l'article 44, qui défend d'acheter à des inconnus ; 1 contravention à un règlement de police en couvrant en chaume un bâtiment sans autorisation de l'Administration départementale ; 1 infraction à l'article 42, loi du 3 août 1791, et à l'arrêté du 26 nivôse an VI (refus de service à la garde nationale) ; 1 infraction à l'article 11, loi du 27 frimaire an VIII sur les droits d'octroi ; 7 vols prévus par les articles 2 et 3, loi 25 Frimaire au VIII ; 2 vols prévus par l'art. 4 ; 8 prévus par l'article 6 ; 6 vols prévus par les articles 10 et 11 ; 3 infractions au nouveau système de poids et mesures ; 5 délits de port d'armes.

Condamnations pour délits spéciaux. — *Délits de port d'armes :* C'est à l'audience du 3 mai 1806 que nous voyons la première infraction à l'arrêté sur le port d'armes (art. 8, arrêté du préfet de la Marne du 21 brumaire an XIII, qui défend de porter des armes sans permis. Notons 4 condamnations à l'amende, 1 à l'amende et prison.

Citons le cas d'un sergent qui comparaît (1) au tribunal correctionnel pour voies de fait et mauvais traitements ; il est condamné à 50 fr. d'amende et 3 mois de prison.

Les condamnations sont toujours du minimum

____

(1) Aud. du 27 Août 1806.

pour les vols prévus par les art. 2 et 3 (1), loi du 25 frimaire an VIII, parfois du maximum pour ceux prévus (2) par l'art. 4, ainsi que pour ceux prévus par l'art. 6 (3); du minimum, au contraire, pour les vols prévus par les art. 10 et 11 (4).

Condamnations pour délits de droit commun. — Elles sont toujours modérées pour insultes à fonctionnaires (5), voies de faits (6), trouble à l'exercice du culte (7); plus faibles que les années précédentes pour délits contre les bonnes mœurs (8), moins sévères pour vols simples (9) et pour escroqueries (10).

Acquittements. —Peu de personnes acquittées (11).

---

(1) 7 cond. en la Maison de correction, chacune d'un an.

(2) 2 cond. à prison de 6 mois et 2 ans.

(3) 8 cond. à prison de 6 mois, 1 an et 2 ans. — Si le Tribunal réprime si sévèrement les vols de laines, c'est qu'ils se multiplient d'une façon effrayante et portent à la fabrique un grave préjudice.

(4) 4 cond. à prison, chacune de 3 mois (la plus forte fut de 2 ans).

(5) 1 cond. à M. d'arrêt, 3 à amende et M. d'arrêt.

(6) 5 cond. à l'amende, 7 à amende et Maison d'arrêt, 2 à l'amende et M. de correction (la plus forte fut de 50 fr. et 3 mois).

(7) Pour trouble aux cérémonies religieuses, 1 cond. à amende et prison.

(8) 2 cond. à amende et Maison d'arrêt.

(9) 2 cond. à la M. d'arrêt, 11 à la M. de correction (la plupart de 3 mois, quelques-unes de 6 mois et 2 ans), et 1 cond. de 6 mois de prison et 10 fr. d'amende.

(10) 2 cond. à amende et M. d'arrêt, 4 à amende et M. de correction dont la plus forte fut de 100 fr. et 2 ans.

(11) *Délits ordinaires.* — Nombre d'acquittés : 33 ; des condamnés à moins de 1 an : 23 ; à 1 an et plus : 15 ; à l'amende seulement : 118 ; à l'amende et prison : 27.

Délits forestiers (Ord. 1669). — Nombre des acquittés : 2 ; des condamnés à l'amende seulement : 5.

Délits ruraux (Loi 1791). — Nombre des acquittés : 13 ; des condamnés à l'amende : 63 ; à la prison et amende : 5 ; des personnes détenues jusqu'au jugement : 69 ; des personnes mises en liberté sous caution : 1.

Cas d'incompétence. — 1 renvoi devant le directeur du jury. 2 au tribunal de simple police.

Qui exerce les poursuites? — A côté des poursuites exercées par le substitut du procureur général, magistrat de sûreté, nous en relevons pour les délits ordinaires : 1 par particulier. 1 par l'Administration municipale pour les droits d'octroi. Pour les délits forestiers, 5 par particuliers (1).

Condamnations par défaut. — 53 personnes ont été condamnées par défaut.

3 appels (2).

20 demandes de dommages-intérêts.

Des demandeurs ou parties civiles ont recours à des défenseurs dans 22 affaires ; des défendeurs dans 67.

---

(1) Plaintes : 30 ; dénonciations : 8 ; procès-verbaux rédigés par le garde forestier : 15 ; par le garde champêtre : 43 ; par le commissaire de police : 40 ; par le juge de paix : 9 ; par gendarmes impériaux : 11 ; par le maire : 14 ; par les employés du droit d'octroi : 1.

Deux cas de nullité du procès-verbal : a) Aud. du 4 Juin 1806, procès-verbal nul (délit rural), parce qu'il n'est signé ni du garde, ni du Maire; b) Aud. du 14 Juin, pour défaut d'affirmation (délit rural).

(2) a) A l'audience du 26 Juin 1806, arrêt rendu sur appel d'un jugement du 22 Mars qui confirme ce jugement, condamnant par corps le prévenu inculpé d'avoir disposé d'arbres réservés pour la marine, à 3.000 fr. d'amende; b) Même audience, arrêt rendu sur appel d'un jugement de même date qui confirme ce jugement, qui condamnait le prévenu, pour délit semblable, à la même amende; c) à l'audience du 13 Janvier 1807, arrêt rendu sur appel d'un jugement du 25 Octobre 1806, interjeté par le prévenu condamné, pour infraction à l'article 32, règlement 1727, et outrages à fonctionnaires publics : 1° à 6 fr. d'amende, 2° à 10 jours de prison et amende de 5 fois sa contribution mobilière. L'arrêt confirme ce jugement.

81 enquêtes, 9 contre-enquêtes, 4 expertises (en matière de délit rural).

4 mises en délibéré (1).

6 affichages (2).

2 récidivistes (3). 1 repris de justice (4).

Nous ne voyons plus un seul fonctionnaire public condamné.

RÉSUMÉ

Nous avons relevé cette année moins d'affaires : les mois de novembre et décembre sont les plus chargés. Fin 1805, la 3me coalition est vaincue et le traité de Presbourg est signé le 26 décembre. L'année 1806 s'est ouverte dans une splendeur inouïe ; on ne projette plus de conquêtes militaires ; l'empereur s'occupe de l'administration de la France et nous attribuons à ce calme relatif la diminution dans le nombre des délits pour l'année 1806.

---

(1) 1o (aud. du 22 Février) pour délit rural ; 2o (aud. du 21 Mai 1806) dans deux affaires où un marchand de bois est prévenu d'avoir disposé d'arbres réservés pour le service de la marine ; 3o (aud. du 21 Juin) pour voies de fait et mauvais traitements.

(2) Nous ne voyons d'affichage de jugements que dans les affaires d'escroqueries ; c'est l'application de l'art. 35, loi 22 Juillet 1791, t. II.

(3) a) A l'audience du 22 Janvier 1806, récidive pour trouble à la tranquillité publique et voies de fait ; b) le 13 Août 1806, pour vol (art. 32, loi 1791).

(4) A l'aud. du 29 Brumaire an 14, un prévenu de vol (art. 4, loi du 25 Frimaire an VIII) est repris de justice.

CHAPITRE VII

VIIme année (An 1806-1807) :
Du 5 Novembre 1806 au 7 Novembre 1807.

Régularité des audiences. — Les audiences sont
un peu plus nombreuses (1) ; elles sont assez chargées (2).

Rapidité de la procédure. — 215 affaires, dont
156 délits ordinaires, 1 délit faisant l'objet d'un

------

(1) 1re Section. — 43 audiences : en Novembre : les 5, 12, 19 et 20; en
Décembre : les 3, 10. 17, 24 et 31; en Janvier : les 7, 14, 21 et 28; en
Février : les 4, 11, 18, 25; en Mars 1807 : les 4, 11. 18, 25; en Avril : les
1, 8, 22, 29; en Mai : les 6, 13. 15 (aud. extraordinaire) et 20; en Juin :
les 3, 10 et 17; en Juillet : les 1, 8, 15, 22 et 29 ; en Août : les 5, 12, 19, 26,
29 et 31.

2e Section. — 40 audiences : en Novembre : les 8, 15, 22, 29; en Décembre :
les 6, 13, 20, 27; en Janvier : les 3, 10, 17 et 31; en Février : les 14, 21 et
28; en Mars : les 7, 14, 21 et 28; en Avril : les 4, 11, 18, 25; en Mai : les 2,
9, 16, 23, 30; en Juin : les 6, 13, 20, 27; en Juillet : les 4, 11, 18, 25; en
Août : les 1, 8, 22, 29.

Vacations. — 15 audiences : en Septembre, les 5, 11, 12, 18, 19, 25 et
26; en Octobre, les 2, 3, 9, 10, 16, 23, 24 et 31.

(2) 1re Section. — 16 audiences avec 1 affaire, 7 avec 2, 12 avec 3, 2 avec
4, 3 avec 5, et 3 avec 6.

2e Section. — 10 audiences avec 1 affaire, 5 avec 2, 9 avec 3, 8 avec 4,
7 avec 5, et 1 avec 6.

Vacations. — 3 audiences avec 1 affaire, 2 avec 2, 4 avec 3, 3 avec 4, 1 avec
5, 1 avec 6, et 1 avec 7.

renvoi, 2 délits (ord. 1669) et 56 délits ruraux (loi 1791).

Sur ce nombre, 156 affaires ont été jugées de suite, 53 remises et jugées, 6 remises et non reparues.

Le nombre des prévenus est de 392, soit 260 prévenus de délits ordinaires, 6 de délits (ord. 1669) et 126 de délits ruraux (loi 1791).

Signalons 10 affaires remises 2 fois, et 2, 3 fois.

Il s'écoule toujours un assez court délai entre le délit, le procès-verbal et le jugement (1).

Nombre et nature des délits. — 25 vols simples, 2 escroqueries ; 25 délits de voies de fait et mauvais traitements à particuliers ; 2 cas de blessures par imprudence ; 14 délits d'injures et outrages à fonctionnaires publics ; 4 délits de mendicité ; 1 délit de faux poids ; 1 délit de trouble à l'ordre public en récidive pendant la nuit (2) (le prévenu fut condamné (3) à 6 fr. d'amende et 4 mois de prison en la maison de correc-

---

(1) Un procès-verbal du 8 Novembre 1806 est suivi d'un jugement le 15 ; un procès-verbal du 28 Décembre aboutit à un jugement le 7 Janvier ; une affaire commencée le 7 Janvier 1807 est jugée le 10 ; un procès-verbal du 29 Mars aboutit à un jugement le 1er Avril ; voici un exemple d'extrême rapidité : un procès-verbal du 24 Juillet est suivi d'un jugement le 25 ; en cas de remise : un délit du 22 Octobre 1806 est suivi d'un 1er jugement le 5 Novembre, d'un 2e le 12 ; un procès-verbal du 21 Octobre 1807 donne lieu à un 1er jugement le 31, à un 2e le 7 Novembre.

(2) Art. 20, t. II, loi 1791.

(3) Aud. du 20 Juin 1807.

tion) ; 1 délit pour mise en vente de viandes corrompues (1) (condamné à 5 fr. d'amende) ; 1 infraction aux articles 5 et 6, loi du 22 juillet 1791, (délit
consistant pour un aubergiste à loger des étrangers
sans inscrire leurs noms sur un registre (2) : il fut
acquitté ; 1 délit de trouble à cérémonies religieuses.

2 délits (ord. 1669); 18 délits forestiers (loi 1791);
38 délits ruraux.

15 délits de chasse ; 9 infractions à l'article 32,
règlement de 1727, qui défend de donner à boire
après l'heure prescrite ; 1 infraction à l'article 28
du règlement de police qui défend d'acheter sur le
marché des provisions avant l'heure ; 1 infraction
à l'article 63, règlement de police de 1727 (3) ;
2 délits prévus par l'article 10, règlement de
police de Paris du 10 février 1735, consistant à
avoir par imprudence et négligence causé un
incendie (condamné à l'amende) ; 1 infraction à
l'article 2, arrêté du préfet de la Marne du 26 brumaire an XIII, qui défend de donner à boire pendant les heures de service divin ; 1 infraction à l'ordonnance de police de la ville de Reims du 27 septembre 1771 qui défend de faire reconstruire les

---

(1) Aud du 27 Décembre 1806, art. 2.), t. 1, loi 1791.
(2) Aud. du 29 Juillet 1807.
(3) Deux boulangers, chargés de la fourniture au Bureau de bienfaisance,
ont fourni du pain à poids insuffisant (aud du 12 Novembre 1806); ils furent
condamnés seulement à 6 francs d'amende.

murs des bâtiments en mauvais état hors de l'alignement sans permission de la mairie (1) ; 5 délits de port d'armes ; 8 infractions à l'article 11, loi du 1er vendéminire an IV sur le nouveau système des poids et mesures ; 1 infraction à l'article 11, loi du 27 frimaire an VIII sur le droit d'octroi ; 6 vols prévus par les articles 2 et 3, loi du 25 frimaire an VIII ; 13 vols prévus par les articles 10 et 11 ; 1 infraction à l'article 13, (menaces d'incendie) ; 2 délits de voyage sans passeport (2) ; 1 infraction à l'article 26, règlement de 1727, et à la loi du 9 frimaire an XII (des personnes sont prévenues d'avoir réfugié un individu qui n'avait ni passeport, ni livret sans déclaration au commissaire de police) (3) ; 1 infraction à la loi du 1er brumaire an VII sur les patentes (art. 38) (4) ; 1 délit de désembauchage ; 1 infraction à la loi du 19 ventôse an XI, et 9 infractions aux lois sur les droits réunis.

---

(1) Aud. du 9 Mai 1807, les prévenus furent acquittés, car il fut jugé qu'on n'avait fait qu'un simple raccord et non un nouvel œuvre.

(2) Les prévenus ne s'étant pas conformés à la loi du 10 Vendémiaire an IV sur les passeports, le Tribunal ordonne qu'ils seront reconduits, de brigade en brigade, chez leurs parents. (Aud. du 19 Septembre 1807).

(3) Elles furent seulement condamnées aux frais. (Aud. du 23 Mai 1807).

(4) Un boucher est prévenu d'avoir contrevenu à la loi sur les patentes en vendant, hors de son domicile, des viandes, sans patente. Il est condamné aux frais et la viande saisie. (Audience du 8 Août 1807).

Délits spéciaux. — Condamnations :

1º *Infraction à la loi du 19 ventôse an XI* (1). — Une sage-femme est prévenue d'exercer l'art des accouchements sans être munie du diplôme exigé par cette loi ; par application des articles 35 et 36, elle fut condamnée à 20 fr. d'amende.

2º *Délit de désembauchage.* — C'est la première fois que nous relevons un semblable délit (2). 4 garçons tailleurs sont prévenus de s'être coalisés avec plusieurs autres pour interdire le travail aux ouvriers de leur profession chez un maître tailleur. Comme ce délit est contraire à l'ordre social, par application de l'article 7, t. II, loi du 22 germinal an XI, ils furent condamnés chacun à 5 jours de prison.

3º *Droits réunis.* — Le système général des impôts fut profondément modifié sous le Consulat et l'Empire. Napoléon, proclamé empereur, rétablit les impôts indirects abolis par la Révolution. Les contributions indirectes prirent le nom de « droits réunis ». C'était un vieux terme qui désignait jadis les droits autres que les aides et qui pour la perception, étaient réunis à la ferme des aides. Dans le nouveau droit, les droits réunis n'étaient pas affermés, mais perçus en régie par des employés de l'Etat.

(1) Aud. du 24 Octobre 1807.
(2) Aud. du 20 Juin 1807.

C'est aux audiences des 6 et 17 décembre 1806
que nous voyons les premières poursuites pour
infractions aux lois sur les droits réunis. Les articles
qu'on applique sont les articles 17 et 34 du décret
impérial du 5 mai 1806, et l'article 37 de la loi du
24 avril 1806. Les poursuites étaient exercées par
les administrateurs des droits réunis représentés
par le directeur des dits droits pour le département
de la Marne demeurant à Châlons, et par le contrô-
leur des droits réunis pour Reims (1). Aux termes
de l'article 17 du décret impérial du 5 mai 1806,
les cabaretiers devaient représenter aux commis de
la Régie les congés et passavants des vins qui entrent
chez eux; aux termes de l'article 34, toute contravention entraînait les peines prononcées par l'article 37, loi du 24 avril 1806, qui sont la confiscation
des objets saisis et une amende de 100 fr. Les procès-
verbaux des commis des droits réunis ou employés
de la Régie ont foi en toute matière jusqu'à inscription de faux (2).

Souvent il intervenait une transaction entre le
délinquant et la Régie : ainsi voici une affaire parue
le 6 décembre 1806, où il est question d'une transac-

---

(1) A l'aud. du 17 Décembre, la saisie porta sur 4 hectolitres de vin, excé-
dant les charges du prévenu (débitant), et dont il n'a pu présenter ni congé,
ni passavant aux employés de la Régie; il fut ordonné que les vins saisis
seraient confisqués au profit de la Régie, et il fut condamné à 100 fr. d'amende.
(2) Aud. du 8 Avril 1807.

tion et le 3 janvier, on dit que la transaction intervenue est soumise à l'homologation du ministre de
la justice ; une autre affaire parue le 8 août 1807
est aussi remise pour le cas où il n'interviendrait pas
de transaction ; ne l'ayant pas revue, nous supposons qu'un arrangement a été conclu. Notons pour
celles qui ont été jugées 7 condamnations à l'amende.

Les peines sont généralement du minimum pour
les vols prévus par les art. 2 et 3 (1), loi du 25
frimaire an VIII, ainsi que pour ceux prévus par
les art. 10 et 11 (2).

Condamnations pour délits de droit commun. —
Elles sont modérées pour les insultes à fonctionnaires publics (3), délits ruraux (4) et voies de
faits (5); assez sévères pour trouble à l'exercise du
culte (6), délits de mendicité (7), vols simples (8),
et escroqueries (9).

---

(1) 6 cond. de prison en M. de correction, chacune d'un an.

(2) 11 cond. de prison en la M. de correction, dont la plus forte fut de 2 ans.

(3) 1 cond. à la Maison d'arrêt, 9 à amende et Maison d'arrêt.

(4) Le plus souvent, nous relevons des cond. à l'amende.

(5) 6 cond. à l'amende, 14 à amende et Maison d'arrêt, 3 à l'amende et Maison de correction, dont la plus forte fut de 20 fr. et 6 mois.

(6) 1 cond. à 50 fr. d'amende et 1 mois de prison contre des prévenus inculpés d'avoir interrompu les cérémonies religieuses dans une église (Aud. du 22 Juillet 1807).

(7) 1 cond. à M. d'arrêt, 1 à M. de correction (1 an).

(8) 4 cond. à M. d'arrêt et 20 en M. de correction, de 3 mois, 6 mois, 1 an et 2 ans ; pour vol en récidive, 2 cond. à 4 ans ; enfin, voici un vol (Aud. du 13 Mai 1807) où 10 personnes sont inculpées ; l'une, en récidive, fut condamnée à 4 ans, 2 à 2 ans, 2 à 1 an, 2 à 6 mois, 1 à 3 mois ; les deux dernières sont acquittées. — On peut voir que les vols simples, s'ils étaient nombreux à cette époque, étaient sévèrement réprimés.

(9) 2 cond. à amende et M. de correction (200 fr. et 1 an).

Acquittements. — Le nombre des acquittés est très peu important (1).

Cas d'incompétence. — 2 renvois devant le tribunal de police municipale.

Qui exerce les poursuites ? — Signalons en matière de délits forestiers 7 poursuites exercées par particuliers. Pour les délits ordinaires, 5 par particuliers, 1 par l'Administration municipale pour les droits d'octroi, 12 par le Conseiller d'Etat, directeur général, au nom des administrateurs des droits réunis (2).

Condamnations par défaut. — 66 personnes ont été condamnées par défaut. 1 appel (3). 21 demandes de dommages-intérêts.

---

(1) *Délits ordinaires.* — Nombre des acquittés : 32 ; des condamnés à moins d'un an : 40 ; à 1 au et plus : 24 ; à l'amende seulement : 103 ; à l'amende et prison : 42 ; aux frais : 8.

Délits forestiers (Ord. 1669). — Nombre des condamnés à l'amende : 6.

Délits ruraux (Loi 1791). — Nombre des acquittés : 11 ; des condamnés à l'amende : 91 ; à prison et amende : 16 ; aux frais : 4 ; nombre de personnes détenues jusqu'au jugement : 90 ; de personnes mises en liberté provisoire sous caution : 5.

(2) Plaintes : 41 ; dénonciations : 13 ; désistement de la plainte : 2 ; procès-verbaux rédigés par le garde forestier : 13 ; par le garde champêtre : 64 ; a) A l'aud. du 22 Novembre 1806 (délit rural), nullité est prononcée d'un procès-verbal rédigé par un garde particulier, affirmé devant le maire d'une commune autre que celle sur le territoire duquel le délit a été commis (art. 11, loi du 28 Floréal an X) ; b) à l'aud. du 14 Mars 1807 (délit de chasse), nullité du p.-v. est encore prononcée pour même motif ; par les gendarmes impériaux : 15 ; par le commissaire de police : 58 ; par le juge de paix : 2 ; par le maire : 24 ; par les employés d'octroi : 1 ; par les commis des droits réunis : 13.

(3) A l'aud. du 11 Septembre 1807, du tribunal criminel, arrêt rendu sur appel d'un jugement du 1er Août qui, réformant le dit jugement en sa dispo-

Des dema˙ ˯urs ont eu recours à des défenseurs dans 33 a˯ ˯es ; des défendeurs dans 74. 96 enquêtes, 15 contre enquêtes. 1 expertise (pour délit rural).

2 mises en délibéré (1). 2 affichages.

6 récidivistes (2).

5 repris de justice (3).

---

sition de 10 jours de prison pour voies de fait et mauvais traitements, en décharge le prévenu et, le confirmant pour le surplus, le condamne à 100 francs d'amende. Remarquons qu'à partir de 1806 nous ne voyons presque plus d'appels.

(1) a) A l'aud. du 26 Août 1807, pour infraction aux lois sur les droits réunis ; b) à l'aud. du 8 Novembre 1806, pour délit de chasse. Trois personnes sont prévenues d'avoir chassé dans le parc de Louvois et tué un chevreuil faisant partie des bêtes fauves réservées pour les plaisirs de l'Empereur. L'affaire fut réduite à un simple délit de chasse.

(2) a) A l'aud. du 18 Mars 1807, récidive pour vol simple ; b) à l'aud. du 15 Mai, pour vol simple ; c) à l'aud. du 14 Mars, pour vol. simple ; d) à l'aud. du 6 Juin, pour vol prévu par les art. 10 et 11, loi Frimaire an VIII ; e) à l'aud. du 18 Juillet, pour vol simple ; f) à l'aud. du 22 Août, pour vol simple.

(3) a) A l'audience du 19 Novembre 1806, un prévenu de vol ; b) à l'audience du 13 Mai, un prévenu de vol est repris de justice 2 fois : la 1re pour menaces d'incendie, la 2e pour voies de fait ; c) à la même audience, dans le même délit de vol, où 10 personnes sont accusées, un autre est repris de justice pour voies de fait ; d) à l'audience du 28 Mai 1807, un repris de justice pour escroquerie est prévenu de mendicité ; e) à l'audience du 9 Octobre, un prévenu de vol (art. 10 et 11, loi du 25 Frimaire an VIII).

RÉSUMÉ

L'année 1806-1807 est signalée par la 4me coalition qui dure près d'un an, d'octobre 1806 à juillet 1807. Elle prit fin le 8 juillet par le traité de Tilsitt. Nous attribuons encore à la guerre l'augmentation que nous avons constatée cette année dans le nombre des délits. Remarquons surtout les vols simples et les voies de fait et mauvais traitements. Signalons particulièrement les premières infractions aux lois sur les droits réunis, qui ont été établis pour subvenir aux besoins des guerres.

CHAPITRE VIII

8ᵐᵉ année (An 1807-1808) :
Du 7 Novembre 1807 au 5 Novembre 1808.

Régularité des audiences. — Les audiences sont toujours aussi nombreuses (1) et un peu plus chargées (2).

Rapidité de la procédure. — 229 affaires, dont 146 délits ordinaires ; 2 délits faisant l'objet d'un renvoi ; 2 délits (ord. 1669) et 79 délits ruraux (loi 1791).

---

(1) 1ʳᵉ Section. — 38 audiences : en Novembre, les 11, 18, 25 ; en Décembre, les 2, 16, 23, 30 ; en Janvier, les 6, 13 et 27 ; en Février, les 3, 10, 17 et 24 ; en Mars, les 9, 16, 23, 30 ; en Avril, les 13 et 20 ; en Mai, les 4, 11, 18 et 25 ; en Juin, les 1, 8, 15, 22, 29 ; en Juillet, les 6, 8 (audience extraordinaire), 13, 20, 27 ; en Août, les 10, 17, 24 et 31.

2ᵐᵉ Section. — 44 audiences : en Novembre 1807, les 7, 14, 21 et 28 ; en Décembre, les 5, 12, 19 et 26 ; en Janvier, les 2, 9, 13 (audience extraordinaire), 16, 23 et 30 ; en Février, les 6, 13, 20 et 27 ; en Mars, les 5, 12, 19 et 26 ; en Avril, les 2, 9, 16, 23 et 30 ; en Mai, les 7, 14, 21, 28 ; en Juin, les 4, 11, 18, 25 ; en Juillet, les 2, 9, 16, 23 et 30 ; en Août, les 6, 13, 20 et 27.

Vacations. — 17 audiences : en Septembre, les 3, 9, 10, 16, 17, 23, 24 et 30 ; en Octobre, les 1, 7, 8, 14, 15, 21, 22, 28 et 29.

(2) 1ʳᵉ Section. — 8 audiences avec 1 affaire, 7 avec 2, 11 avec 3, 5 avec 4, 4 avec 5, 1 avec 7, 1 avec 8, et 1 avec 9.

2ᵉ Section. — 5 aud. avec 1 aff., 12 avec 2, 11 avec 3, 3 avec 4, 9 avec 5, 2 avec 6, 1 avec 7, et 1 avec 8.

Vacations. — 3 aud. avec 1 aff., 4 avec 2, 3 avec 3, 1 avec 4, 4 avec 5, et 2 avec 6.

Sur ce nombre, 168 affaires ont été jugées de suite, 50 remises et jugées, et 11 remises et non reparues. Le nombre des affaires remises et non reparues augmente ; on peut l'expliquer, si l'on remarque que le plus souvent il s'agit d'infractions aux lois sur les droits réunis, et pour ces délits, une transaction intervient parfois (1).

Le nombre des prévenus est de 391, soit 230 prévenus de délits ordinaires, 2 de délits (ord. 1669) et 159 de délits ruraux (loi 1791).

14 affaires ont été remises 2 fois ; 5, 3 fois ; 2 4 fois ; 1, 5 fois ; 1, 6 fois.

La procédure est généralement rapide.

Nombre et nature des délits. — 1 délit contre les bonnes mœurs, 8 vols simples ; 2 escroqueries ; 17 délits de voies de fait et mauvais traitements ; 1 délit d'injures avec récidive (le prévenu (2) fut condamné aux termes des articles 606 et 607 du Code des délits et des peines, à 6 fr. d'amende et 5 jours de prison ; 13 délits d'insultes et outrages à fonctionnaires publics ; 3 délits de faux poids ; 1 infraction à article 15, t. I, loi du 22 juillet 1791 (3).

---

(1) Exemples de délits de droits réunis remis et non reparus : 1 affaire à l'audience du 11 Novembre 1807, 2 le 9 Mars 1808, 2 à l'audience du 27 Février 1808, 2 le 16 Avril 1808, 1 le 7 Mai.

(2) Aud. du 5 Décembre 1807.

(3) Le défendeur est prévenu d'avoir laissé séjourner de la paille dans la rue, contrairement au règlement de police, et d'être en récidive. Il fut condamné aud. du 17 Août 1808) à l'amende.

2 délits (ordonnance 1669) (1) ; 52 délits forestiers (loi 1791) et 27 délits ruraux.

18 délits de chasse ; 20 délits de port d'armes (art. 23, arrêté du préfet du 15 décembre 1807, et art. 21, arrêté du préfet du 10 décembre 1806) ; 9 infractions à l'article 32, règlement de 1727 qui défend aux aubergistes de donner à boire après l'heure prescrite ; 1 infraction à l'article 28, qui défend de faire des provisions sur le marché avant l'heure ; 1 infraction à l'article 44, qui défend d'acheter à des inconnus (2) ; 1 infraction à l'arrêté qui défend de donner à boire pendant les heures du service divin ; 11 infractions au nouveau système des poids et mesures ; 5 infractions à la loi du 10 vendémiaire an IV sur les passeports ; 11 vols prévus par les articles 2 et 3, loi du 25 frimaire an VIII ; 4 vols prévus par l'article 6 ; 1 délit de menaces d'incendie (art. 13) ; 10 infractions aux lois sur les droits réunis ou sur la régie ; 1 infraction à la loi du 19 ventôse an XI, qui défend aux sage-femmes de faire des accouchements sans le diplôme exigé (3) ; 2 délits d'usure ; 1 délit d'audience ; 1 infraction à l'article 2, loi du 13 fructidor an V ; 1 infraction à l'article 5, arrêté des consuls du 27

---

(1) Il s'agit de délits de pêche en temps prohibé et avec épervier, prévus par les art. 6 et 10, t. III, de l'ord. de 1669.

(2) Les prévenus furent acquittés.

(3) La prévenue, en récidive, ayant été condamnée, le 19 Décembre 1807, fut de nouveau condamnée, le 13 Février 1808, à 16 fr. d'amende.

prairial an IX ; 1 infraction à l'article 72, loi du 9 vendémiaire an VI ; enfin 1 infraction aux articles 2 et 7 du règlement de police de Reims du 5 vendémiaire an XII (1).

Délits spéciaux. Condamnations. 1º *Délits d'usure.* — Nous avons relevé 2 délits prévus par la loi du 3 septembre 1807 qui fixe le taux de l'intérêt de l'argent (art. 4) : le 1er (2) commis par un prêteur sur gages condamné à 18 fr. d'amende ; le 2me (3) fut acquitté.

2º *Délit d'audience.* — C'est un prévenu qui ayant été condamné le 18 mai 1808 pour vol à 1 an de prison, se plaignit devant le tribunal aussitôt le prononcé du jugement, et entre autres propos indécents dit : « Vous avez renvoyé des assassins et des voleurs, vous condamnez aujourd'hui un innocent, vous n'êtes pas des juges. » et il accompagna ces outrages de gestes indécents. Le président du tribunal dressa procès-verbal et (4) il fut condamné à 25 fr. d'amende et 1 mois de prison.

3º *Infraction à l'article 2, loi du 13 fructidor an V.* — Le prévenu est inculpé d'avoir fait démolir des

(1) Les prévenus sont inculpés d'avoir causé du trouble dans la salle de spectacles et condamnés à 3 fr. d'amende. (Audience du 7 Octobre 1808).

(2) Aud. du 9 Mars 1808.

(3) Aud. du 24 Septembre 1808.

(4) Aud du 25 Mai 1808 (art. 92, *Code de Procédure civile*).

murs salpêtrés dans sa maison sans avoir fait à la municipalité la déclaration prescrite par l'article 2 : il fut condamné à l'amende égale au montant de sa contribution mobilière (1).

4° *Infraction à l'article 5, arrêté des consuls du 27 prairial an IX* (2). — Un maître de poste, venant d'Epernay pour porter la correspondance a contrevenu à cette loi, ayant dans un sac 2 lettres cachetées pour Reims : procès-verbal lui fut dressé par les employés des droits réunis et il fut condamné avec son garant à 150 fr. d'amende.

5° *Infraction à l'article 72, loi du 9 vendémiaire an VI*. — Cette loi ordonnait que les voitures des entrepreneurs de voitures publiques soient estampillées, et le décret impérial du 14 fructidor an XII voulait que tout conducteur de voitures publiques soit porteur d'un laisser-passer et d'une feuille de route. Il s'agit ici d'un délit de ce genre : procès-verbal a été dressé par les employés de la régie (3) ; le tribunal déclara la saisie de la voiture bonne et valable, en ordonna la confiscation et condamna le prévenu aux dépens. Pour infractions à la loi du 24 avril 1806 et au décret du 5 mai (Droits réunis

---

(1) Aud. du 7 Novembre 1807.
(2) Aud. du 30 Janvier 1808, jugement du 23 Avril 1808.
(3) Aud. du 16 Juillet 1808, jugement du 1er Octobre.

pour les vins) nous n'avons relevé qu'une seule condamnation à l'amende (1).

Les peines sont toujours du minimum pour vols prévus par les art. 2 et 3 (2), loi du 25 frimaire an VIII, ainsi que pour menaces d'incendie (3) (art. 13); souvent également pour infraction à l'art. 6 (4). Signalons un premier exemple d'application de l'art. 15 (5) : deux personnes sont prévenues de vol (art. 2 et 3), l'une en récidive est renvoyée, par ordonnance du Directeur du jury, devant le jury ordinaire d'accusation. Remarquons que nous n'avons relevé aucune condamnation pour infraction à la loi sur les passeports (6).

Condamnations pour délits de droit commun. — Pas de changement à relever pour les insultes à fonctionnaires publics (7), voies de fait (8), vols

------

(1) Nous avons dit que la plupart de ces délits aboutissaient à une transaction.

(2) 11 cond. de prison, la plupart d'un an, quelques-unes de 2 ans, une seule de 4 ans.

(3) 1 cond. à 6 mois de prison.

(4) 4 cond. de prison en M. de correction (6 mois et 1 an).

(5) Audience du 11 Juin 1808.

(6) En effet, chaque fois qu'on obtenait de bons renseignements sur l'individu arrêté, il était mis en liberté, et il devait aller à la Municipalité chercher un passeport pour retourner chez lui, sans pouvoir s'écarter de l'itinéraire que son passeport lui traçait.

(7) 12 cond. à amende et Maison d'arrêt.

(8) 5 cond. à amende, 7 à amende et Maison d'arrêt, 2 à amende et M. de correction, la plus forte fut de 6 fr. et 6 mois.

simples (1) et escroqueries (2); pour le délit contre les bonnes mœurs (3), la peine est assez faible.

Acquittements. — Peu de personnes renvoyées de la demande (4).

Cas d'incompétence. — 2 renvois devant le tribunal civil.

Qui exerce les poursuites ? — Notons, pour délits forestiers, 20 poursuites exercées par particuliers ; pour délits ordinaires, 7 par particuliers et 12 par les administrateurs des droits réunis (5).

Condamnations par défaut. — 76 personnes ont été condamnées par défaut. Nous n'avons relevé ni opposition ni appel.

32 demandes de dommages-intérêts. Des demandeurs ou parties civiles ont pris des défenseurs dans

---

(1) 1 cond. à M. d'arrêt, 7 à M. de correction. Nous en avons relevé plusieurs de 4 ans pour vol en récidive.

(2) 1 cond. à 1 an de prison et 300 fr. d'amende.

(3) 1 cond. à amende et M. d'arrêt.

(4) *Délits ordinaires.* — Nombre des acquittés : 37 ; des condamnés à moins d'un an : 7 ; à 1 an et plus : 21 ; à l'amende seulement : 122 ; à l'amende et prison : 29 ; aux frais : 2.

Délits forestiers (Ord. 1669) — Nombre des condamnés à l'amende : 2.

Délits ruraux (Loi 1791). — Nombre des acquittés : 21 ; des condamnés à amende : 121 ; à prison et amende : 5 ; aux frais : 5 ; nombre de personnes détenues jusqu'au jugement : 55 ; de personnes mises en liberté sous caution : 3.

(5) Plaintes : 42 ; dénonciations : 5 ; procès-verbaux rédigés par garde forestier : 9 ; par garde champêtre : 82 ; par commissaire de police : 63 ; par les gendarmes impériaux : 10 ; par le maire : 17 ; par le président du tribunal civil : 1 ; par les commis des droits réunis ou employés de la régie : 14.

45 affaires. Des défendeurs dans 64. 69 enquêtes.
16 contre-enquêtes. 2 expertises (1). 8 mises en
délibéré (2).

1 affichage pour escroquerie.

5 récidivistes (3) 1 repris de justice (4).

1 seul cas où le tribunal est saisi par renvoi (5).

RÉSUMÉ

Pas de changement cette année. Même nombre
de délits, même nombre de délinquants ; en effet
la situation politique de la France ne s'est pas
modifiée ; la guerre d'Espagne a suivi aussitôt le
traité de Tilsitt.

(1) *a*) A l'audience du 23 Mars 1808, pour délit rural ; *b*) à l'aud. du 18 Juin, pour coups et blessures.

(2) *a*) A l'audience du 17 Février 1808, pour infraction aux lois sur les droits réunis ; *b*) à l'aud. du 23 Mars, pour délit de chasse ; *c*) à l'aud. du 27 Juillet, pour délit rural ; *d*) à l'aud. du 6 Février, pour délit de port d'armes ; *e*) à l'aud. du 9 Avril, pour infraction à l'arrêté des Consuls du 27 Prairial an IX ; *f*) à l'aud. du 7 Mai, pour vol prévu par les articles 2 et 3, loi du 25 Frimaire an VIII ; *g*) à l'aud. du 9 Juillet, pour délit de pêche en temps prohibé (art. 10, T. 31, ord. 1669) ; *h*) à l'aud. du 27 Septembre 1808, pour contravention à la loi du 9 Vendémiaire an VI qui exige que les voitures publiques soient estampillées.

(3) *a*) A l'aud. du 16 Décembre 1807, pour vol simple ; *b*) le 30 Mars, pour vol simple ; *c*) le 13 Février, pour infraction à la loi du 19 Ventôse an XI, qui défend de faire des accouchements sans le diplôme exigé ; *d*) le 20 Février, pour vol simple ; *e*) le 7 Mai, pour vol simple.

(4) A l'aud. du 13 avril 1808, un prévenu de vol (art. 2, loi du 25 Frimaire an VIII).

(5) A l'aud. du 5 Décembre 1807, renvoi du tribunal de simple police, pour injures avec récidive.

CHAPITRE IX

9me année (An 1808-1809) :
Du 5 Novembre 1808 au 4 Novembre 1809.

Régularité des audiences. — Il y a un peu moins d'audiences cette année (1) et elles ne sont pas aussi chargées (2).

Rapidité de la procédure. — 169 affaires, dont 115 délits ordinaires, 1 délit faisant l'objet d'un

---

(1) 1re Section. — 37 audiences : en Novembre 1808 : les 9, 16, 23 et 30 ; en Décembre : les 7, 14, 21, 28 ; en Janvier : les 4, 11, 18, 25 ; en Février : les 8, 15, 16 (aud. extraordinaire), 17 (aud. extraordinaire), et 22 ; en Mars : les 1, 8, 15 ; en Avril : les 5, 12, 19, 26 ; en Mai : les 3, 10, 17, 24, 26 (aud. extraordinaire) et 31 ; en Juin : les 7 et 21 ; en Juillet : les 19 et 26 ; en Août : les 9, 16 et 30.

2e Section. — 38 audiences : en Novembre : les 5, 12, 19 et 26 ; en Décembre, les 24 et 31 ; en Janvier : les 7, 14, 21 et 28 ; en Février : les 11, 18 et 25 ; en Mars : les 4, 18 et 25 ; en Avril : les 1, 8, 15, 22 et 29 ; en Mai : les 6, 13, 20, 27 ; en Juin : les 3, 10, 17, 24 ; en Juillet : les 1, 8, 15, 22, 29 ; en Août : les 5, 12, 19 et 26.

Vacations. — 10 audiences : en Septembre : les 2, 8, 9, 16, 23 et 30 ; en Octobre : les 7, 14, 21 et 28.

(2) 1re section. — 15 audiences avec 1 affaire ; 10 avec 2 ; 7 avec 3 ; 2 avec 4 ; 2 avec 5 et 1 avec 7.

2e section. — 12 audiences avec 1 affaire ; 10 avec 2 ; 8 avec 3 ; 7 avec 4 et 1 avec 5.

Vacations. — 1 aud. avec 1 affaire ; 2 avec 2 ; 4 avec 3 ; 1 avec 4 et 2 avec 5.

20   A

renvoi, 2 délits (ord. 1669) et 51 délits ruraux (loi 1791).

Sur ce nombre, 147 ont été jugées de suite, 20 remises et jugées, 2 remises et non reparues (1).

Le nombre des prévenus est de 323, soit 210 prévenus de délits ordinaires, 5 de délits (ord. 1669) et 108 de délits ruraux (loi 1791).

4 affaires ont été remises deux fois, une 3 fois et 2, 4 fois.

Pas de changement pour la rapidité de la procédure (2).

Nombre et nature des délits. — 4 délits contre les bonnes mœurs, 18 vols simples, 5 escroqueries, 22 délits de voies de fait et mauvais traitements, 2 délits d'injures et outrages à fonctionnaires publics, 1 délit pour trouble apporté aux cérémonies religieuses, une infraction aux articles 5 et 6, t. I, loi 1791 (délit consistant à loger des gens sans déclaration à la police) (3) 5 délits de faux poids.

---

(1) Il s'agit encore de délits de droits réunis. (Aud. du 9 Août 1809).

(2) Un procès-verbal du 10 Novembre aboutit à un jugement le 10 ; une affaire commencée le 10 Janvier est jugée le 14 ; un procès-verbal du 5 Février est suivi d'un jugement le 9 ; un procès-verbal du 14 Mars aboutit à un jugement le 18 ; un délit du 21 Octobre est jugé le 28. En cas de remise : un procès-verbal du 3 Avril 1809 est suivi d'un 1er jugement le 8, d'un 2me le 15 ; un procès-verbal du 22 Septembre, après une remise, aboutit à un jugement le 7 Octobre.

(3) Le prévenu fut acquitté (aud. du 29 Juillet 1809).

2 délits (ordonnance de 1669), 34 délits forestiers (loi 1791) et 17 délits ruraux.

· 10 délits de chasse, 13 délits de port d'armes, 3 infractions à l'article 32, règlement de 1727, une infraction à l'ordonnance du 26 janvier 1672 et du 11 avril 1698 (1) (incendie causé par négligence et imprudence), une infraction aux arrêtés de la mairie du 2 floréal an X, du 13 floréal an XIII, et à l'ordonnance de police du 27 avril 1760 (2) une infraction aux articles 1 et 2, règlement de police du 15 septembre 1786 et à l'arrêté de la mairie du 5 vendémiaire an XII (3), 4 délits de vagabondage et voyage sans passeport, une infraction à l'article 11, loi du 27 frimaire an VIII sur le droit d'octroi, 6 vols prévus par les articles 2 et 3, loi du 25 frimaire an VIII, 1 vol prévu par l'article 4, 4 vols prévus par l'article 6, 6 vols prévus par les articles 10 et 11, 1 délit de menaces d'incendie, (art. 13), une infraction aux articles 35 et 36, loi du 19 ventôse an XI, qui défend d'exercer l'état de sage-femme sans diplôme (4) 4 délits de droits réunis.

---

(1) Aud. du 15 Avril 1809, prévenu condamné à 10 fr d'amende.

(2) Les défendeurs sont prévenus (aud. du 7 Juin 1809) d'avoir fait la vidange de leurs fosses d'aisances, au préjudice des entrepreneurs de la vidange et condamnés à 3 fr. d'amende.

(3) Trois musiciens (aud. du 8 Février 1809) sont prévenus de ne pas s'être rendus à leur poste, au Théâtre, à l'heure fixée par le règlement pour jouer à l'orchestre Condamnés à 3 fr. d'amende.

(4) Aud. du 6 Mai 1809. Elle fut condamnée à 5 fr. d'amende seulement.

Condamnations pour délits spéciaux. — Pour infractions à la loi du 24 avril 1806 et au décret du 5 mai, 3 condamnations à l'amende (droits réunis).

Les peines s'approchent toujours du minimum pour vols prévus par les art. 2 et 3 (1), loi du 25 frimaire an VIII, ainsi que pour ceux prévus par l'art. 4 (2) et par les articles 10 et 11 (3); plus sévères pour infractions à l'art. 6 (4).

Condamnations pour délits de droit commun. — Aucun changement pour injures à fonctionnaires publics (5), voies de faits (6); peines sévères pour délits contre les bonnes mœurs (7), vols simples (8) et escroqueries (9).

Acquittements. — Il y a un plus grand nombre de personnes acquittées (10).

---

(1) 6 cond. de prison en Maison de correction, dont 5 d'un an, 1 de 4 ans.

(2) 1 cond. à 6 mois de prison.

(3) 6 cond. de prison (3 mois et 6 mois).

(4) 4 cond. de prison (6 mois, 1 an et 2 ans).

(5) 2 cond. à amende et M. d'arrêt.

(6) 9 cond. à amende, 5 à amende et M. d'arrêt, 3 à amende et M. de correction, dont la plus forte est de 25 fr. et 1 an.

(7) 1 cond. à amende et M. d'arrêt, 2 à amende et M. de correction (50 fr. et 6 mois, 50 fr. et 1 an).

(8) 8 cond. à M. d'arrêt, 9 à M. de correction, de 6 mois, 1 an et 2 ans.

(9) 2 cond. à amende et M. d'arrêt, 2 à amende et M. de correction.

(10) *Délits ordinaires.* —Nombre des acquittés : 57 ; des condamnés à moins d'un an : 29 ; à 1 an et plus : 16 ; à l'amende seulement : 74 ; à amende et prison : 26 ; aux frais : 4.

Délits forestiers (Ord. 1669). — Nombre des condamnés à l'amende seulement : 5.

Délits ruraux (Loi 1791). — Nombre des acquittés : 13 ; des condamnés à l'amende : 91 ; à prison et amende : 4 ; nombre des personnes détenues jusqu'au jugement : 76 ; des personnes mises en liberté provisoire sous caution : 4.

Cas d'incompétence. — 1 renvoi devant le tribunal de simple police.

Qui exerce les poursuites ? — Signalons : pour délits forestiers (1), 5 poursuites par particuliers, pour délits ordinaires, 6 par particuliers, une par l'administration municipale pour les droits d'octroi, 4 par le comte de l'Empire, conseiller d'état, directeur général des droits réunis (2).

Condamnations par défaut. — 43 personnes condamnées par défaut. 1 appel (3), 22 demandes de dommages-intérêts. Des parties civiles ont eu recours à des défenseurs dans 27 affaires, des défendeurs dans 58. 77 enquêtes, 8 contre-enquêtes, une expertise (4), 2 mises en délibéré (5), 4 affichages de

---

(1) C'est toujours le substitut du procureur général, magistrat de sûreté, qui exerce ordinairement les poursuites.

(2) Plaintes : 46 ; dénonciations : 6 ; procès-verbaux rédigés par le garde forestier : 9 ; par le garde champêtre : 56 ; par le commissaire de police : 49 ; par les gendarmes impériaux : 7 ; par le maire : 24 ; par le juge de paix : 6 ; par le magistrat de sûreté : 3 ; par les employés de la régie : 4 ; par les contrôleurs du droit d'octroi : 1 ; par un garde particulier : 1.

A l'aud. du 6 Mai 1809 (délit de port d'armes), nullité du procès-verbal rédigé par un garde particulier, car, d'après les arrêtés du préfet de la Marne concernant la répression de ces délits où sont désignés les agents de la force publique, ayant droit de verbaliser, il n'est pas question des gardes particuliers.

(3) A l'aud. du 15 Avril 1809, de la Cour de justice criminelle, arrêt rendu sur appel du jugement du 22 Février 1809 interjeté par le procureur impérial ; le jugement correctionnel acquittait les prévenus pour voies de fait ; la Cour le réforma et les condamna à 50 fr. d'amende et 1 mois de prison.

(4) A l'audience du 17 Mai 1809, pour délit rural.

(5) a) A l'audience du 17 Février 1809, dans une affaire importante de voies de fait et mauvais traitements ; b) à l'aud. du 15 Juillet, pour voies de fait.

jugements (1), 3 récidivistes (2), 1 repris de justice (3).

RÉSUMÉ

Cette année, contrairement à nos prévisions le nombre des délits ne répond pas à l'état politique; la guerre avec l'Espagne continue et celle avec l'Autriche recommence et cependant le nombre des délits est sensiblement moindre.

---

(1) Pour escroquerie.

(2) 1° A l'audience du 11 Janvier 1809, récidive pour vol simple; 2° à l'aud. du 26 Juillet, pour vol simple; 3° à l'audience du 5 Novembre 1808, pour escroquerie.

(3) A l'audience du 9 Septembre 1809, un prévenu de vol est repris de justice, ayant été puni de 10 ans de fers pour avoir voulu entrer de force dans une maison.

10me année (An 1809-1810) : Du 4 Novembre 1809 au 13 Février 1811.

Régularité des audiences. — Cette année les audiences se sont tenues assez irrégulièrement (1) et sont un peu plus chargées dans la 2e section que dans le 1re (2).

(1) 1re Section. — De Novembre 1809 à Février 1811, 46 audiences : en Novembre 1809, les 8, 15, 22, 29 ; en Décembre, les 13, 20, 27 ; en Janvier, les 3, 10, 17, 24, 31 ; en Février, les 7, 14, 21, 28 ; en Mars, le 14 ; en Avril, les 4, 11, et 18 ; en Mai, les 9, 16, 30 ; en Juin, les 6, 13, 20, 27 ; en Juillet, les 4, 18, 25 ; en Août, les 1, 8 et 22 ; en Novembre 1810, les 7, 14, 21 et 28 ; en Décembre, les 5, 12, 19, 26 ; en Janvier 1811, les 2, 9, 16 ; en Février, les 6 et 13.

2me Section. — 48 audiences : en Novembre 1809, les 4, 11, 18, 25 ; en Décembre, les 16, 23, 30 ; en Janvier, les 6 et 13 ; en Février, les 3, 10, 17, 24 ; en Mars, les 3, 10, 17, 24 et 31 ; en Avril, les 7, 14, 28 ; en Mai, les 5, 12, 19, 26 ; en Juin, les 9, 16, 30 ; en Juillet, les 7, 14, 21, 28 ; en Août, les 4, 11, 18, 25 ; en Novembre 1810, les 10 et 24 ; en Décembre, les 1, 8, 15, 22, 29 ; en Janvier 1811, les 12 et 26 ; en Février, les 2, 9 et 13.

Vacations. — 10 audiences : en Septembre 1810, les 7, 8, 14, 15, 22 et 29 ; en Octobre, les 6, 13, 20, 27.

(2) 1re Section (de Novembre 1809 à Septembre 1810). — 9 audiences avec 1 affaire, 12 avec 2, 8 avec 3, 3 avec 4, 1 avec 5 ; (de Novembre 1810 à Février 1811) : 4 avec 1, 5 avec 2, 3 avec 3, et 1 avec 4.

2e Section (de Novembre 1809 à Septembre 1810) : 8 audiences avec 1 affaire, 9 avec 2, 13 avec 3, 3 avec 4, 2 avec 6, et 1 avec 8 ; (de Novembre à Février 1811) : 1 avec 1, 8 avec 2, 3 avec 3, 2 avec 4, 1 avec 5, 1 avec 6, et 1 avec 7.

Vacations. — 1 aud. avec 1 aff., 2 avec 2, 3 avec 4, 3 avec 5, et 1 avec 6.

Rapidité de la procédure. — 214 affaires, dont 137 délits ordinaires, 4 délits faisant l'objet d'un renvoi, 4 délits (ord. 1669) et 69 délits ruraux (loi 1791).

Sur ce nombre, 171 ont été jugées de suite, 42 remises et jugées, une remise et non reparue.

Le nombre des prévenus est de 388, soit 233 prévenus de délits ordinaires, 8 de délits (ord. 1669) et 147 de délits ruraux (loi 1791).

10 affaires ont été remises 2 fois et une 3 fois.

Les affaires sont cette année jugées plus lentement (1).

Nombre et nature des délits. — 3 délits contre les bonnes mœurs, 16 vols simples, 5 escroqueries, 26 délits de voies de fait et mauvais traitements, 4 délits d'injures et outrages à fonctionnaires publics, 2 délits de blessures par imprudence, 1 délit d'injures verbales avec récidive, 1 délit de trouble à l'ordre public, 1 délit pour mise en vente de viandes corrompues, une infraction aux articles 5 et 6, t. I, loi 1791, qui oblige les aubergistes à inscrire sur leurs registres les étrangers qu'ils logent, une infrac-

(1) Un procès-verbal du 7 Décembre 1809 est suivi d'un jugement le 24 Janvier 1810; un p.-v. du 25 Mai 1810 donne lieu à un jugement le 28 Juillet; une plainte du 16 Avril aboutit à un jugement le 18 Août; une affaire constatée par p.-v. le 19 Novembre 1810, est jugée le 16 Janvier 1811. En cas de remise, un p.-v. du 22 Mars 1810 a donné lieu à un 1er jugement le 27 Juin et à un 2e le 4 Juillet.

tion à l'article 7, t. I, loi 1791, qui défend les jeux de hasard, 6 délits de faux poids.

4 délits (ordonnance 1669), 43 délits forestiers (loi 1791) et 26 délits ruraux.

14 délits de chasse, 20 délits de port d'armes, 4 infractions à l'article 32, règlement de 1727, 3 infractions aux articles 28, 49, etc. du même règlement, qui défendent d'acheter des fruits hors du marché et avant 10 heures du matin, une infraction en récidive au règlement de police qui défend de laisser séjourner des pailles dans les rues (art. 15, t. I, loi 1791) (1), 1 délit consistant à faire couvrir sa maison en paille sans autorisation administrative ; (arrêts du Conseil du 29 juin 1785, renouvelés par l'arrêté du préfet du 24 floréal an XIII) (2), une infraction au règlement concernant les orfèvres (3), une infraction aux articles 5 et 7, règlement de police de 1735 (incendie causé par imprudence) (4) une infraction aux règlements sur la police des spectacles (art. 2, règlement du 15 décembre 1786) (5), 6 délits de vagabondage, 4 vols prévus par les ar-

---

(1) Le prévenu fut condamné à 6 fr. d'amende. (Aud. du 11 Avril 1810).

(2) Le prévenu fut acquitté. (Aud. du 1er Août 1810).

(3) Un orfèvre a acheté une tabatière sans l'inscrire sur son registre d'achats et effacé les lettres initiales qu'elle portait. (Aud. du 10 Décembre 1810). Condamné à 50 fr. d'amende.

(4) Les prévenus furent condamnés à 10 fr. d'amende. (Audience du 28 Février 1810).

(5) Les prévenus (aud. du 30 Décembre 1809) ont causé des troubles dans la salle de spectacles. Ils sont acquittés.

ticles 2 et 3, loi du 25 frimaire an **VIII**, 3 vols
prévus par l'article 4, 1 vol de laine provenant de la
manufacture de Reims, 3 vols prévus par les articles 10 et 11, 2 délits de menaces d'incendie (art.
13) 3 infractions aux lois sur les droits réunis (loi
du 24 avril 1806 et décret du 5 mai) 2 infractions
aux lois sur l'établissement des bourses de commerce ; enfin 1 délit consistant à favoriser la désertion (1).

*Condamnations pour délits spéciaux. — Infrac-
tions aux lois sur l'établissement des bourses de
commerce.* Nous avons relevé une 1re infraction (2)
aux articles 8 et 9, t. II, loi du 28 ventôse an **IX**,
à l'article 6, arrêté du gouvernement du 27 prairial
an **X**, et à l'arrêté de la mairie de Reims du 12 sep-
tempre 1809, commise par des négociants, l'un
prévenu d'avoir exercé l'état de courtier sans
être commissionné, les autres d'avoir acheté par
son entremise ; ils furent condamnés chacun à
166 fr. d'amende, applicables aux enfants abandonnés; une 2e, mise en délibéré, où les prévenus
furent acquittés (3).

Pour infractions aux lois sur les Droits réunis

---

(1) Un prévenu est inculpé d'avoir favorisé la désertion de trois militaires, et
acquitté (Aud. du 14 Février 1810).
(2) Aud. du 15 Novembre 1809.
(3) Aud. du 20 décembre 1809.

(décret impérial du 5 mai 1806, et loi du 24 avril, 2 condamnations à l'amende.

Les peines sont en général du minimum pour vols prévus par les art. 2 et 3 (1), loi du 25 frimaire an VIII, par l'art. 4 (2), pour vols de laines (3), pour vols prévus par les art. 10 et 11 (4), ainsi que pour menaces d'incendie (5) (art. 13).

Condamnation pour délits de droit commun. — Les peines sont modérées pour insultes à fonctionnaires publics (6), voies de fait (7); sévères pour vols (8), escroqueries (9) et délits contre les bonnes mœurs (10).

______

(1) 4 cond. de prison en la Maison de correction (1 an et 2 ans).

(2) 3 cond. de prison (6 mois et 1 an).

(3) Pour vol de laines et achats provenant de la Manufacture de Reims (arrêts du Conseil du 24 Août 1724 et 25 Août 1739, le 1ᵉʳ pour la Manufacture de Sedan, le 2ᵉ pour celle de Reims), 1 cond. à amende.

(4) 3 cond. de prison de 3 mois et 6 mois.

(5) 1 cond. à 6 mois de prison.

(6) 1 cond. à amende, 2 à amende et Maison d'arrêt, 1 à 3 mois de prison.

(7) 7 cond. à amende, 9 à amende et Maison d'arrêt, 4 à amende et Maison de correction, dont deux de 1 an pour blessures par imprudence.

(8) 5 cond. à la Maison d'arrêt, 8 à la Maison de correction (la plus forte fut de 4 ans pour vol en récidive).

(9) 1 cond. à amende et Maison d'arrêt, 3 cond. à amende et Maison de correction (la plus forte peine fut de 1 an et 500 fr.).

(10) 1 cond. à amende et Maison d'arrêt, 2 à amende et Maison de correction dont la plus forte est de 1 an et 200 fr. A l'aud. du 25 Juillet 1810 nous voyons pour la première fois le huis-clos appliqué aux délits contre les bonnes mœurs (art. 87, Code de procédure civile); rapprochons cette affaire de celle de l'an II, où le substitut de l'agent national souhaitait que l'instruction de ces délits ne fût pas publique.

Acquittements. — Pour délits ordinaires, ils sont assez nombreux (1).

Cas d'incompétence. — 3 renvois au tribunal civil; 1 au magistrat de sûreté (2).

Qui exerce les poursuites? — Notons pour délits forestiers, 12 poursuites par particuliers; pour délits ordinaires, 4 par particuliers, 3 par le comte de l'Empire, conseiller d'Etat, (Droits Réunis) (3).

Condamnations par défaut. — 67 personnes condamnées par défaut. Une opposition (4) 1 appel (5).

---

(1) Délits ordinaires. — Nombre des acquittés : 55 ; des condamnés à moins d'un an : 25 ; à un an et plus : 11 ; à l'amende seulement : 99 ; à l'amende et prison : 37 ; aux frais : 2.

Délits forestiers (ord. 1669). — Nombre des condamnés à l'amende seulement : 8.

Délits ruraux (loi 1791). — Nombre des acquittés : 7 ; des condamnés à l'amende : 122 ; à prison et amende : 10 ; aux frais : 5 ; nombre des personnes détenues jusqu'au jugement : 64 ; des personnes mises en liberté sous caution : 7.

(2) Nous avons ici encore une application de l'art. 15, loi du 25 Frimaire an VIII ; à l'aud. du 28 Avril 1810, un prévenu de vol en récidive (art. 4, loi du 25 Frimaire) est renvoyé au magistrat de sûreté qui dressera contre lui acte d'accusation.

(3) Plaintes : 45 ; Dénonciations : 10 ; Procès-verbaux rédigés par le garde forestier : 14 ; par le garde champêtre : 75 ; par le juge de paix : 6 ; par le commissaire de police : 46 ; par les gendarmes impériaux : 6 ; par le maire : 28 ; par les commis des droits réunis : 3 ; par les préposés d'octroi : 1.

(4) A l'audience du 4 Juillet 1810, opposition est formée à un jugement du 16 Mai qui condamnait le prévenu pour délit rural à 6 fr. d'amende et 8 jours de prison.

(5) A l'audience du 11 Mai 1810, arrêt rendu sur appel d'un jugement du 14 Avril, qui, pour voies de fait, condamnait les prévenus à 6 fr. d'amende et 6 semaines de prison ; jugement confirmé.

30 demandes de dommages-intérêts. Défenseurs pour demandeurs, 35, pour défendeurs, 66. 79 enquêtes, 13 contre-enquêtes, 2 mises en délibéré (1), 4 affichages, 3 récidivistes (2), 3 repris de justice (3). 1 cas où le tribunal est saisi par renvoi (4).

RÉSUMÉ

Peu d'affaires cette année; le nombre de délits correspond d'ailleurs à la situation politique du moment, car si la guerre d'Espagne continue, le calme est à peu près complet en France en 1810. C'est la dernière année où nous voyons appliquer les sources du droit de l'époque intermédiaire. Le Code d'instruction criminelle de 1808, le Code pénal de 1810, ont force obligatoire à partir du 1er janvier 1811. A l'audience du 16 janvier 1811,

---

(1) a) A l'aud. du 15 Novembre 1809, pour contravention aux lois sur l'établissement des bourses de commerce (loi du 28 Ventôse an IX, arrêté du 27 Prairial an X); b) à l'aud. du 26 Janvier 1811, pour infraction à l'article 32, règ. de police de 1727.

(2) a) A l'aud. du 18 Novembre 1809, récidive pour voies de fait et mauvais traitements; b) à l'aud. du 28 Avril 1810, pour vol prévu par l'article 4, loi du 25 Frimaire an VIII, renvoyé à la Cour de justice criminelle (art. 15); c) à l'aud. du 12 Janvier 1811, pour vol simple.

(3) a) A l'aud. du 24 Janvier 1810, un prévenu de vol (art. 2 et 3, loi du 25 Frimaire an VIII); b) le 25 Août 1810, un prévenu de vol simple; c) le 12 Décembre, un prévenu d'escroquerie.

(4) A l'aud. du 4 Août, renvoi du juge de paix pour injures verbales avec récidive.

nous relevons la première application aux vols de
l'article 401, L. III t. II, S. I, du Code pénal, et
de l'article 52, qui concerne la contrainte par corps;
au délit de vagabondage, des articles 270 et 271,
t. I, S. V ; à l'audience du 13 février, nous voyons
pour la première fois le nom du juge d'instruction.

Nous sommes arrivé au terme de notre étude
puisque la limite que nous nous étions assignée
est l'entrée en vigueur du Code pénal.

CONCLUSIONS

Notre étude présenterait peu d'intérêt, si après avoir étudié pour chaque année, les nombreuses questions que soulève l'étude du fonctionnement d'un tribunal correctionnel, nous ne tentions dans un aperçu général, d'en retracer l'évolution. Et d'abord que remarquons-nous lorsque nous jetons un coup d'œil sur les registres du greffe concernant la période de la Révolution et de l'Empire ? Nous constatons que le tribunal a fonctionné presque sans interruption, sauf en 1792, (du 31 août au 16 octobre) il ne s'est pas passé de mois sans audiences, et le plus souvent, elles se tiennent aussi régulièrement que de nos jours. Ceci mérite d'être mis en relief ; car il ne faut pas oublier que nous vivons dans une période troublée, et l'on aurait pu croire que les tribunaux ont vaqué des mois surtout durant la période révolutionnaire. Notre contrée semble avoir peu ressenti le contre-coup des perturbations politiques.

Non seulement le tribunal fonctionnait régulièrement, mais encore, en général, il règle vite les affaires. C'est ainsi que dans la première période, la procédure est très rapide. L'instruction préparatoire était en effet sommaire d'après la loi du 19 juillet 1791 ; puis après l'organisation de l'instruction par le Code des délits et des peines du 3 brumaire an IV, elle ralentit dès le début de l'an IV. Cette lenteur est surtout sensible pour les délits forestiers ; à ce moment, sont très nombreux, et pour eux, cette lenteur résulte aussi de la faculté accordée par l'article 12, t. IX, loi du 28 septembre 1791, qui, en cas de contestation de propriété, oblige la communication de la cause au commissaire du directoire exécutif du département. La marche de la procédure est si lente qu'elle donne lieu à des difficultés à raison du délai maximum pouvant séparer le procès-verbal de l'exercice de l'action ; en l'an V, le tribunal, en présence de la loi du 28 septembre 1791 et du Code de Brumaire dont la prescription pour la 1re est de 3 mois et pour la seconde de 3 et 6 ans, se demande à laquelle de ces deux lois il faut s'en rapporter. Pour résoudre ce conflit, on en référa au Corps législatif. Dès l'an VII, on a de nouveau tendance à juger plus vite. La procédure redevient lente en l'an IX et X, un peu moins lente en l'an XI et XII, pour redevenir rapide pendant la période de l'Empire jusqu'en 1810. Constatons du reste, ce qui paraît naturel, que la marche plus ou moins rapide de la procédure a suivi en général une évolution

parallèle au plus ou moins grand nombre de délits
que le tribunal eut à juger.

Nous avons relevé pendant cette période, soit
pour les délits de droit commun, soit pour les délits
forestiers et ruraux, peu de poursuites exercées par
des particuliers. Mais quel agent exerce l'action
publique ? En 1792, c'est le Procureur de la Commune ou son substitut ; sous la Terreur, la loi du
14 frimaire an II institue les agents nationaux, qui
nommés par l'autorité centrale sont moins sujets à
subir les influences locales dans l'exercice des poursuites. Le 3 thermidor an III, reparait pour quelques
mois le procureur de la Commune. Sous le Directoire, les poursuites sont exercées par le commissaire du pouvoir exécutif, puis le 5 frimaire an VIII,
avec le Consulat, apparait le Commissaire du gouvernement. La loi du 7 pluviôse an IX instituant des
substituts du commissaire du gouvernement près
les tribunaux criminels, à partir du 18 prairial an
IX, nous voyons les poursuites exercées par eux,
et les conclusions toujours prises à l'audience par
le commissaire du gouvernement. Il en fut ainsi
jusqu'en prairial an XII ; sous l'Empire, le commissaire du gouvernement est remplacé par le Procureur impérial; le substitut du commissaire du
gouvernement près le tribunal criminel par le substitut du procureur général, magistrat de sûreté près
la Cour de Justice criminelle.

21 A

C'est l'agent national forestier, qui sous le Directoire, détient l'action, en matière forestière. A partir de thermidor an IX, les poursuites sont exercées par l'inspecteur forestier de l'arrondissement, au nom des administrateurs généraux forestiers; sous l'Empire, comme pour les délits ordinaires, c'est le substitut du commissaire du gouvernement près le tribunal criminel qui exercera l'action.

Au début les demandes de dommages-intérêts sont rares ; et nous avons déjà fait remarquer que si certaines affaires contenant une telle demande ne reparaissaient pas, il y avait peut être là un vestige de l'ancien droit, qui voulait que l'action publique soit éteinte, quand la partie civile abandonnait sa demande. Nous constatons une légère augmentation de ces demandes en 1795; dès 1796, elles deviennent très nombreuses; sous l'Empire, à partir de 1805, leur nombre diminue.

L'évolution suivie pour l'emploi des défenseurs officieux est parallèle à la précédente. On y a peu recours dans les premières années; dès 1796, nous en voyons dans la plupart des affaires. Parmi les défenseurs officieux nous trouvons des juges de paix comme Decorbie, des détenteurs de l'action publique comme Mackenna, qui, avant ou après l'exercice de ces fonctions, figuraient au nombre des avocats.

La question des voies de recours a également passé par diverses phases. Nous n'avons pas relevé d'oppositions en l'année 1792, quelques-unes les années suivantes ; beaucoup plus sous le Directoire. En 1797, on se demande si l'on doit les admettre en matière correctionnelle. La difficulté venait de ce qu'aucun texte de loi n'était formel en ce sens. En 1798, les oppositions sont moins nombreuses, en l'an VII, nous en voyons encore quelques-unes ; c'est cette année que le tribunal est fixé par la lettre du ministre de la justice Lambrecht du 14 brumaire an VII d'où il résulte qu'en matière correctionnelle l'appel seul est possible. Dès ce moment, plus d'opposition ; en 1802, et 1803, nous en voyons très peu, et pour les années de l'Empire, peu ou point. Nous avons ici un exemple des conséquences que peut avoir dans l'esprit des juges le laconisme de la loi.

C'est à partir de l'an IV que nous voyons des appels. Si nous n'en relevons pas dans les premières années, cela résulte du fonctionnement même de cette institution. L'appel des tribunaux correctionnels était porté à l'un des 7 tribunaux de district les plus voisins. Sous le Directoire, les appels sont portés au tribunal criminel du département ; on en voit quelques-uns en 1796, beaucoup plus les années suivantes, diminution au début du Consulat, nouvelle augmentation en 1801, jusqu'en 1804, et sous l'Empire, ils deviennent de plus en plus rares. On a d'ailleurs pu remarquer qu'à certaines époques, l'augmentation des appels, tenait en quelque sorte à la difficulté avec laquelle les oppositions étaient recevables.

Après avoir passé en revue les points de procédure ^ort l'évolution nous paraît présenter un intérêt p rticulier, voyons quelle a été la marche générale des principaux délits de droit commun, des délits militaires, de certains délits spéciaux, enfin des déli. ruraux et forestiers.

En général, on peut dire que cette évolution a été à peu près la même pour tous les délits de droit commun. Tous donnent lieu à de rares poursuites dans les premières années, pour devenir plus nombreuses sous la Terreur et diminuer de nouveau après le 9 thermidor an II. C'est la marche suivie par les délits contre les bonnes mœurs; ils sont peu nombreux sous le Directoire; en 1800 et 1801, nous en constatons un plus grand nombre pour diminuer ensuite, et sous l'Empire, ils sont rares. Ils sont réprimés assez faiblement dans les premières années; sous la Terreur, la peine atteint souvent le maximum, et, dans la suite, malgré leur diminution, les juges restent sévères, sauf une légère atténuation dans la répression pour les dernières années (1806-1808). Les débats pour ces délits étaient publics et c'est de cette publicité dont se plaignait en l'an II le substitut de l'agent national au sujet d'une affaire scandaleuse. En 1810 pour la première fois nous voyons demander l'application du huis-clos.

Les vols simples furent relativement peu nombreux dans les deux premières années; sous la Terreur, nous en relevons 30 de plus que l'année précédente; puis ils diminuent sensiblement après la réaction thermidorienne; peu de vols au début du Directoire, légère augmentation en 1797, très peu en 1800, pour augmenter de nouveau en 1801, et cette augmentation persiste pour les autres années du Consulat et de l'Empire; en général, on poursuit beaucoup pour vols, et ils étaient réprimés plus ou moins sévèrement. Mettons à part certaines catégories de vols pour lesquels on sentait le besoin d'une répression plus énergique; sous le Consulat nous voyons apparaître la loi du 25 frimaire an VIII, dont les minima sont très élevés : soit 3 mois, pour vol d'objets exposés à la foi publique (art. 10 et 11), soit même d'un an pour vol prévu par les articles 2 et 3; nous trouvons de nombreuses applications de cette loi jusqu'en 1810. Citons particulièrement comme ayant un intérêt local, les vols que réprimait l'art. 6, qui, bien qu'englobant, tous ceux commis par des ouvriers ou autres personnes volant des effets ou marchandises confiées, s'appliquait surtout devant le tribunal de Reims, aux vols de laines ou échets; parfois même en raison de leur multiplicité et pour protéger la fabrique, on les punit très sévèrement et les peines atteignent alors le maximum fixé par l'article 6.

Si l'évolution suivie par les délits d'escroqueries est à peu près la même, jamais, ils n'ont été très nombreux. Ils sont réprimés au début assez faiblement ; sous la Terreur le tribunal est plus sévère et cette sévérité se maintient dans la suite, sans désemparer. Les jugements de condamnation pour escroquerie doivent être affichés, c'est l'application stricte de l'article 35, titre II, loi du 22 juillet 1791.

Il n'en est pas de même pour les voies de fait et mauvais traitements qu'on poursuit beaucoup. Le plus souvent, les condamnations ne dépassent pas de beaucoup le minimum, mais deviennent plus élevées en l'an VIII. Cette sévérité est alors générale et correspond à la politique du Consulat qui veut garantir l'ordre social et la tranquillité publique. C'est cette dure répression qui attira sans doute, en l'an X, l'attention du Conseil général du département de la Marne, qui décide d'en référer au gouvernement pour obtenir un adoucissement des peines. Sous l'Empire, les condamnations pour ces délits sont relativement modérées.

Si, actuellement, les militaires ne sont pas traduits devant le tribunal correctionnel pour les délits de droit commun, il n'en était pas de même sous la Révolution. En 1792, quelques-uns seulement ont été poursuivis, en 1793 nous constatons une légère augmentation dans le nombre des poursuites.

Rappelons que Reims, pays d'extrême frontière, est occupé par de nombreuses troupes et que les volontaires de tous les départements qui se rendent aux armées y passent continuellement. Sous la Terreur, augmentation très sensible de ces délits ; après la réaction thermidorienne, ils sont plus rares ; enfin en 1796, un seul militaire est poursuivi, et le tribunal se déclare incompétent au profit du Conseil militaire. La loi du 2e jour complémentaire an III organisait de vrais conseil de guerre pour juger les militaires en temps de paix et en temps de guerre. Le Directoire, par la loi du 13 brumaire an V, créa des tribunaux réguliers permanents; il a donc organisé définitivement la justice militaire, et ces tribunaux sont pratiquement compétents pour les délits de droit commun. Dès ce moment, nous ne voyons pour ainsi dire plus de militaires passer au correctionnel.

Certains délits spéciaux présentent un aspect intéressant. Il en est d'abord que nous ne voyons que pendant quelques années, comme les infractions à la loi du Maximum qui semble avoir donné lieu à de nombreuses poursuites sous la Terreur. L'année suivante, il y en a très peu, jusqu'au jour où cette loi est rapportée par la loi du 3 nivôse an III. De même les délits commis par les revendeurs ; (délits consistant le plus souvent à ne pas tenir de registres) un seul est poursuivi en 1793 ;

ils sont si nombreux sous la Terreur, que le substitut du procureur de la Commune rappelle dans un long réquisitoire les anciens règlements et en réclame l'application; ce jugement fut affiché. Ces délits deviennent très rares l'année suivante, pour disparaître complètement. Citons encore les infractions à l'article 4, loi du 24 brumaire an VI qui punissait ceux qui récélaient sciemment des réquisitionnaires fugitifs sans congé. Nous trouvons de nombreux délits de ce genre en 1798,   en 1799; ils diminuent sensiblement au début du Consulat, pour disparaître complètement. Si l'on poursuit beaucoup, on condamne peu; la difficulté résulte surtout de l'interprétation de l'article 4 : les juges hésitaient sur le sens à donner à l'expression : « Habitants de l'Intérieur ».

Puis les infractions à l'article 42, loi du 3 août 1791, qui punit ceux qui manquent au service de la garde nationale réorganisée comme service de vigilance et de sûreté. Nous en relevons un grand nombre en 1798 et 1799, puis nous n'en voyons plus pendant plusieurs années, pour reparaître peu nombreuses en 1802 et 1806. La condamnation est toujours de 3 jours de prison. Quant aux infractions à la loi du 3 nivôse an VI sur le droit de passe, nous en relevons quelques-unes en 1798; puis elles deviennent très nombreuses en 1799 ; diminuent sensiblement en 1800, rares les années 1801, 1803 et 1804, et sous l'Empire, nous n'en trouvons plus. Nous relevons

des infractions à l'article 11, loi du 27 frimaire an
VIII sur le droit d'octroi, en petit nombre dès 1801
et durant toute la période du Consulat et de l'Empire.

C'est en 1807 que nous trouvons les premières
infractions aux lois sur les droits réunis et en assez
grand nombre, ainsi qu'en 1808; puis en 1809, diminution sensible, ainsi qu'en 1810. Souvent il intervenait une transaction entre le délinquant et la
régie, et nous ne revoyons plus l'affaire; l'augmentation du nombre des affaires remises et non
reparues dans ces années tient sans doute à cette
cause, car nous avons remarqué que ces affaires
sont à peu près toutes des délits de Droits Réunis.

Parmi les délits spéciaux, il est une catégorie dont
nous trouvons des exemples répartis sur presque
toutes les années et qui a présenté suivant les époques
un aspect différent, ce sont les infractions aux lois
sur la police des cultes; nous voyons la 1re en 1796;
puis en 1797 et en 1798, ces infractions augmentent;
en 1799-1800, nous relevons encore une infraction
à l'article 1 loi du 22 Germinal an IV. Tous ces délits
relevés sous le Directoire et le Consulat reflètent
la situation faite aux différents cultes par la loi du
7 vendémiaire an IV, qui séparait les églises de
l'Etat ; quelques poursuites étaient exercées contre
des ministres du culte catholique. Après le Concordat,
changement complet ; nous ne voyons plus à partir

de 1802 que des infractions à l'article 11, loi du 22 juillet 1791, qui réprimait les troubles apportés à l'exercice du culte catholique; on poursuivra désormais ceux qui ne respecteront pas la religion et ses ministres; nous trouvons de semblables délits, en petit nombre, jusqu'en 1810, ils sont même parfois réprimés assez sévèrement. On poursuit aussi, à partir de 1805, pour infraction à l'article 2, arrêté du préfet de la Marne du 26 brumaire an XIII qui défend de donner à boire ou à jouer pendant les heures de service divin. Nous voyons cet arrêté appliqué en 1805, 1807 et 1808.

Ce n'était pas seulement de simples particuliers, mais encore des fonctionnaires publics qui commettaient des infractions. Dans les premières années, nous en voyons quelques uns condamnés, mais en petit nombre. En 1798, sous le Directoire, de nombreuses condamnations sont prononcées contre eux. Ces poursuites dont les fonctionnaires sont l'objet résultent de la surveillance active exercée sur eux par le Directoire exécutif; nous sommes alors à une époque très troublée, où des mesures rigoureuses sont même prises à l'égard de certains fonctionnaires. Les élections dans le département avaient été annulées, et l'on donnait une impulsion nouvelle au mouvement révolutionnaire.

En 1799 et 1800, diminution sensible dans le nombre des poursuites contre fonctionnaires; nouvelle recrudescence en 1801 et 1802, jusqu'au moment de la paix d'Amiens. C'est en effet le moment de la 2e coalition et se sentant moins surveillés, les fonctionnaires en profitent sans doute pour commettre plus de délits; en 1803, moins de poursuites contre eux, enfin sous l'Empire, jusqu'en 1810, nous n'avons relevé aucune condamnation contre fonctionnaire public.

Les moins intéressants de tous les délits sont assurément les délits forestiers et ruraux, et s'ils attirent notre attention, c'est par leur multiciplité. Nous en voyons déjà quelques uns sous la Terreur, avec une légère augmentation en 1795, ils commencent à occuper une très grande place sous le Directoire où ils représentent la grande majorité des délits. Ils diminuent en l'an VII, redeviennent très nombreux sous le Consulat, en 1801 et 1802, et à cette époque, comme tous les délits, sont réprimés assez sévèrement ; dès 1803, ils diminuent sensiblement, et nous n'en voyons que rarement dans les années suivantes puis une légère augmentation dans les 3 dernières années.

Le grand nombre de délits ruraux et forestiers pourrait faire croire, si l'on se contentait de jeter un coup d'œil rapide sur les années que nous avons passées en revue, que les infractions étaient particulièrement nombreuses à cette époque; mais si l'on prend garde que ce sont surtout les délits ruraux

qui chargent les audiences, on se rendra compte, à
ce point de vue, que la situation était peut-être
meilleure qu'elle ne l'est de nos jours. C'est en 1794,
sous la Terreur, que nous relevons le plus grand
nombre d'infractions; pour les autres années, beaucoup moins chargées, il y a certes des variations, mais
qui tiennent surtout aux circonstances politiques.
C'est ainsi que dans la première période, nous expli-
quons la rareté des délits pendant les deux premières
années par le bonheur ressenti d'un régime nouveau;
sous la Terreur, l'augmentation des infractions reflète
l'influence du représentant du peuple Bô qui était
venu donner à Reims l'impulsion révolutionnaire;
l'année suivante, diminution du nombre d'affaires,
résultat de la réaction thermidorienne. Sous le Directoire, le calme renaissant, le peuple reprenant
espoir, peu de délits; en l'an VI (1798), nouvelle
période très troublée, à laquelle répond une augmentation des délits; il était survenu un grand changement dont le contre-coup était sensible: le Coup d'Etat
du 18 fructidor an V suivi de l'annulation des élections dans 49 départements, dont la Marne, qui donnait une impulsion nouvelle au mouvement révolutionnaire; c'est pour ainsi dire une résurrection de
la Terreur; l'année suivante, moins de délits. Les
esprits, lassés de la politique du Directoire, désirent
un changement: sous le Consulat, en 1800, très peu
de délits: nous attribuons ce calme à la confiance

renaissante; augmentation sensible l'année suivante, qui persiste jusqu'au milieu de 1802. Les mœurs sont relâchées, conséquence de l'Etat de guerre, car nous sommes alors au moment de la 2e coalition qui prend fin avec la paix d'Amiens, le 25 mars 1802 ; en 1803, pas de guerre pour notre pays, aussi moins d'infractions ; enfin sous l'Empire, la variation du nombre des affaires correspond approximativement à un état de paix ou de guerre.

Donc peu d'infractions en général pendant cette période de 20 années et ce n'est pas sans étonnement que nous avons relevé si peu d'affaires ; n'aurait-on pas cru, à une époque aussi troublée, voir beaucoup plus de délits !

Et qui nous empêche de généraliser ? Ne pouvons nous pas conclure de ce que nous avons vu dans notre petit coin de France à ce qui a pu se passer dans les autres régions (nous comprenons celles qui, comme la nôtre, n'ont pas trop ressenti le contre-coup des perturbations politiques). Pourquoi s'y serait-il commis plus ou moins d'infractions toutes proportions gardées ? Pourquoi n'auraient-elles pas également subi les effets de la politique intérieure et extérieure ?

En généralisant, nous arrivons à dire que le nombre d'infractions était faible en France, sous la Révolution, le Consulat et l'Empire, et ce nombre restreint

TABLEAU SYNOPTIQUE

Population de Reims (1792). . . . . 32.376 hab.

Population de Reims (1800) . . . . 30.225 hab.

de l'Arrond^t de Reims (1806). . 106.428

ANNÉES	NOMBRE D'AFFAIRES	NOMBRE DE PRÉVENUS	ANNÉES	NOMBRE D'AFFAIRES	NOMBRE DE PRÉVENUS
1792	80	118	1801	203 et 309 Délits forestiers	275 et 579 Délits forestiers
1793	94	120	1802	173 et 274	269 et 681
1794	321	486	1803	157 et 66	274 et 117
1795	176	259	1804	109 et 29	179 et 43
1796	85 plus 426 Délits forestiers	117 et 870 Délits forestiers	1805	138 et 40	229 et 78
1797	156 plus 417	216 et 690	1806	111 et 51	222 et 90
1798	235 plus 292	376 et 453	1807	157 et 58	260 et 182
1799	194 plus 141	290 et 229	1808	148 et 81	230 et 161
1800	67 plus 64	82 et 124	1809	116 et 53	210 et 113
			1810	141 et 73	233 et 155

TABLEAU SYNOPTIQUE (Suite)

Population de Reims (1825) . . . . 31.080 hab.
     de l'Arrond⁴ de Reims (1825) . . 115.536 »

Population de Reims (1900) . . . . 107 963 hab.
     de l'Arrond⁴ de Reims (1900) . . 202.812 »

Années	Nombre d'Affaires	Nombre de Prévenus	Années	Nombre d'Affaires	Nombre de Prévenus (1)
1825	248 et 203 Délits forestiers	324 et 421 Délits forestiers	1900	941	1.182
1826	252 et 229 »	359 et 338 »	1901	951	1.230
1827	223 et 219 »	274 et 335 »	1902	958	1.172
1828	247 et 181 »	311 et 262 »	1903	805	1.047
1829	260 et 148 »	345 et 238 »	1904	1.024	1.365
1830	295 et 294 »	370 et 551 »	1905	985	1.255

(1) Les Délits forestiers, très peu nombreux (3 à 4 par an), sont compris, sans rubrique spéciale, dans le chiffre total des statistiques actuelles.

de délits ressort plus encore, si, avec les années
étudiées, nous comparons les années 1825-1830,
(période de la Restauration), et les années 1900-1905
(époque actuelle) car pendant ces années, le nombre
de délits de droit commun est beaucoup plus considérable.

À l'époque de la Restauration (1825—1830), le
nombre d'infractions paraît assez élevé, sans grandes
variations pendant ces cinq années. Ceci nous paraît
anormal, car nous sommes dans une période relativement calme, et selon nos prévisions, on s'attendrait
plutôt à une diminution dans le nombre des délits.
Mais que voyons-nous si nous parcourons les tableaux
des statistiques récentes ? Une augmentation bien
plus sensible encore et ceci est vrai non seulement
des délits mais aussi des crimes. Cette augmentation
n'est certes pas en rapport avec celle de la population
de l'Arrondissement de Reims qui a à peine doublé
depuis un siècle, tandis que le nombre des délits a
plus que triplé.

Essayons donc de chercher les causes de la rareté
des infractions pour la période étudiée de 1791-1811 ;
puis nous verrons quelles peuvent être les raisons du
mouvement progressif que les statistiques actuelles
nous révèlent.

Disons d'abord que nous ne pouvons jamais nous
faire une idée parfaitement exacte du nombre réel

d'infractions qui peuvent avoir été commises dans
une période quelconque ; il faudrait pour cela que
tous les délits soient poursuivis, qu'ils soient tous,
sans exception, constatés par procès-verbal.

Or, sous la Révolution et l'Empire, nous sommes
à une époque troublée, et s'il est vrai, d'une part,
qu'en temps de guerre, les individus se laissent aller à
commettre plus de délits, parce qu'ils se sentent
moins surveillés, d'autre part le chiffre réel de la
population ne répond pas au chiffre officiel des statistiques ; beaucoup d'hommes sont partis aux armées
et dans ces conditions ne sont pas susceptibles de
commettre des délits dans le pays où ils sont domiciliés ; de plus, il est probable qu'en temps de
guerre, tous les délits ne sont pas poursuivis, les
plaintes sont plus irrégulières, et quand le pays est
en danger on s'intéresse plutôt aux évènements
politiques qu'à la poursuite d'intérêts particuliers.

Au contraire, de 1825 à 1830, période calme, ces
causes ne peuvent influer, les poursuites sont exercées avec plus de régularité, tout préjudice causé
provoquera une plainte et des poursuites.

Ce sont là des raisons suffisantes pour qu'il y ait eu
plus de délits sous la Restauration, mais pourquoi
de nos jours ce mouvement ascensionnel ?

Outre les causes admises par la plupart des
criminalistes et sociologues, telles l'alcoolisme, le

milieu social, la répression insuffisante, nous nous permettrons d'y ajouter, avec toute la réserve que nécessite un sujet si complexe, d'une part, la soif ardente des jouissances que l'argent seul peut procurer et dont on veut s'emparer par des voies criminelles et illicites (meurtres, assasinats, vols, fraudes) ; enfin, ce sentiment de liberté toujours plus développé et plus mal compris, qui rend réfractaire à toute autorité, et dont l'abus donne lieu à des délits.

Comme cause locale, rappelons que notre ville jouit du triste privilège d'abriter de nombreux interdits de séjour, d'où sérieuse augmentation de population délinquante.

Nous avons, avec cette étude, parcouru un terrain jusqu'ici inexploré et nous souhaitons que ce travail apporte de nouvelles données au droit criminel de l'époque intermédiaire.

TABLE DES MATIÈRES

22ᵉ A

3ᵉ PÉRIODE

3 Prairial an VIII. — 13 Février 1811.

Lille. Imp. Camille Robbe.